# 驅動未來經濟的發明

從工業0.0到5.0，翻轉觀念的51種創新

The Next 50 Things That Made The Modern Economy

提姆・哈福特Tim Harford 著
鄭煥昇 譯

# 目錄

## 第二部 販賣夢想 63



## 第三部 移動金錢 113

前言——

# 1 鉛筆 The Pencil

鉛筆的發明提醒我們，某些日常物品的製程是何其複雜，而其價值又是如何經常被我們忽略。以便宜可靠的方式將這些東西替我們組裝起來的經濟體系，本身就很神奇。

亨利・大衛・梭羅（Henry David Thoreau）身為十九世紀美國散文大家，有回詳列了一張備品清單，為的是要去踏青。上頭他首先點名露營必備的帳篷與火柴，接著添上了綁繩、舊報紙、捲尺與放大鏡，最後也沒忘了記事跟寄信需要的紙張與郵票。怪的是，他略去一樣東西沒提，就是他用來擬定清單的那支鉛筆。[1]更怪的是，梭羅與父親就是靠做高級鉛筆賺錢的。[2]

不被人放在眼裡似乎早已是鉛筆的宿命，無怪乎英國流傳著一個以鉛筆為主角的古老謎題：「我被人從礦坑中帶出，在木匣裡幽禁，並從此失去自由，但幾乎沒有人用不上我。」沒有人會宣稱「鉛筆比刀劍還強大」，除非有人能先消滅掉橡皮擦。

但邊緣人正好是我的菜。愈是往往會融入在背景中而失去存在感的物品，就愈得我青眼以待。從紅磚到臉書上的那個「讚」，再從賽璐玢到衛生棉，填滿這本書的各種發明都經常被視為理所當然。它們的故事鮮少被傳誦，它們原本可以傳遞的經驗也無從為人所知。這就是何以我希望這些故事與經驗，會比起討論蒸汽引擎或個人電腦等想當然耳的技術突破，更能讓我們有所收穫。

在為本書挑選五十一種物品的時候，我的目標是說出能讓你們覺得意外的事情，是讓你們知道有哪些創意引發了令人驚豔的結果。關於哪些發明改變世界的書已經很多，相對之下，這本書要跟大家分享的，是哪些發明或許會讓你改變觀看世界的方式。

既然如此，我們怎麼能不從可憐沒人愛的鉛筆說起。要知道我們甚至連把人家名字叫對的基本尊重都不給。鉛筆的英文叫做pencil，而pencil源自於拉丁文penis，意思是——沒錯，沒錯，不要激動*——尾巴。這是因為古羅馬的毛筆用的是動物尾巴上的簇毛。

「鉛」筆寫起來的效果跟毛筆一樣，但是不需要墨汁。或者應該說，不需要鉛——因為鉛筆筆芯的本體其實是石墨。石墨跟長條木頭的組合作為一種創意，已經有四百五十歲了。但直到其兩百歲的時候，《大英百科全書》都還是把pencil定義為一種毛筆，就跟西塞羅（Cicero）與塞內卡（Seneca）這兩位古人的見解一樣。[3]

不過也不是完全沒有人為鉛筆出頭。鉛筆史專家亨利．波卓斯基（Henry Petroski），就曾點出鉛筆的可擦拭性讓設計師與工程師都不能沒有它。按波卓斯基的話講：「墨水是點子要出門見人時化的妝，石墨則是它們背後髒髒的真相。」[4]

然後就要說到美國經濟學家萊納．里德（Leonard Read），他在其經濟專業上是小政府自由市場經濟學原則的急先鋒。一九五八年，里德發表一篇文章叫〈我，鉛筆〉（I, Pencil），以鉛筆的第一人稱語氣寫成。相對於猜謎裡的鉛筆聽來太過認命於自己的默默無名，里德的鉛筆是個善於勸誘人變節的「放任自由主義者」戲精：「要是你可以意識到我所象徵的奇蹟，那你就能盡一份力來拯救人類正百般不情願地在失去的自由。」[5]

里德的鉛筆很清楚自己乍看之下並不起眼：「把我拿起來，打量一番。你看到了什麼？其實沒什麼可瞧的。你看得到一點木頭、一點塗漆、印上去的商標、石墨筆芯，還有少許金屬，跟一小塊橡皮擦。」

然而，鉛筆接著解釋起來，採集雪松木需要鋸子、斧頭、馬達、繩索與產業鐵道；石墨來自錫蘭（今日的斯里蘭卡）並摻有密西西比州的黏土、硫酸、動物脂肪與若干種其他原料。更別說你千萬別想不開讓鉛筆說起它那六層塗漆、它的黃銅套圈，或是它自帶的橡皮擦——它會希望你知道那也不是橡膠做的，而是拿氯化硫去跟菜籽油合成，並由義大利浮石提供摩擦性，用硫化鎘染成粉紅。[6]

＊譯註：penis在現代英文中是陰莖的意思。

至於那個總有人一問再問的問題，他們是如何把石墨弄進木頭裡面的，要什麼巧妙的答案才配得上呢？這江湖一點訣就在於取一塊雪松木薄板、入窯乾燥後在其頂層表面刻出一整排凹槽。這些凹槽最早是四四方方的，手工作業的時代那樣比較好切，如今它們已經是由有半圓形橫切面的精密器械負責。[7]等圓柱形的石墨一一放進溝槽後，另一片被挖好溝槽的木板就會被蓋上去黏好，這一次溝槽是刻在木片的底層。接著這份「石墨三明治」就會被切割成一根根與石墨平行的長條。這些雪松木條是未塑形的鉛筆半成品，再來只要該刨的刨一刨、該漆的漆一漆，鉛筆就大功告成了。[8]

這麼大費周章做出來的鉛筆只賣你大概十便士*一支，整盒一百五十支裝的鉛筆零售價十四點九九鎊，但我們大部分人還是完全不考慮要買。

但里德的鉛筆還是滿懷著勇氣不屈不撓。它從國際鉛筆供應鏈的複雜性與大量生產的精準性出發，導出一個讓人無法視若無睹的結論：

「解放所有的創意能量……相信自由的男男女女會回應那隻『看不見的手』。這股信念將獲得確認。」[9]

里德的撰文闖出名號，是因為經濟學者米爾頓．傅利曼（Milton Friedman）——諾貝爾獎得主、自由市場倡議者、傳達經濟學觀念的天生好手——在一九八〇年將之改編成電視節目分十集播出，名字叫「選擇的自由」（Free to Choose）。從不起眼的鉛筆那十足複雜的來源中，傅利曼擷取到與里德同樣的心得：市場力量在群龍無首的狀態下統籌大多數人群的本領，在此不啻獲得了一段令人難忘的證詞：

「沒有政治委員從中央辦公室發號施令，這就是價格系統的魔力。」[10]

穿梭回大約五百年前，你會看到價格體系的魔力如何風起雲湧。石墨第一次被人類發現是在英格蘭的湖區。傳說一場狂風暴雨橫掃了恬靜的巴洛戴爾（Borrowdale）谷地，將當地的森林連根拔起，翻出了樹根下一種怪誕、閃亮的黑色物質，一開始大家管這玩意兒叫「黑鉛」。[11]至於這東西有沒有值得人去投資開礦的用途呢？欸，還真有。石墨很快就被當成一種拿來做記號的「標示石」，一如三個世紀前的小販會在倫敦街頭叫賣：

買標示石哦，快來買標示石哦。
用標示石好處多多，
我有紅色的標示石，
用起來沒有問題，不然黑鉛的也不錯。[12]

＊譯註：英國自一九七一年起的現行幣制為一英鎊等於一百便士。

因為石磨質地軟糯但耐高溫，所以也被拿去鑄造砲彈。很快地它就成了一種珍貴的資源。當然石墨的身價還比不上它在礦物學上的表兄弟鑽石——兩者的本質都是碳元素——但讓輪班礦工在換裝下崗之際被武裝警衛盯著，石墨還是夠格的，否則肯定會有人想挾帶幾塊闖關。[13]

到了一七〇〇年代尾聲，法國的鉛筆廠商已經很樂於花高價從巴洛戴爾進口高級石墨。但就在此時英法開戰，於是英國政府腦袋很清楚地決定不讓法國輕易取得砲彈的原料。這下法國的鉛筆商怎麼辦呢？在這節骨眼上挺身而出的，是有著法國軍官、熱氣球玩家、冒險者等多重身分的尼可拉—雅克．康代（Nicholas-Jacques Conté）——他同時也是鉛筆工程師。康代費盡千辛萬苦，開發出可以用低級粉狀歐陸石墨混以黏土來製作鉛筆筆芯的辦法。為了回饋他的努力，法國政府賞了他一筆專利。

事實證明萊諾．里德筆下的英勇鉛筆有著比鉛筆自知更複雜的背景故事。只不過這背景故事中的一些細節讓我們不得不質疑，里德的鉛筆是否有權如此高調自豪於他的自由市場血統。若無國家授予的專利可圖，康代先生還會那麼拚命去鑽研他的實驗嗎？也許會，也許不會。經濟學家約翰．奎金（John Quiggin）提出了另一種反對意見：在里德的鉛筆強調其由森林與載貨火車所交織出的歷史之餘，殊不知那些森林與鐵道都往往是由政府管理的國有資產。[14]

傅利曼固然說對了世間沒有鉛筆沙皇，但即便在自由市場裡也少不了階級的存在。他的同事，另一名諾貝爾獎得主羅納德．寇斯（Ronald Coase），就對這個觀點深入探究了一番。萊諾．里德筆下很健談的鉛筆是由埃伯哈德．輝柏（Eberhard Faber）公司出品，該公司現已加入紐威．樂柏美（Newell Rubbermaid）集團旗下。一如在任何一家財團中，員工會依照老闆的指示行動，而非對市場裡的價格言聽計從。

所以說在實務上，鉛筆這種產物誕生於一個複雜的經濟系統，其中除了政府扮演一定角色，還有企業中的尊卑將眾多勞工隔絕在傅利曼的「價格系統魔力」以外。這並不表示萊諾．里德認為純粹自由市場較好的看法不對，只不過他的鉛筆並不能證明這一點。

但他的鉛筆倒是做到了一件事，那就是提醒我們某些日常物品的製程是何其複雜，而其價值又是如何經常被我們忽略。以便宜可靠的方式將這些東西替我們組裝起來的經濟體系，本身就很神奇。它不是我們可以輕易弄明白的。但話說回來，將觀察信用卡、麥當勞的漢堡、焗豆罐頭，或是T恤上的無線射頻識別標籤等日常物件作為理解的起點，絕不是什麼很糟糕的決定。以任何一樣東西當作起跑線，你都可以開展出一個故事，裡頭有著意外的連結跟引人入勝的效應。

簡單講，我們若想搞清楚現代經濟是怎麼一回事，里德的鉛筆已經為我們指出了一條明路。

# 第一部 大巧若拙

磚頭似乎從文明的破曉之始就與我們同在，約莫萬年之譜。放眼世界各地名勝古蹟，上面的磚頭其實大同小異。磚頭就是因為這麼千篇一律，才做得到如此多才多藝。

拍賣是千百年前某個瞬間演化出來所謂公開喊價競標的「劇場」。拍賣行為雖然感覺上十足老派，但它們也會發生在現代數位經濟的最先端。想想你把搜尋關鍵字輸入谷歌首頁會跳出什麼東西，除了搜尋的結果以外，你還會看到廣告。那些廣告之所以在那兒，是因為它們都是複雜競標下的勝利者，它們所獲廣告位置的起眼與否，來自它們的每次點擊出價，以及谷歌演算法所認定的廣告良窳。

十五世紀中期，第一間眼鏡專賣店誕生。廠商以幫助人看近的凸透鏡為起點開枝散葉，慢慢學會研磨能幫助人看遠的凹透鏡。有了凸透鏡跟凹透鏡，就有基本的材料可以組合出顯微鏡或望遠鏡。這兩種延伸的發明都出現在一六〇〇年前後的荷蘭眼鏡店，它們的問世也為科學研究開啟新的一片天。

十八世紀初，英國的隆比兄弟興建了一座巨大工廠，就此重新定義「規模」一詞。恩格斯對工廠內艱苦條件的描述，啟發了他的摯友卡爾·馬克思對組織工會、政黨、甚至革命的想像。但今日的製程本身就已經是全球化的產物，現代工廠也只不過是去中心化生產鏈當中的幾個步驟而已，如今世界本身已經化身為一座工廠。

十八、十九世紀之交，法國人菲利浦·吉哈爾（Philippe de Girard）發展出錫罐罐頭的製作技術器，並決定付諸商業化使用。由於英國對創業者較為友善，他決定搭船到英吉利海峽的另一端。吉哈德若生在現代，肯定會朝著矽谷前去。創新生態系需要簡化創業流程、鼓勵產學合作，以及政府拿捏管制的最佳尺度。少了繁文縟節，固然把吉哈德吸引到英國，但進步也是很脆弱的，罐頭食物的品質參差不齊，也顯示規定跟監管為何有其必要。

十九世紀中期的英國郵政大膽改革，寄信者將取代收信者給付郵資，且費用低至一便士，實施新制的頭一年，英國人寄信的數量就翻了不只一倍。十年不到，又翻了一倍。「黑便士」

郵票推出二十年後，全世界已經有九十國實施郵票制度。所謂「金字塔底層」的民眾固然沒什麼錢，但當他們匯集起來，商機就出來了。

十九世紀晚期的腳踏車已經與現在的自行車十分接近，這種安全腳踏車甚至可以穿著洋裝騎乘。自行車於女性是一股解放的力量，直到今天。二〇〇六年，印度比哈爾邦（Bihar）政府開始大手筆補貼須轉車前往中等學校上學的青少女購置自行車，讓她們可以順利移動到數英里外的課堂，此後中等學校的少女失學率出現顯著的下降。

# 2 磚頭 Bricks

磚頭就是因為這麼千篇一律，才做得到如此多才多藝。就像看到小孩玩起跟自己小時候一模一樣的樂高，每個世代的爸媽都會被嚇一跳。說起樂高，該公司指出他們家的塑膠小磚頭不需要回收，因為只要沒壞，那這些樂高幾乎可以永續向上相容。而且這個特性除了在小孩玩具上成立，更能在貨真價實的磚頭上成立。

「我發現的羅馬是一個磚頭的城市，我留下的羅馬則有著一塊塊大理石。」誇下這海口的，理論上是兩千年前多一點，羅馬帝國的首任皇帝奧古斯都（Augustus）。假設這話真是他說的，那我不得不說皇帝大人言過其實了：[15]羅馬就是個磚頭的羅馬，而這絲毫無損於這座城市的璀燦光華。

奧古斯都所加入的，其實是對磚頭這多才多藝的古老建材進行詆毀或忽視的悠長傳統。偉大的羅馬建築師兼作家維特魯威（Vitruvius）只會在剛好遇到的時候順便提一下磚頭。[16]法國哲學家德尼．狄德羅（Denis Diderot）在一七五一年出版一本關於「科學、藝術與工藝」的法文百科全書，啟發了亞當．斯密提出其著名的別針工廠論[17]——呃，但狄德羅根本懶得在其中納入半張置磚的圖示。[18]

這些人會有這樣的表現，是因為磚塊不給人什麼遐想的空間：人類無師自通地用磚頭砌造簡單的建築結構，已經有數千年之久，而且這幾千年間毫無冷場。巴比倫的空中花園就是磚頭做的。《聖經》故事裡的巴別塔也是。〈創世記〉第十一章第三節寫道：「他們彼此商量說：來吧！我們要做磚，把磚燒透了。」、「他們就拿磚當石頭。」[19]到了第五節，上帝降臨來查看工地現場，因為祂不滿於圍繞著巴別塔的傲慢之氣，巴別城這群愛磚的居民即將沒好日子過了。

如建築史家詹姆斯．坎伯（James Campbell）與攝影師威爾．普萊斯（Will Pryce）在他們權威的磚塊史中所指出，這種不起眼的方塊可以說無所不在。[20]地表上最大的人造建物，中國明代的長城，大體上是磚造的。緬甸蒲甘（Bagan）那些壯觀的佛寺、波蘭那宏偉的馬爾堡城堡（Malbork Castle）、義大利的西恩納市政廳（Siena’s Palazzo）、佛羅倫斯的米蘭主教座堂、伊朗伊斯法罕的著名橋梁、西倫敦的漢普敦宮（Hampton Court Palace）。無一不是磚頭。再說到在伊斯坦堡執世界牛耳的索菲亞大教堂（Hagia Sophia），在摩天樓界稱第一把交椅的曼哈頓克萊斯勒大樓，甚至是泰姬瑪哈陵。三者依舊是磚頭、磚頭、磚頭。建築師法蘭克．萊特（Frank Lloyd Wright）曾誇口經過他的巧手，一塊磚可以價值等重的黃金。[21]

這一切都要從很久以前說起；磚頭似乎從文明的破曉之始就與我們同在——最古老的磚塊出土在約旦的耶利哥（Jericho），由考古學者凱瑟琳・肯揚（Kathleen Kenyon）在一九五二年發現。這些磚頭大概有九千六百歲到一萬零三百歲，基本上就是長方形的泥巴先曝曬到乾，然後一塊塊疊起，再用更多的泥巴加以黏合。[22]

磚塊發展的又一大步，是原始的磚模。這玩意兒同樣系出至少七千年前的美索不達米亞，並且在埃及底比斯的一處陵墓壁畫上被描繪得相當清晰。那磚模是木製的長方形，有四個面但沒有上蓋或底座，當中可以填進黏土跟乾草來做出快又好的磚塊。這些磚模年代早於金屬的使用，製作理當不易，但一旦準備好，這些磚模就能做出物美價廉的泥磚。[23]

即便在乾燥的氣候下，以日曬乾燥過的泥磚還是往往撐不了太久。火燒過的磚頭要耐用得多——火磚更強韌，而且防水。這類磚頭的製作是要把黏土跟沙子加溫到大約攝氏一千度，人類擁有此等技術已經數千年，但這是要付出代價的。來自烏爾第三王朝*的敘述顯示，在大約四千年前，你可以用一塊銀子換得一萬四千四百塊泥磚，但火燒的黏土磚就只能換到五百零四塊，相當於一枚土磚可以兌換將近二十九塊泥磚。大約一千五百年後，到了巴比倫的時代，燒

* 譯註：Third Dynasty of Ur，亦稱新烏爾帝國，為蘇美城邦烏爾所建立的第三個王朝，曾在西元前二一一二到二〇〇四年間統領過整個美索不達米亞平原。

窯技術已經有所進步，黏土火磚的價格已經降至大約兩到五塊泥磚的水準。[24]

但依舊有許多人負擔不起火磚，便宜又好做的泥磚在世界各地仍稱得上是最受歡迎的房屋建材。[25]如同諾貝爾獎經濟學家阿巴希・巴納吉（Abhijit Banerjee）與艾絲特・杜芙洛（Esther Duflo）所言，火磚是窮人家省錢的好辦法。你可以等有點錢時去買一、兩塊火磚，慢慢、慢慢、慢慢地，你就能累積出一棟更好的房子。[26]

磚塊跟輪子或紙張一樣，都屬於那種基本上沒什麼進步空間的古老技術。「磚塊不論其造於什麼時代，形狀與大小都沒有太大的差別。」艾德華・道布森（Edward Dobson）在其第十四版的《初論磚塊與瓦片之製造》（Rudimentary Treatise on the Manufacture of Bricks and Tiles）中如此寫道。[27]大小固定有一個很單純的裡由：磚頭必須好握。至於形狀嘛，磚頭如果按長寬比是二比一的比例去做，那蓋房子就會變得直截了當許多。

這就是何以你如果把鼻頭湊到某些奔騰著文化特色的建物之前，例如烏茲別克的卡揚宣禮塔（Minaret of Kalan Mosque，隸屬於一旁卡揚清真寺的尖塔）、英格蘭的赫斯特蒙索城堡（Herstmonceux Castle）、中國蘇州的羅漢院雙塔，你會發現上面的磚頭其實大同小異。磚頭就是因為這麼千篇一律，才做得到如此多才多藝。就像看到小孩玩起跟自己小時候一模一樣的樂高，每個世代的爸媽都會被嚇一跳。

說起樂高，該公司指出他們家的塑膠小磚頭不需要回收，因為只要沒壞，那這些樂高幾乎可以永續向上相容。而且這個特性除了在小孩玩具上成立，更能在貨真價實的磚頭上成立。一顆卡一顆的樂高磚塊需要較高的精準性——其失效率僅百萬分之十八。[28]但用砂漿黏合起來的磚塊有著較高的容錯率。不少中世紀建物如英格蘭聖公會的聖奧爾本斯座堂（St Alban's Cathedral），就直接再利用羅馬時代的磚頭。不用白不用，不是嗎？

「磚塊把時間管理得服服貼貼。」史都華．布蘭德（Stewart Brand）在他的書裡跟電視紀錄片《建築的演化史（暫譯）》（How Buildings Learn）裡都這麼說。「它們幾乎可以永垂不朽。它們粗獷的表面會隨時間過去披上充滿味道的歲月痕跡，然後以百年為單位更顯風韻。」[29]我自家的房子是始建於十九世紀中期的磚造建物，如今房子後方是一扇大玻璃門。為了放進玻璃，我們移除了一些磚塊。接著我們將那些磚頭混以一些類似來源的再生磚，然後把這碗「磚塊沙拉」用於擴建老屋的其他地方。

磚塊生產方式在世界上許多地方仍遵循古法，以印度為例，手工磚塊通常仍出自一種傳統的「牛溝窯」（Bull's Trench kiln）：長型的溝渠中排滿要燒製的磚塊，幾乎任何燃料都可以，日產量三萬枚。牛溝窯或許是吃燃料怪獸而且汙染嚴重，但它用的是在地的勞工與原料。[30]

但自動化正逐漸把觸角伸進製磚的方方面面：液壓挖土機負責開挖黏土；慢速傳送帶讓磚頭通過漫長的燒窯隧道；堆高機把排成整齊方形的一疊疊磚塊搬來搬去。這些現代科技都讓磚頭變得益發便宜。[31]

建築工地是自動化的禁區，天候變化與每處工地所需的因地制宜，只有訓練有素的工人才能應對得宜。砌磚工長久以來，都被奉為老師傅良心與尊嚴的象徵，而砌磚的工具也從十七世紀以來就改變無幾。但一如許多其他的行業，機器人已經有染指砌磚工作的跡象。人類砌磚師傅可以一天砌個三百到六百塊磚，「半自動泥水匠」（Semi-Automated Mason，簡稱山姆〔SAM〕）的設計師宣稱這種機器人可以砌到三千塊。[32]

那磚頭本身又有何發展呢？各種設計有如樂高一樣可以環環相扣的磚頭，在開發中國家裡蔚然成風：這樣造出的結構強度比較不夠，防水性也不如普通磚塊跟砂漿聯手，但好處是速度快且成本低廉。[33]而且如果你有砌磚機器人可以用，那何不為他們設計更大的機器手，好讓你可以去做出更大的磚頭呢？哈德良X（Hadrian X）就是一款可以堆砌巨磚的機器手臂，人類師傅絕對要不動那種尺寸的磚頭。

但也許我們其實不應該興奮過頭。山姆其實有個前輩叫「機動泥水匠」（Motor Mason），而這位前輩早在一九六七年，就宣稱過它能做到差不多是山姆如今放話能做到的事情。[34]所以砌磚師傅應還可以再撐一段時間。至少磚頭肯定可以。

# 3 工廠
## The Factory

經濟學者傾向於相信兩件事情，一來是血汗的工廠環境還是勝過更加赤貧的鄉間，其二則是那些工廠肯定已足以吸引工人往快速增長的城市前進。製造業長期以來被認為是經濟得以快速發展的引擎。

義大利西北部的皮埃蒙特（Piedmont）是著名的葡萄酒產地。但當一名英國年輕人約翰・隆比（John Lombe）在十八世紀初雲遊至此時，他並沒有打算品嘗一杯酒王巴羅洛（Barolo）。他的目的是擔任工業間諜。隆比來這裡調查皮埃蒙特人是如何將蠶絲紡成強韌的紗線。洩露這類商業機密是犯法的事情，所以隆比只得在入夜後摸黑潛入工坊，然後靠燭光素描紡紗機的外型。一七一七年，他帶著那些素描去位於英格蘭中心的德比。[35]

地方傳說講的是義大利人派了個女刺客暗殺他，狠狠地對隆比報了仇。真相為何後世不得而知，唯一可以確定的是他以二十九歲的英年猝死，距離他的義大利之行不過短短數載。

隆比能手握義大利人的商業機密，或許是用偷的，但跟他只有一半血緣的手足湯瑪斯使用這祕密的手法，則絕對是百分之百原創。隆比兄弟是做紡織品生意的商人，眼見一種名為珍絲（organzine）的強韌蠶絲紗供不應求，兩人決定拚一把大的。

在德比的中心處，湍流的德文特（Derwent）河畔，隆比兄弟興建了一棟後來會被複製到世界各地的建物：一座長而細瘦的五層純磚牆結構，牆上切出一方方窗格。這棟樓房內藏三十六部大型機具，提供動力的是一座七公尺高的水車。此舉帶來最重大的改變，是規模，歷史學者約書亞．費里曼（Joshua Freeman）如是說。大型工廠的年代就此如平地一聲雷，轟然而至。[36]

德比蠶絲紗廠毫無廢話的功能導向設計，在一件事上得到了證明：該工廠運轉了一百六十九年，只在禮拜天或是遇到枯水期（德文特河的水流過緩跟水位過低時）時休息。在那一百多年間，世界經濟成長不下五倍，[37]工廠在當中扮演了要角。

知識分子注意到了。《魯賓遜漂流記》的作者丹尼爾．笛福（Daniel Defoe）特地跑來看蠶絲紗工廠的奇觀。亞當．斯密出版於一七七六年的《國富論》開篇就舉了別針工廠為例。[38]又過了三十年，威廉．布雷克（William Blake）寫下講述「黑暗之撒旦工廠」的詩句。[39]自此關於工廠環境的疑慮便方興未艾，且一路延續下來。一八一一年建於德比蠶絲紗線工廠不遠處的「圓廠」是以哲學家邊沁（Jeremy Bentham）那知名的環形全景監獄為原型興建，須知身在那樣的監獄裡，你永遠不能確定有沒有人在監視你。環狀的設計沒有流行起來，但對工人的嚴密監控卻就此展開。[40]

批評者宣稱透過工廠進行的剝削是不下於奴隸制的邪惡——這即便放到今天也是驚人之語。於一八三二年走訪了曼徹斯特的諸多工廠後，小說家法蘭西絲．特洛勒普（Frances Trollope）寫下工廠的環境比起農園奴隸的遭遇「嚴峻不知道多少倍」。[41]確實，為工廠招工的馬車在巡迴一八五〇年代的麻塞諸塞州，想要說動「雙頰紅潤的黃花閨女」進城去工廠上班時，眾人都管它們叫「奴隸馬車」。[42]

自家父親也在曼徹斯特擁有一間工廠的弗里德里希．恩格斯（Friedrich Engels），曾以一支健筆描述過廠內的艱苦工作條件，啟發了他的摯友卡爾．馬克思。[43]但馬克思則反過來在有這麼多工人被集中在一處的事實中看到希望：他們可以組織工會、政黨、甚至革命。他說對了工會跟政黨的部分，但對革命的猜想則落空：革命並未發生在工業化的社會中，而是在農業社會裡冒出頭。

俄國的革命分子二話不說，搭上了工廠的話題。一九一三年，列寧把腓德列．泰勒（Frederick Winslow Taylor）[44]那靠碼表進行微管理的相關研究批得體無完膚，說那是「在壓榨人血汗上的一大進展」。俄國革命後，碼表並沒有消失，而是換到另一隻手中。列寧宣布：「我們必須在俄羅斯組織起對泰勒體系的研究與傳授。」[45]

在已開發經濟體中，黑暗的撒旦工廠已經逐漸[46]騰出位子給乾淨、先進的新工廠。如今讓人側目地變成開發中國家的工作環境。經濟學者傾向於相信兩件事情，一來是血汗的工廠環境還是勝過更加赤貧的鄉間，其二則是那些工廠肯定已足以吸引工人前進到快速增長的城市裡。製造業長期以來被認為是經濟得以快速發展的引擎。[47]

所以工廠的未來是什麼呢？歷史教訓給了我們幾個方向。

工廠在愈變愈大。十八世紀的德比蠶絲紗線廠雇用三百名勞工，這在連操作機器的勞動都可以在家裡或小工坊進行的那個時代，已經是根本性的大躍進。十九世紀嚇壞恩格爾的那些曼徹斯特工廠可以雇用逾千人，且大多是女人跟兒童。[48]先進經濟體當中的現代工廠要比這些都還大上許多：福斯汽車位於德國沃爾夫斯堡的主工廠雇用超過六萬名勞工，相當於該鎮半數的人口。[49]

在中國深圳的龍華科技園區，也就是很多人知道的「富士康城」，雇用了起碼二十三萬人，一說四十五萬人，為的是生產蘋果公司的 iPhone 手機等一干電子產品。[50]這些數字對單一地點而言是很嚇人的數字：整個麥當勞加盟體系在全世界雇用的人數不到兩百萬。[51]

規模的擴大並不是富士康城所延續的唯一一條歷史弧線。一如在一八三〇年代，現今也有關於工人福祉的疑慮。在深圳，工人之所以放棄跳樓尋短，是因為底下那一張張設置用來把人接住的大網。[52]

但訪問過許多中國工廠工人的作家張彤禾表示，工人們知道自己在幹什麼，不需要西方消費者在那裡擅自內疚。例如一位女性工人呂清敏在工廠之間發展自己的職涯，邂逅她的丈夫，養活一個家庭，還存夠買輛二手別克的錢。「人年輕時總得有點野心。」她說。[53]

大規模的罷工在中國是家常便飯，這一點被馬克思預測到了。[54]中國政府在歷史的一大諷刺當中，鎮壓想組織工會的年輕馬克思主義者。[55]

且一如在幾十年前的西方國家，中國的進步還是有目共睹的：訪視過兩百間中國工廠的記者詹姆斯．法洛斯（James Fallows）表示，中國工人工作條件已經與時俱進地有所改善。[56]

商業機密啟動了第一家工廠，並自此塑造出工廠的新樣貌。理查．阿克萊特（Richard Arkwright）的棉紡廠正是以隆比兄弟的紗線廠為樣板建成，他本人發誓：「我已經下定決心，日後絕對不讓任何人進來看我的工廠。」[57]如今的中國工廠依舊諱莫如深：法洛斯很驚訝他能獲准進入富士康城，但他被告知必須對在生產線上的產品牌守口如瓶。[58]

現在與過去之間存在一個很清楚的斷點。以往的工廠用的是中心化的製程：原料進來，成品出去。零組件會在廠內製備或由鄰近的供應商提供。查爾斯．巴貝吉（Charles Babbage）身為工廠迷兼維多利亞時代的原始計算機設計師，指出這種做法可以省下必須在製程中搬動沉重或脆弱物體的麻煩。[59]

但今日的製程本身就已經是全球化的產物。生產可以在不考慮物理距離的前提下進行統籌與監督，而航運貨櫃跟條碼則可以協助遂行物流的流線化。現代工廠，即便是像富士康城那樣的龐然巨獸，也只不過是去中心化生產鏈當中的幾個步驟而已。不同組裝狀態的零組件在國界之間時而進，時而退。[60]

像富士康城就並不生產iPhone：那兒的工廠只負責組裝來自日本、韓國、台灣，與甚至美國的玻璃與電子元件。[61]巨大的工廠供應世界所需已久。如今世界本身也已經化身為一座工廠。

# 4
# 郵票
## The Postage Stamp

郵票發明者認為，即便讓郵局做賠錢生意也是值得的，因為「廉價的書信與文件傳遞……可以強力刺激這個國家的生產力」。但他也強調減收郵資反而會讓郵局的收益提升，因為如果寄信變便宜了，民眾的寄信量就會增加。經濟學家完全可以體認到郵票發明者在嘗試回答的問題：寄信的需求曲線有多陡峭？若你降低價格，需求可以增加多少？

「我們該記住的一點是，不論在哪個部門，都鮮少有重要的改革出自經過訓練而嫻熟於實務細節者之手。那些能察覺汙點與缺陷的人，往往都是尚未對缺失習以為常之人。」[62]

這些話可以追溯回一八三七年。難道這是某個力求表現的管理顧問在進行簡報嗎？非也，顧問這一行還要再過快一百年才會出現。這無顧問之名而有顧問之實的建言，其實是出自看不下去的羅蘭．希爾（Rowland Hill）之口，而他針砭的對象則是大英帝國的郵政體系。

希爾原本是個學校教師，而他唯一與郵局相關的經驗就只是身為一名不滿的使用者。沒有人請他提出鉅細靡遺的方案來徹底改革郵政體系，是他自行利用閒暇時間做了研究，寫成分析，然後私下將之寄給英國的財政大臣。他天真而自信地以為「識貨的人肯定會採用我的方案」。[63]

他很快就會學到一堂人性的課程：某個人的職涯要是倚靠一個體系存在，那麼不論這個體系多沒效率，此人都不會希望有個體制外的人跳出來，拿著論證詳細的分析指出體系的缺點跟改善的提議。「胡說八道……莫名其妙。」郵政總局局長梅伯里上校（Colonel W. L. Maberly）氣炸了；「無的放矢……荒腔走板。」郵政大臣利奇菲爾德伯爵（Earl of Lichfield）也補了一槍。[64]

被財政大臣打發掉之後，希爾決定另闢蹊徑。他把自己的提案付印成冊並開始四處發送，取名為《郵局改革：其重要性與可行性》（Post Office Reform: Its Importance and Practicability），[65]且新添了前言說明何以他身為一名郵政系統的局外人，更能察覺其中的「汙點與缺陷」。他並不是唯一一個對郵政系統感到不滿的人，所有讀了他的提案，而且不在郵局工作的人，都同意他的建議非常有道理。《旁觀者報》（Spectator）為希爾的改革造勢。[66]訴願開始浮現。有用知識傳播協會（The Society for the Diffusion of Useful Knowledge）正式對政府提出投訴。[67]不到三年，政府向輿論壓力低頭，並指派一人全權負責郵局改革：羅蘭．希爾本人。[68]

希爾指出的弊病是那些呢？在當時，寄信是不用錢的，收信才要錢，而且訂價公式很複雜還貴得離譜。如果郵差敲上你在伯明罕的家門，而他手中有一封寄自倫敦的三頁書信，他會讓你把錢付了才讀信，價格是兩先令又三便士。[69]這個價格，跟當時的平均日薪相去不遠，[70]即便「整封信的重量不到四分之一盎司」。[71]

上有政策，下有對策。國會議員可以寄出收信不用錢的信，所以如果你恰好認識議員，他們就可以幫你的信蓋上「免付郵資」的郵戳作為一種議員服務。這種郵資豁免的特權遭到廣泛濫用，到了一八三〇年代，國會議員共寄出匪夷所思的七百萬封信。[72]另外一種常見的小心機是在看得到的地方動手腳，也就是直接把暗語藏在信上的稱謂中。比方說你跟我可以事先講好，如果你在信上稱呼我提姆．哈福特，那就代表你一切平安；要是你稱呼我T．哈福特先生，那我看到就知道你需要幫忙。這樣我只要看一眼信封就夠了，不需要花錢讀信。

為此希爾提出大膽的兩步驟改革。自此寄信者將取代收信者成為要付郵資的人，而且費用將相當低廉，重量在半盎司以下的信件只收一便士，不限距離。希爾認為即便讓郵局做賠錢生意也是值得的，因為「廉價的書信與文件傳遞……可以強力刺激這個國家的生產力」。[73]但他也強調減收郵資反而會讓郵局的收益提升，因為如果寄信變便宜了，民眾的寄信量就會增加。[74]

經濟學家完全可以體認到希爾在嘗試回答的問題：寄信的需求曲線有多陡峭？若你降低價格，需求可以增加多少？希爾並沒有需求曲線的概念：第一個需求曲線的圖表要到一八三八年才出版，也就是他提出改革方案的隔年。[75]但他知道如何從小故事裡嗅出端倪：分別住在雷丁

（Reading）與漢普斯特德（Hampstead）的一對兄妹雖然相隔僅四十英里，但卻彼此失聯了三十年，直到一名好心的議員幫他們蓋了些免資的郵戳，兩人才恢復聯繫。[76] 很顯然讓他們遲遲沒有聯繫對方的障礙，就是郵資。

幾年前有一名印度裔的經濟學家普哈拉（C. K. Prahalad）主張去服務他所謂「金字塔底層」的民眾，也就是窮人跟中下階層的開發中國家百姓，是有利可圖的。個別的底層民眾固然沒什麼錢，但當你把他們匯集起來，商機就出來了。羅蘭・希爾比普哈拉早了至少一百五十年。他舉出了另一個「薄利多銷」的案例，說明政府可以跟大眾收小錢來創造可觀的收入：「麥芽酒與烈酒（毫無疑問是窮人愛喝的酒種）」比起「葡萄酒（有錢人喝的酒）」，前者的進口稅比後者多了不只一點。希爾以帶點高高在上的口氣做出結論：

想要與朋友通信的心情或許不如對發酵酒的渴望強大，也沒那麼普遍，但就所我所知的事實似乎顯示，只要郵資別那麼貴，很多人都會開始寫信，很多顆心也會雀躍起來，現狀則是政府收入與朋友的心情都在受苦。[77]

一八四〇年，實施一便士郵資的頭一年，英國人寄信的數量就翻了不只一倍。十年不到，又翻了一倍。[78] 希爾原本以為預付郵資的信封會比郵票受歡迎，但事實證明「馬爾雷迪便士」*

信封無人聞問，但「黑便士」郵票卻驚豔了全世界。推出僅僅三年不到，郵票就被介紹到瑞士與巴西，沒多久又傳到美國；一八六〇年，全世界已經有九十國實施郵票制度。[79]希爾證明了金字塔底層果然有寶藏可挖。

便宜的郵資為世界帶來一些我們不陌生的現代問題：垃圾郵件、廣告郵件，同時快速收到回覆的需求也愈來愈高。希爾的一便士郵資推出半世紀後，倫敦送信的頻率已經來到每小時一次，而且「郵件回來」時就能獲得回覆是許多人的期待。[80]

但一便士的郵件究竟有沒有同時傳播有用的知識跟刺激社會的生產力呢？經濟學家戴倫．艾塞默魯（Daron Acemo lu）、傑可布．莫斯科納（Jacob Moscona）與詹姆斯．羅賓森（James Robinson）近期在美國提出一個聰明的發想來測試這一點。他們蒐集十九世紀郵局開枝散葉的資料，還有來自全美各地專利申請的數量。比對的結果是，新郵局的設立確實可以預測創新的發生，一如希爾當年所想見。[81]

時至今日，被現代人戲稱為「蝸牛郵件」的傳統信件看來已經日暮西山。畢竟我們如今有太多別的辦法讓朋友的心「雀躍起來」。表格與銀行表單都已一一上網；甚至連垃圾郵件都在走下坡，畢竟「電子」垃圾郵件要有效率得多：每年綜觀已開發國家，實體信件的寄送量都穩

---

＊譯註：Penny Mulready：威廉．馬爾雷迪（William Mulready）是負責這些信封與信紙的畫家。

定呈現一定百分比的下降。[82]同一時間，辦公室員工平均每日會收到逾百封電子郵件。[83]我們需要的不再是靠社會制度去散播有用的知識，我們需要的是想辦法去蕪存菁。

但戴倫・艾塞默魯與其同事認為十九世紀的郵政服務還是可以指點我們一件事情，那就是：「政府政策與組織設計具備支持科技進步的能力。」[84]這兩方面如今有哪些汙點與缺陷在扯進步的後腿？我們需要二十一世紀的羅蘭・希爾來振聾發聵。

# 5 自行車 Bicycles

自行車對於女性而言是一股解放的力量，騎車讓她們得以改穿簡單而舒適的行頭。基因學者曾主張自行車的發明是近代人類演化上最重大的事件，因為隨著自行車的出現，人類終於可以沒有難度地脫離緊鄰的社區去跟外界的人認識、結婚、繁衍。但除了社會革命，自行車也帶來一場製造業革命。自行車廠發展出簡單、易於重複的技術，像是將金屬片冷沖壓成新的形狀，在不犧牲品質的前提下壓低成本。他們還同時開發出滾珠軸承、充氣輪胎、差速器齒輪組，還有煞車。

一八六五年秋天某日，兩個男人在康乃狄克州安索尼亞市（Ansonia）的一間酒館裡坐著，他們正用幾杯黃湯安撫自己的緊張情緒。他們原本駕著一輛馬車從鄰近的山丘下行，不料突然聽到一聲讓人血液凝固的尖叫從他們背後傳來。化身不知名生物的惡魔本尊頂著一顆人的腦袋從丘頂朝他們的方向俯衝而來，低空掠過地面。他們快馬加鞭逃離現場，惡魔則衝出道路，掉進溝渠。

接著他們的恐懼與驚嘆怕是又更上了一層樓，因為一名聽到他們故事的黑髮男人從酒館另一端走向他們：流著血的他一身溼答答，而且還是個法國人。他自我介紹他就是那個惡魔。惡魔的真名是皮耶・拉勒芒（Pierre Lallement）。這名年輕的技工已經來美數月，並從法國帶來他親手發明的機器——用踏板與曲柄帶動的兩輪結構物，他將之取名為「腳踏車」（velocipede），也就是現今自行車的原型。拉勒芒先生很快就去申請專利，但他的腳踏車仍欠缺現代自行車所具備的齒輪與傳動鏈條。這部腳踏車其實還少了煞車，也難怪拉勒芒會從山上朝馬車衝下來，速度還那麼不要命。[85]

在沉寂了半世紀後，腳踏車迎來戲劇化的重生。「休閒鐵馬」這種兩輪、單座、無踏板的腳踏車，在一八一九年夏天風行了一段相當短的期間，然後就被當成犯蠢的玩具丟在一邊了。但貨真價實的腳踏自行車又如何呢？它們即將橫掃這個世界的社交、科技，甚至是基因地景，並造成極具戲劇化的改變。[86]

拉勒芒先生那輛大而無當的腳踏車沒過多久就被大小銅板自行車*取而代之，但它並非我們透過懷舊的棕色濾鏡所想像的典雅坐騎。靠著大到不成比例的前輪，大小銅板腳踏車其實是一種競賽機器，速度是拉勒芒版腳踏車的兩倍，騎它的十有八九都是天不怕地不怕的年輕男性，只有這些不要命的年輕人才敢聳立在其五英尺高的前輪上，也不管稍遇一點顛簸就會往前翻倒。在某個點上，一名騎士解釋說，你會發現「扎實、筆直的鐵握把橫在腰部附近，禁錮你的雙腿，足以確定首先抵達堅硬地球表面的……是你的臉」。[87]

但自行車科技發展的下一站，所謂的「安全腳踏車」，則有著除了速度以外更寬廣的魅力。拉勒芒腳踏車像惡魔一樣衝下山丘的二十年之後，橫空出世的安全自行車看起來跟現在的自行車已經很像，具備鏈條傳動結構、前後對稱的輪子，還有菱形車架。它的車速並非來自宛若龐然大物的前輪，而是新加入的齒輪。[88]

在握把經過小幅的修改後，甚至可以穿著洋裝騎乘安全腳踏車。但安潔琳・艾倫（Angeline Allen）倒是不擔心這一點啦，反正她在一八九三年轟動社會的創舉是在紐約市外圍騎車繞行紐華克一圈，穿的也不是洋裝。「她穿的是褲子！」一本熱門男性雜誌用聳動標題進行他們擅長的挑逗言語，同時還不忘補充她年輕、標緻，已經跟前夫分手。[89]

自行車於女性是一股解放的力量。即便她們不效法艾倫女士選擇的深藍色燈芯絨燈籠褲，也因此得以卸下鯨骨束腰跟用裙撐放大的蓬裙，改穿某種簡單而舒適的行頭。騎著腳踏車的她們還可以擺脫年長女性的監護。[90]保守的力量驚覺狀況不對，開始疾呼「放蕩的騎車行為」會導致自瀆或甚至使人為娼。但這些抗議都在短時間內顯得可笑荒唐。

＊譯註：penny-farthing，又稱高輪腳踏車，主要是前輪很大後輪很小，其中penny是一便士，代表大輪，farthing是四分之一便士，代表小輪。

如自行車史學者瑪格麗特・葛洛夫（Margaret Guroff）所指出，在乎安潔琳・艾倫在做什麼的人好像不多，大家只在乎她是穿著什麼衣服在做這件事。女性隻身一人在大庭廣眾下騎著腳踏車，完全不在大家擔心的醜事範圍內。[91]

三年之後，身為前輩的蘇珊・B・安東尼（Susan B. Anthony）在當了大半個十九世紀的女性主義行動派之後，公開宣稱騎腳踏車「對女性解放的貢獻要大於世界上的任何東西」。[92]

事實上直到今天，自行車也仍持續賦權給年輕的女性。二〇〇六年，印度比哈爾邦（Bihar）政府開始大手筆補貼須轉車前往中等學校上學的青少女購置自行車——此政策的構想是有了腳踏車，少女就可以順利移動到數英里外的課堂。這個方案似乎成效不錯，中等學校的少女失學率出現顯著的下降。[93]

即便在美國，腳踏車也是想擴大視野的人一種價格親民的選擇：美國職籃巨星雷霸龍・詹姆斯（LeBron James）創立一所學校，且校方提供每個學生一部腳踏車。他說小時候與朋友只要一騎上腳踏車，感覺就好自由。「我們感覺登上了世界之巔。」[94]

是的，對於經濟弱勢中的弱勢，腳踏車一路走來都是一種可以解放他們的科技。早期的腳踏車要比馬匹便宜得多，但卻能提供不輸給騎馬的續航力與自由度。基因學者史提夫・瓊斯（Steve Jones）曾主張自行車的發明是近代人類演化上最重大的事件，因為隨著自行車的出現，人類終於可以沒有難度地脫離緊鄰的社區去跟外界的人認識、結婚、繁衍。[95]

但除了社會革命，自行車也帶來一場製造業革命。在十九世紀上半葉，出身精密工程的可替換零件開始用以生產軍用等級的美軍槍械，但價格相當昂貴。事實證明這種零件的通用性成本太高，民間工廠一開始很難徹底效仿。後來正是自行車搭起這座橋梁，讓複雜的產品可以從高階的軍用製造下放到普及的民間量產。自行車廠發展出簡單、易於重複的技術，像是將金屬片冷沖壓成新的形狀，在不犧牲品質的前提下壓低成本。[96]他們還同時開發出滾珠軸承、充氣輪胎、差速器齒輪組，還有煞車。[97]

不論是製造技術還是這些創新零組件，都隨著時間過去，慢慢獲得亨利・福特等汽車廠商的採用。天字第一號的安全自行車是在一八八五年完工於英格蘭考文垂市（Coventry）的路華工廠。路華後來也在汽車產業爭闖出名堂，並不是什麼巧合；自行車做完接著做汽車，就是這麼順理成章。[98]

自行車還提供日本產業現代化的跳板。第一步，是西方的腳踏車在大約一八九〇年前後進口到東京，市場上就開始有腳踏車修理店的需求。第二步，是維修零件開始於本地自製，這一點對技術嫻熟的技工並不困難。[99]過沒多久，東京就具備了所有國產腳踏車所需的材料，此時大約是一九〇〇年。[100]到了二戰爆發之際，日本已經每年生產超過一百萬輛自行車，幕後推手是一群新興的商人階級。[101]

很多人會忍不住把自行車視為舊時代的科技。它催生出對道路品質的需求，讓製造業得以精進他們的技術，然後讓賢給機動車輛——不是嗎？資料顯示顯示實情是另外一回事。半世紀之前，全球自行車與汽車產量大致可以等量齊觀，每年各兩千萬輛。自此汽車產量已經成長為三倍，但自行車產量則以兩倍增速成長為六倍，到達每年一億兩千萬輛。[102]

我們也不要覺得自行車再度扮演起指路明燈的說法是無的放矢。隨著我們看似來到自駕車時代的前夕，許多人的預期都是未來的車輛將不再是一人買一輛，而是要用的時候再租一輛，反正按一下手機應用程式就有。果真如此，那未來車輛的寶座誰屬已經呼之欲出：全球目前已經有遠遠破千個共享自行車的體系，無車柱且方便租用的腳踏車被認為數以千萬輛計，而且流通量仍不斷成長。[103]

在許多棋盤狀設計的城市裡，自行車仍是穿梭市區最快速的方式。許多自行車騎士之所以裹足不前，是因為討厭柴油的煙霧跟害怕像皮耶・拉勒芒那樣摔車。但如果下世代的汽車可以成為無汙染的電動車，且由非三寶的機器人駕駛得又謹慎又禮讓，那自行車的回歸速度如同其史上充滿戲劇性的首次登場，便有望愈來愈快了。

# 6 眼鏡 Spectacles

即便是偏保守的估計也認為因視力不良所導致的經濟損失可達數千億美元，這還沒有考慮到視力有問題者的生活品質，與兒童在校園內的學習困境。一項隨機測試的結論顯示，給有需要的孩子眼鏡相當於讓他們多接受半年的教育。

製造太空船可不是經得起你打馬虎眼的工作。比方說在洛克希德馬丁公司，他們曾經得由一名技師花上很血汗的整整兩天，在一片曲面平板上測量出三百零九個扣件的設置點。同樣的工作現在只需兩小時多一點，雪莉・彼得森（Shelley Peterson）如是說，她的身分是這家航太企業的新興科技主管。[104]

從兩天到兩小時，是什麼改變了？答案是計師戴起了眼鏡。但這裡說的眼鏡可不是滿街都是的那種舊眼鏡，精確地說，技師戴上的是微軟出品的智慧全息眼鏡（Microsoft Hololens）。它看上去像是一組笨重的安全護目鏡，而它能為人做到的，是把數位資訊疊到現實世界之上。以此例而言，它會掃描曲面面板、進行計算，然後直接在畫面上告訴技師該把扣件放在何處。

微軟全息眼鏡與谷歌眼鏡，都屬於生產力專家讚不絕口的擴增實境裝置。[105]當谷歌在二〇一二年第一次推出自家的智慧眼鏡時，他們設想的是一個滿不一樣的未來。[106]當時的智慧眼鏡被視為是一種消費性電子設備，一種方便我們不用手機也可以檢查ＩＧ或拿來錄影的東西。它們沒有流行起來，少數敢於在光天化日下戴起智慧眼鏡的人贏來的是一個輕蔑的綽號：glasshole，戴著眼鏡的蠢才。[107]

谷歌很快就意會到自己錯了：他們瞄準錯目標市場。知錯能改的他們重新為工作現場打造專用的智慧眼鏡，畢竟許多工作都牽涉到要不斷停下來確認螢幕上的資訊跟下一步該如何。而有了智慧眼鏡，我們便能一邊讀這些資訊，一邊繼續手邊的作業。這能一次次為我們省下把資訊從網路傳遞到大腦的寶貴幾秒。

一千年前，資訊傳遞的速度還沒這麼爭分奪秒。西元一〇一〇年代在開羅，生於巴斯拉（Basra，今伊拉克巴斯拉省）的博學家哈桑·伊本·阿爾—海什木（Hasan ibn al-Haytham）寫成了他的傑作：《光學之書》（Book of Optics），[108]又過了兩世紀，他的見解才得以從阿拉伯文譯出。[109]海什木對視覺的認識之深可謂前無古人。比方說在他之前的學者曾主張「看到」的這個動作肯定牽涉到人眼發射出某種光束。經過仔細實驗，海什木證偽了前輩的看法：光的方向不是從眼睛發射出去，而是從外界射進眼睛。在海什木之前，光學裝置都很笨重：古羅馬作家塞內卡拿來當放大鏡看書的是一個透明的裝水玻璃碗。[110]但知識的漸次傳播啟發新的想法：[111]大約在一二〇〇年代晚期，世界上第一副閱讀用的眼鏡出現了。製作者如今已不可考，但他們多半居住在北義大利，如威尼斯就是當時一個玻璃製造的重鎮。但這一點也製造出不少問題，因為威尼斯的建築多屬木造，而製作玻璃需要爐灶，所以接連的火災就免不了。一二九一年，威尼斯當局把整個產業都趕到不遠處的穆拉諾島（Island of Murano）。[112]

時值一三〇一年，「閱讀用眼鏡」已經風行到足以在「威尼斯水晶玻璃工匠公會」的行規書中占有一席之地。但史家關於眼鏡起源最大的線索並不在此，而在於一三〇六年一名比薩的喬丹諾修士（Friar Giordano da Pisa）的布道內容中。他對在佛羅倫斯的教眾說這發明如今已經二十歲了。[113]他情不自禁地說出：「這麼實用的東西實在世間少有。」[114]

他這話說得中肯。在當時閱讀讓眼睛瘓澀是家常便飯：中世紀的建築並不以窗戶大採光好著稱，人為的光源則既黯淡又花錢。[115]人年紀愈大，就愈不容易聚焦在近距離的物體上；中年僧侶與學者、公證人與商人都會開始老花眼。喬丹諾修士當時也已年屆半百，[116]所以他那麼感動於眼鏡的輔助也不奇怪。

但你要受益於閱讀眼鏡的前提是閱讀，而當時識字的人並不多。等印刷機出現後，眼鏡市場才慢慢打開。第一間眼鏡專賣店開設於史特拉斯堡，那是一四六六年。[117]廠商以幫助人看近的凸透鏡為起點開枝散葉，慢慢學會研磨能幫助人看遠的凹透鏡。[118]

而有了凸透鏡跟凹透鏡，就有基本的材料可以組合出顯微鏡或望遠鏡。這兩種延伸的發明都出現在一六〇〇年前後的荷蘭眼鏡店，而它們的問世也為科學研究開啟新的一片天。[119]

如今的眼鏡早已不稀罕，至少在已開發國家中是這樣沒錯。英國的一項調查顯示有四分之三的受訪者要麼戴眼鏡或隱形眼鏡，要麼接受過視力矯正的外科手術。[120]美國跟日本也看得到類似的狀況。[121]

但在開發程度較低的國家中，樣貌就不太相同了，而且我們直到晚近才比較能看清是怎麼回事。長久以來，世界衛生組織都只針對視力問題真的很嚴重的人蒐集資料。[122]可是不少人的視力狀況是雖能勉為度日，還是有眼鏡比較好。問題是這類人有多少呢？肯定完全是在做善事的法商依視路（Essilor）決定一探究竟，而這家全球排名第一的鏡片廠也在二〇一二年得到了答案：全球有二十五億人需要但沒有眼鏡。[123]這是個會令人吃驚到眼睛掉出來的數據，但嚴肅以待的許多人認為這數據可信。[124]

這二十五億人當中恐怕有許多人不知道眼鏡可以幫助他們。二〇一七年，學者前往印度阿薩姆的一處茶園。他們測試數百名四十歲以上採茶工人的視力，然後拿簡單的十美元看書眼鏡發給半數有需要的人。最後他們比較有戴與沒戴眼鏡之工人的採茶量差別。

結果有戴眼鏡的工人平均多採了兩成茶葉，且愈是年長者，採茶量的進步幅度就愈大。採茶者的薪資取決於採茶量。在這次研究前，他們沒有一個人擁有眼鏡。而等研究完結時，幾乎沒有一個人想把眼鏡還回去。[125]

我們可以根據這項實驗的結果往外推論到什麼程度，其實並不好說：比起其他行業，採茶工作可能更加從銳利的視覺中受益。[126]但不論如何，即便是偏保守的估計也認為視力不良的經濟損失可達數千億美元，這還沒有考慮到視力有問題者的生活品質，與兒童在校園內的學習困境。[127]一項隨機測試的結論顯示，給有需要的孩子眼鏡相當於讓他們多接受半年的教育。[128]而且這種需要還在不斷增加。老花眼是隨著年齡增長而出現的遠視問題，但近年在兒童之間則有近視這項全球性的流行病。學者無法一口咬定，但他們懷疑這跟兒童在戶外的時間變少有關係。[129]

若想矯正全球的視力，我們需要什麼呢？很顯然，眼科醫師多一點準沒錯。眼科醫師的人數因國家而異而且差異很大，例如希臘大概是每五千人有一名眼科醫；在印度，每七萬人才有一名眼科醫；在部分非洲國家，每百萬人才有一名眼科醫。[130]嚴重的眼疾固然需要專業的醫師來診治，但有些人的就醫需求沒那麼複雜，那麼這些人就可能由其他屬性的人員來應對。在盧安達，某慈善機構訓練護理師來進行視力檢查，學者發現這些檢查有九成都做得很好。[131]

那老師呢？我從小學就開始戴眼鏡，當時是我的老師發現我看黑板會瞇眼，便叫我媽帶我去驗光。另外一項研究支持擔任老師這樣的角色：在經過區區兩小時的訓練後，中國鄉村的學校老師就可以認出大部分需要配眼鏡的孩子。[132]

一項可上溯至十三世紀的科技實施起來，不應該搞得像火箭科學一樣。喬丹諾修士如果知道後人會用擴增實境來建造太空船不知道會做何感想，但要是發現我們還沒幫助到二十幾億人把未擴增的模糊現實看清楚，他應該會叫我們先聚焦在更重要的問題上。

# 7
# 罐頭
## Canned Food

其實在其鼎盛的時期，罐頭食品絕對是有著不輸灣區新創公司各種推陳出新的革命性發明。而且罐頭的故事還可以告訴我們一件事情，那就是令人意外地，某些關於創新的深刻困境在過去兩百年間幾乎是一路走來，始終如一。

以「矽谷」為起點玩文字聯想的遊戲，你想到的恐怕很難會是「罐頭食品」。矽谷代表的是尖端科技，是能翻轉世界的大膽創意，而罐頭食品則是無聊到不能再無聊的玩意：你會把手伸向罐頭，就代表你累到沒力氣或窮到沒心思去煮點有趣的東西。沒有人會說罐頭是尖端科技，只不過愛說冷笑話的朋友可能會說開罐器應該算得上「頂端很尖」的科技。

但其實在其鼎盛的時期，罐頭食品絕對是有著不輸灣區新創公司各種推陳出新的革命性發明。而且罐頭的故事還可以告訴我們一件事情，那就是令人意外地，某些關於創新的深刻困境在過去兩百年間幾乎是一路走來，始終如一。

首先：我們如何激勵好的點子？專利的誘惑，這點不在話下，或是先行者優勢也行。但如果你真的想要鼓勵新鮮的思考，那就給獎勵。自駕車就是現行的一個例子。二〇〇四年，簡稱DARPA的美國國防高等研究計畫署（Defense Advanced Research Projects Agency）懸賞一百萬美元給第一部成功找到路穿越莫哈韋沙漠（Mojave Desert）的車輛。[133]結果完全是一場「瘋狂大塞車」*：有人火燒車，有人翻車，有人撞穿圍籬，有車子被風滾草混淆而緊急煞停。[134]但十年不到，自駕車已經可靠到能讓人在公共道路上放手。[135]如今這項科技已經是從蘋果到谷歌再到Uber等矽谷巨擘的首要目標。

但第一個想到重賞之下必有勇夫的，恐怕不是DARPA。早在一七九五年，法國政府就懸賞一萬兩千法郎給想出辦法保存食物的人。最後拿到這筆錢的人是巴黎雜貨暨甜點商尼古拉·阿沛爾（Nicolas Appert）。他有著高湯塊與基輔雞**食譜發明人的頭銜，雖然後者感覺比較扯就是了。經由不斷的嘗試錯誤，阿沛爾發現把煮熟的食物放進玻璃罐中，然後再把罐子放進沸騰的水中，最後以蠟密封，這樣食物就不會變質。[136]阿沛爾完全不知道他的辦法為什麼可行——高溫殺菌的原理要等幾十年後才會隨著路易·巴斯德（Louis Pasteur）的登場而為人所悉。但總之他的辦法就是有效，而阿沛爾也就這麼成為「罐頭之父」。[137]

法國政府為什麼會對食物的保久產生興趣呢？很簡單，就跟美國政府想讓DARPA做出自駕車穿越沙漠的理由一樣：著眼於打贏戰爭。拿破崙·波拿巴（Napoleon Bonaparte）在懸賞條件公布時是一名野心勃勃的將領；而等到獎賞被領走時，他已經搖身一變成為法蘭西第一帝國的皇帝，而且還正準備發動他之後以一敗塗地作收的征俄戰爭。拿破崙可能說過也可能沒說過「軍隊是靠胃在行進」[138]，但他顯然很用心想擴大麾下士兵以煙燻跟鹽漬肉掛帥的伙食。[139]

阿沛爾的實驗室是我們在這一系列中常見狀況的老前輩，其一脈相承的發展都是：軍事需求刺激創新，創新又改變了經濟。從全球定位系統到網際網路前身的阿帕網（ARPNET，高等研究計畫署所開發的內部網路），矽谷的根基就是這些美國國防部出資發起的科技。

但即便是當靈感來自私部門的時候，想法還是需要放在創業文化中才能化為應用。

阿沛爾把他做的實驗寫成文字，後來以英文出版成書的名字是《將各種動物性與植物性物質保存數年之久的藝術》（The Art of Preserving All Kinds of Animal and Vegetable Substances for Several Years），當中包含獻給〈剛生下的蛋〉與〈各種梨子〉等很實用的章節。[140] 同一時間另一名法國人菲利浦・德・吉哈爾（Philippe de Girard）開始使用錫罐取代玻璃作為保存的容器。但當吉哈爾想要將創意商用化的時候，他決定搭船到英吉利海峽的另一端。[141]

此舉所為何來？答案是法國的官僚習氣太厲害，雷丁大學的諾曼・考威爾（Norman

---

* 譯註：Wacky Races，美國一九六〇年分別拍成電影與動畫的賽車故事，講述多輛賽車在北美的拉力賽車中爭取最瘋狂賽車手頭銜的過程。

** 譯註：Chicken Kiev，一道結合奶油與雞柳肉，先炸後烤的東歐經典料理。起源地成謎，一說是十九世紀的巴黎。

Cowell）說：「創業是英國人的一種哲學，那兒有著被稱為風險資本的創投資金。準備好冒險的人所在多有。」吉哈德雇用一名英國商人來擔任他的專利代表人，這點心機他必須要有，畢竟英國當時正在與拿破崙作戰。結果一名多次創業的工程師布萊恩・董金（Bryan Donkin）以一千磅的整數金額買下了專利。董金位於伯蒙德賽（Bermondsey）的工廠很快就開始供貨給極地探險家與肯特公爵（Duke of Kent）等一干客戶。[142]

現代版的吉哈德如果想找一個兼具創投資本跟冒險精神的地點發展，那他肯定會朝著矽谷前去。幾十年來不乏有其他地方想複製矽谷這種催生創意跟滋養企業成長的能力，用現代的話說，就是要打造類似的「創新生態系」。[143]於是倫敦有矽圓環，都柏林有矽碼頭；喀麥隆有其引以為傲的矽山，菲律賓有矽灣，比較沒創意的邦加羅爾有個「印度矽谷」。[144]但它們沒有一個摸得到加州矽谷的邊。[145]身為經濟學者的我們可以帶著自信告訴你一個創新生態系需要的某些「食材」，這當中包括簡化創業流程，還有鼓勵產學合作。但沒有人敢說他們拿得出一張無懈可擊的「食譜」。

其中一個爭議已久的創新生態系要素，是政府拿捏管制的最佳尺度。少了繁文縟節，固然把吉哈德吸引到了英國，但罐頭食物很快就會告訴我們為什麼規定跟監管是有必要的。一八四五年，隨著董金的專利到期失效，英國的海軍動起了想省點錢的腦筋。他們開始把供應商換成史提芬・葛德納（Stephen Goldner），而葛德納之所以能少收點錢，是因為他設於今日羅馬尼亞的罐頭工廠有比較便宜的勞工。很可惜的是葛德納並不是只靠這一招就壓低成本。經過水兵的一再客訴，海軍方面的檢查員對葛德納的產品起了疑心：有一回他們檢查了三百零六個罐頭，結果只有四十二個能吃。其餘的一打開都是腐壞的腎臟、帶菌的器官與狗舌頭等「珍饈」。[146]

這等醜聞在這個時候上報，時機上實在很不巧，因為一八五一年的萬國工業博覽會，剛在此時讓倫敦的普羅大眾認識此前都珍藏在高檔食材店內的罐頭美食，當中有沙丁魚、松露、朝鮮薊，還有烏龜湯。但怎麼樣就是輪不到腐壞的腎臟。原本隨著產品變得愈來愈物美價廉，罐頭已經蓄勢待發要進入大眾市場，但一顆老鼠屎讓公眾的信心崩盤了好幾年才恢復。[147]

這個大眾市場令人垂涎三尺，是不證自明的事情：在那個冰箱還沒發明的年代，安全的罐頭食物可以拓展消費者的飲食觸角，改善他們的營養。[148] 新科技的際遇會如何開展，有時不是那麼好預期的事情，有關當局應該推一把、拉住它、帶個方向，還是任由其自由發展，有時也並不好判斷。以社群媒體為例：從一堆人誇它促成阿拉伯之春的民主運動，到有人惶惶不安於這玩意是如何讓美國選出川普當總統，當中僅僅相差五年。[149]

或說到自駕車。我們是應該期待未來更方便的生活，還是擔心更多人失去工作呢？人工智慧會讓貧富差距擴大嗎？政府應該有所作為嗎？怎麼個作為法？這些都是見仁見智的問題，但某些矽谷人已經很擔心他們的創新究竟會把我們帶到哪裡去，由此他們已經認真想像起末日即景。我們「現正滑行在真的很薄的文化冰面上」，一名曾在臉書任職的人對《紐約客》雜誌說，並解釋起他為什麼要買下一座島上的土地並開始囤積彈藥。還有些人買下地下的掩體，準備隨時可以升空的飛機，以備社會內爆時的不時之需。這些「未雨綢繆者」根據某項估計，內含有至少矽谷半數的十億美元級富翁。[150]

進步可以是很脆弱的。尼古拉．阿沛爾親身發現了這一點：他再投資了他的一萬兩千法郎去擴張罐頭生意，只落得法國在拿破崙的統治崩潰後遭到普魯士與奧地利聯軍入侵，廠房毀於一旦的命運。[151]比起阿沛爾的時代，現在的世界看似安定多了，矽谷的未雨綢繆者多半只是杞人憂天。但萬一好死不死，他們想像中的最壞情況發生了，那這個世上最珍貴的商品仍可能會變成……罐頭。

# 8 拍賣 Auctions

你把搜尋關鍵字輸入谷歌首頁，除了搜尋的結果以外，你還會看到廣告。那些廣告之所以在那兒，是因為它們都是複雜競標下的勝利者，至於它們所獲廣告位置的起眼與否，則是看兩樣東西，一是它們的每次點擊出價（廣告主願意為每次點擊出的廣告費），另一是谷歌演算法所認定的廣告品質優劣。

西元前二一一年，羅馬與迦太基進行著一場將決定古地中海形勢的漫長戰事。北非將領漢尼拔隨心所欲地征服了羅馬占有的區域，就在羅馬重整旗鼓要開始反擊之際，漢尼拔決定要進行一次大膽的佯攻：他打算揮軍羅馬都城。他並不懷著能突破羅馬城防的任何希望，他盼的是羅馬人可以心慌意亂並把大軍召回。歷史學者愛德華．吉朋（Edward Gibbon）講述了後來發生的事情：

他紮營在阿涅內河（Anio）岸邊，隔著三英里的距離與羅馬城遙遙相望；然後他很快就得知了一項情報：他駐紮的那片土地已經以市價公開拍賣出去了。[152]

這代表的意義不言可喻：羅馬已經識破他是在虛張聲勢。既然羅馬人願意用合理的價格買下漢尼拔駐軍處的土地，那就代表他們並不認為敵軍會久待。事實上迦太基的軍隊也確實沒有逗留：漢尼拔不消多久就撤了。

這或許是歷史上拍賣結果打擊到敵軍士氣的孤例，卻不是人類有史以來的第一筆拍賣。比方說往回推三百年，著名史家希羅多德（Herodotus）就描述過巴比倫男性如何競標當地最秀色可餐的人妻：

不缺錢但缺妻室之富人會相互出價競逐最具姿色的女孩，身家普通一點而用不上漂亮老婆的人則真的會付錢娶醜一點的女孩。[153]

哪裡怪怪的，沒錯，但也很有創意。這種拍賣等於是一種社區事務，其運作方式是用從高出價者處募得的資金去補償窮一點的人。

我們幾乎可以說哪裡有市集，哪裡就有拍賣。你可以想像這種概念不斷在世界各地被重新發現。例如有個貿易商表示他願意付每罐三奧波勒斯*讓人送一批橄欖油過去，旁邊會冒出一個人說：「別聽他的，我願意付四奧波勒斯。」

就從這種看似不起眼的瞬間為起點，演化出來所謂公開喊價競標的「劇場」，滿場的藝品與藝品商，透過電話投標的百萬富翁級金主，還有風流倜儻的拍賣官挑撥著整個流程前進。一次、兩次、賣了！

透過把別人願意付多少錢公諸於世，這類拍賣的效果是讓不擇手段者難以剝削好騙的人。在十九世紀中葉的美國，英國貿易商利用拍賣拋售大量廉價的英國產品。美國消費者笑逐顏開；美國商人則火冒三丈。[154] 一八二八年，其中一名商人亨利・奈爾斯（Henry Niles）抱怨如下：

（拍賣是）英國代理商手中強大的機器，它同時摧毀了美國商人與製造業營運中的一切常規。[155]

一個反拍賣的委員會開始遊說國會，他們宣稱：

---

＊譯註：obols，一種古希臘銀幣。

拍賣是一種獨占，而一如所有的獨占，它也不公不義，因為它讓理應在整體商界中進行分配的東西，遭少數人獨攬。[156]

這是一種相當特別的訴求，「商界」只是想要保護他們的利潤空間。但這種訴求中確實有一道很重要的真理：在任何拍賣中，賣方都想站在買方那邊，而買方都想站在賣方那邊。而這就讓拍賣的過程形成一種自然的壟斷獨占：大規模的拍賣場，會威脅到買賣雙方的市場力量。

公開喊價拍賣固然是最為人所知的一種拍賣，但拍賣其實還有別種設計。十七世紀日記作家山謬爾・皮普斯（Samuel Pepys）形容過一種「一寸蠟燭」式的拍賣，那一小根蠟燭什麼時候突然一滅，拍賣就什麼時候結束。這種難以捉模的特性，其用意就是不想讓人使出那很惹人厭的招數：搶在最後一秒鐘出價。[157]

不喜歡蠟燭的話，那用時鐘如何？「荷蘭式（時鐘）拍賣」被用在阿爾斯梅爾（Aalsmeer）的廣袤花卉市場中，時鐘上顯示的不是幾點幾分，而是目前的價格，而且這個價格還會一格一格往下降，直到有人按鈕停下時鐘，以當時鐘面上顯示的價格成為成交的買方。乍看之下這跟公開喊價拍賣毫無共通點，但追根究柢，它們的本質並沒有太大的差別，而且荷蘭式拍賣還更快一點，畢竟像花這種不趕緊成交出貨的產品是等不得的。[158]

還有一種「彌封式競拍」是不動產經紀人的最愛。寫下你的出價，放進信封，然後加以彌封，最後價高者得。但有趣的是：這這樣的表象之下，彌封式競標其實與荷蘭式拍賣無異，你都只需想好自己願意出多少就好。不同於公開喊價拍賣，荷蘭式與彌封式競拍都不會告訴你其他向隅者最後想出多少或出了多少。

諾貝爾獎經濟學家威廉・維克里（William Vickrey）提出過一個知名的定理，顯示在理想的狀態下，所有拍賣能提升營收的期望值都是一樣的。[159] 一如所有的經濟學定理，這是一種過度簡化的說法。拍賣的細節可以改變很多事情，如果某場拍賣敞開了可以作弊的漏洞，或是讓人懶得去投標，那它就有可能一敗塗地。[160]

有人可能會想問為什麼有些情況下會用到拍賣，有些情況下賣方卻只會撂下一個要就要，不要拉倒的不二價。比方說你家轉角的超級市場，就不會把他們要賣的白菜拿來對街坊拍賣。

答案是，一旦沒有人知道拍賣品的價值到底在哪裡，拍賣的過程就會變成難以掌控的自走砲。在電子灣（eBay）上販售的二手產品就是個很明顯的例子，但同樣的例子還有很多：在未經探勘的土地上挖原油的許可、一幅達文西的畫作、一張使用無線電頻段去提供行動電信服務的執照……這些像是無線電頻段等屬於共有財的公共資源，曾經以象徵性的價格奉送給有關係的公司。而如今政府將之進行拍賣，成交價動輒都在數十億美元之譜。[161]

不論如何，我們都無從得知拍賣品真正的價值。每個出價者都掌握他們各自的資訊，而拍賣則把所有個別的資訊集結起來，並將之轉化成一個價格。這是一門學問。羅馬人就是因為知道拍賣的奧妙之處，才會將那場拍賣的結果通報給漢尼拔：我們並不害怕。

拍賣雖然感覺上十足老派，但它們也會發生在現代數位經濟的最先端。想想你把搜尋關鍵字輸入谷歌首頁會跳出什麼東西，除了搜尋的結果以外，你還會看到廣告。那些廣告之所以在那裡，是因為它們都是複雜競標下的勝利者，至於它們所獲的廣告位置起眼與否，則是看兩樣東西，一樣是它們的每次點擊出價（廣告主願意為每次點擊出的廣告費），一樣是谷歌演算法所認定的廣告良窳。[162]

比方說，一名廣告商可能會針對關鍵字「畢卡索」旁的搜尋結果索取高價，但平日販售畢卡索海報的廣告主則想要更高的點擊率，並希望能用低一點的每次點擊出價贏得競標中的好位子。

每次有人拿關鍵字去「餵狗」（輸入谷歌的搜尋引擎），這些競標就會發生一次，而其規模之大令人咋舌：谷歌的母公司字母（Alphabet）每個月獲利超過二十億美元，[163]大部分都是廣告收益，或更精確地說是廣告拍賣收益。二〇一九年，谷歌的廣告營收據估計要高於其兩大對手臉書與阿里巴巴的加總。[164]你經常可以看見谷歌上的廣告是針對谷歌自家的產品。谷歌投標自家的廣告拍賣，是個問題嗎？很難說。你不難想像任何一家公司都能因為熟悉對手的廣告競標策略而從中受益，惟谷歌堅稱他們不曾因為其市場霸主地位而獲致不公平的優勢。[165]

亨利・奈爾斯身為一名反拍賣的行動派，對這一點肯定有話不吐不快。

# 第二部　販賣夢想

十七世紀的鬱金香狂熱是金融泡沫的經典案例：當某樣東西的價格一漲再漲，但不是因為其本身的價值，而是因為買的人預期可以加價賣出大賺一筆的時候，我們就說那是個泡沫。金融泡沫所以會破，可能是因為預期心理達到了轉捩點：一旦夠多的人預期價格準備起跌，傻瓜的供給量就會慢慢枯竭。在熱潮最瘋狂的時候，許多人持有的其實是尚未交割的球莖期貨，結果就是沒錢的買家和沒球莖的賣家吵翻天。

約書亞．瑋緻活（Josiah Wedgwood）有著遊說者的三寸不爛之舌。一七六〇年代，瑋緻活在鼓動投資人之餘，也說服議會核准一條運河，並狡猾地搜刮沿岸的土地，蓋起巨大的新工廠。他並讓自己的品牌成為王室御用瓷器，使中產階級趨之若鶩，一如今日我們追求「名人同款」；更藉由模仿伊特魯里亞古陶風格創造流行，可謂時尚趨勢先驅。

香菸可說是品牌形象經營的先鋒。詹姆斯·邦薩克（James Bonsack）將羊毛分梳機改造成捲菸機，大幅提升產能，但產出需要市場。買家巴克公爵決定藉由廣告的力量扭轉當時香菸是低等菸品的形象。時值一八八九年，他的促銷預算已經達到營收的兩成，在當時聞所未聞，卻相當管用。到了一九二三年，香菸已經成為美國人享用菸草最受歡迎的形式。

一八五〇年代，女性還沒有投票權，每日要不為家務纏身，就是在縫紉廠裡工作十幾個小時。艾薩克·勝家（Isaac Merritt Singer）雖然毫無性別平等概念，但他改良了縫紉機的構造，女性得以從成日縫縫補補中獲得喘息。專利戰過程中延伸出來的「專利池」概念，以及因應要價不菲的機器而發展的「分期付款」，都開當代之先河。

十九世紀末，郵購藉由省下實體店面的成本以破盤價轟動全美，也為居住於交通不便之處的消費者帶來便利。到二十世紀初期，郵購型錄已然成為厚達千頁的磚頭書，連房子的建材都可以整間賣給你。時至今日，郵購換成了網購，在中國形成阿里巴巴、京東等電商巨擘和淘寶村這種鄉村企業聚落，為零售市場帶來翻天覆地的影響。

一九五四年的加州小鎮，一對兄弟經營著生意不錯的漢堡店。他們擅長提高製作漢堡的效率。他們發展出各種技術，加速漢堡、麵包與調味料的組裝。亨利．福特怎麼生產汽車，麥當勞兄弟就怎麼生產漢堡跟薯條，但從未想過要申請專利或擴大經營。直到雷．克洛克（Ray Kroc）這個男人出現，讓「加盟」有了全新定義。這種模式得以賦予品牌統一性，又能降低維運成本，大幅改變零售體系的風貌。

捐款這檔事，從有人類時就有。古有名曰「什一奉獻」的宗教傳統，即間接拿出十分之一的所得給有意義的公益活動。時至今日，勸募從YMCA、樂透等形式不一而足，但在許多研究和調查中發現，人之所以願意捐款可能來自於無意識中追求某種回報，或是單純的自我感覺良好。

以紅白裝束形象為人熟知的聖誕老人起源於一八〇〇年代初期，根據荷蘭傳統改編而來。兩百年來，在耶誕節送禮已成為超越宗教的全球性活動，隨之而來的「爆買」也成為重要的銷售檔期，全球市場規模約達兩千億美元，其中包含很多爛禮物和超廢的裝飾品，就連禮物卡和禮券都不如想像中實用。這些爛禮物約價值三百五十億美元，相當於世界銀行每年放給開發中國家的貸款。

# 9 鬱金香 Tulips

當某樣東西的價格一漲再漲，但不是因為其本身價值，而是因為買的人預期可以加價賣出來賺一筆的時候，我們就說那是個泡沫。拿一百萬美元去買顆鬱金香的球莖，感覺很傻，但如果你打的算盤是可以開價兩百萬，將之賣給一個更大的傻子時，這仍可以是理性的投資。這種抓最後一隻老鼠的心態，就是所謂的「博傻理論」。

一六三七年年初，某個起霧的冬天早晨，一名水手現身於一名有錢荷蘭商人的會計室中，並被招待一份紅鯡魚的精緻豐盛早餐。水手注意到一顆洋蔥（至少他是這麼認為的）躺在櫃檯上。接下來根據查爾斯・麥凱（Charles Mackay）在兩百年後的蘇格蘭所寫，發生了這樣的事情：「因為總覺得這玩意出現在絲綢與天鵝絨之間實在與環境格格不入，他刁鑽地找了個機會把洋蔥塞進了口袋裡，準備拿來給他的鯡魚提味。他帶著自己的戰利品全身而退，溜到碼頭準備享用早餐。」慘哪，麥凱說：「商人才一轉身就發現自己的價值不菲的『永恆的奧古斯都』*沒了，價值三千弗羅林（florin），相當於兩百八十英鎊。」166

相對於當時的薪資水準，那遠比今天的百萬美元還值錢。只是想用洋蔥辣味激發魚鮮味的水手，在無意之間偷走的不是一顆洋蔥，而是一顆稀有的鬱金香球莖。在一六三七年初期，鬱金香的價格真的突破天際。

然後，說時遲那時快，一切說停就停：進入二月，球莖批發商聚集在離阿姆斯特丹一天腳程的哈連（Haarlem），結果那天站在買方的人是零。之後短短數日內，荷蘭的鬱金香價格就崩跌了十倍。[167]

鬱金香狂熱是金融泡沫的經典案例：當某樣東西的價格一漲再漲，但不是因為其本身價值，而是因為買的人預期可以加價賣出來賺一筆的時候，我們就說那是個泡沫。拿一百萬美元去買顆鬱金香的球莖，感覺很傻，但如果你打的算盤是可以開價兩百萬，將之賣給一個更大的傻子時，這仍可以是一項理性的投資。這種抓最後一隻老鼠的心態，就是所謂的「博傻理論」（greater fool theory）。

但鬱金香狂熱是不是可以就這樣全推給博傻理論，還有待斟酌。

查爾斯．麥凱在一八四一年的描述，在我們的想像力中拉出了長長的陰影。他所著的《異常流行幻象與群眾瘋狂》（Extraordinary Popular Delusions and the Madness of Crowds）一書中用滿滿的生動故事講述荷蘭舉國是如何無法自拔。但那些被講得天花亂墜的故事，包括上述餓鬼水手的行徑，多半都並非事實。

十六世紀，歐洲引進滿滿一籃子新作物：馬鈴薯、綠色與紅色彩椒、番茄、菊芋、四季豆、菜豆。鬱金香也是其一。一開始，人們十足陌生的鬱金香球莖被誤認為是一種蔬菜：不只一次有人拿油跟醋來烤鬱金香——這是查爾斯．麥凱的荒誕故事中一抹實話實說的清流。[168]

但當大家找到了鬱金香的「使用說明書」後，堆人就真的開始添油加醋地說這種花有多美。有些受到病毒感染的品種從單一亮色的花瓣突變為精緻的混色圖案。如果說今天的超級有錢人收藏高價名畫，那當時的荷蘭暴發戶就收集展示珍稀的鬱金香。

只不過這些人收藏鬱金香時的手腳，不全都很乾淨就是了。知名的植物學家卡羅盧斯．克盧修斯（Carolus Clusius，歐洲鬱金香之父）會大方跟朋友與同僚分享他的鬱金香，但當中的稀有品中動輒遭竊，畢竟他的寶物只是靜靜地在庭院裡待著。有一回克盧修斯又有一些獨特的花朵被偷，結果贓物竟然繞了一圈出現在維也納某貴族的花園裡。該貴族當然把事情推得一乾二淨。[169]

對這些鬱金香收藏家，哲學家尤斯圖斯．利普修斯（Justus Lipsius）有點不以為然。「該怎麼說呢，他們不就是一群自得其樂的瘋了？」他一發不可收拾地說：「他們虛榮地狩獵那些奇花異草，一旦到手，他們會無微不至地對其呵護備至，比起母親照顧孩子有過之而無不及。」[170]

＊譯註：Semper Augustus，原義是羅馬皇帝的一部分頭銜。

但在一六〇〇年代初期，鬱金香價格始終只漲不跌。阿德里安・保烏（Adriaan Pauw）這個有錢到流油且地位猶如荷蘭首相之人蓋了一座花園，裡面滿滿的鏡子擺放得很有藝術感，花園中央矗立著幾株難得一見的鬱金香，經由鏡面的反射感覺像是有一大片花海。這證明了即便有錢有勢如保烏，都負擔不起讓整座鬱金香花園裡都用真貨。[171]

目前有證據可以背書的鬱金香天價是單株五千兩百荷蘭盾，時間就是一六三七年的那個冬天。這相當於五年後林布蘭開價繪製《夜巡》的三倍多金額，同時也等於木匠之類的師傅年收入的二十倍。某個可憐蟲的百萬美金級別鬱金香球莖被當成洋蔥配鯡魚吃下肚或許有點扯，但稀世的球莖可以有百萬身價應該沒有騙人。[172]

鬱金香球莖真的可以價值上百萬美元嗎？其實這事並沒有乍看之下的離譜。鬱金香的球莖不僅會生出鬱金香，它還會產生屬於側生芽的小球莖，又叫短匐莖。如果鬱金香的母株國色天香，那它的小球莖也不會太差。由此擁有一株稀有的球株就有點像擁有冠軍賽馬：它本身固然是一樣有價值的東西，但它真正值錢之處是它潛在的後代。[173]考量到有錢人願意為了入主少見的鬱金香到什麼離譜的程度，拚命追價的球莖商人其實一點也不傻。

金融泡沫所以會破，是因為預期心理達到了轉捩點：一旦夠多的人預期價格準備起跌，傻瓜的供給量就會慢慢枯竭。這能解釋一六三七年二月的一夕崩盤嗎？或許。

但另外一個理論是這麼說的。隨著永恆的奧古斯都經年累月地繁衍，它們的價格遲早會下跌。[174]在哈連這個在荷蘭算是相對溫暖的城市，二月正好是鬱金香的新芽破土而出之際。眼看著嫩芽一片欣欣向榮，四處奔波的球莖商人或許已意識到大豐收不可免，原本貴重的品種恐將不會再像他們想像中的那麼物以稀為貴。[175]果真如此，那價格的下跌或許反映的就是供應的增加，而不是泡沫的破滅。

不論理由為何，熱潮過了就是過了，影響所及是各種苦果：許多相關行業不是單純的一手交現金一手拿球莖，而是尚未交割的球莖期貨。結果就是一邊是沒錢的買家，一邊是沒球莖的賣家，兩邊為了誰欠誰什麼吵翻天。但最終體質良好的荷蘭經濟還是撐過了這場漣漪。

後來的泡沫就沒能如此善了。史上最大泡沫的有力候選人之一是一八四〇年代的鐵道狂熱。影響力十足的評論者排斥關於金融危機逼近的警示，鼓勵投資人鎖定英國鐵路公司的股價，追高到荒謬的程度。

其中一個如此看漲行情的意見領袖，就是查爾斯．麥凱。曾幾何時他曾經說著那些與事實相去甚遠但聽了很爽的故事，嘲笑荷蘭鬱金香炒作者的貪婪與愚昧，結果他關於集體瘋狂的著作就在鐵道泡沫破滅後改版上市，怪的是書中對這件事幾乎隻字不提。[176]

事不關己地恥笑前人的泡沫，易；身在泡沫之中而不當局者迷，難。因為那究竟是不是個泡沫，往往都是事後諸葛。

# 10 皇后御用瓷器 Queen's Ware

如果說人會模仿比他們社會地位高的人；那已經在金字塔頂端的人會怎麼做呢？你當然會想辦法跟下面的人保持差異。有些經濟學家如今認為時尚是寇斯猜想（只要肯多等一會兒，就能買得更划算一些）的例外。你明知晚買可以享折扣，但有時候你就是想要先買先享受。

「對於這項製品，皇后殿下滿心歡喜地賜予她的名諱，成為其愛用者。她下令賜名『皇后御用瓷器』，並讓發明者很榮幸地被指定為『皇后御用陶匠』。」

至少約書亞．瑋緻活（Josiah Wedgwood）的故事是這麼說的。瑋緻活的立傳者布萊恩．多蘭（Brian Dolan）認為更接近真相的狀況，應該是所謂夏洛特皇后（Queen Charlotte）的「命令」，其實是瑋緻活的「建議」。[177] 她多半覺得對方是在恭維她，而沒有想到那是商人機巧的利己之舉。

為什麼「建議說」可能比較接近現實呢？因為約書亞．瑋緻活這傢伙可精明了。他除了有可能是人類史上第一名管理會計師外，還是個搞化學的先驅，要知道他除了一天到晚在實驗處理跟燒製黏土的新辦法，還把結果記錄成暗碼，生怕他的筆記本會落在手腳不乾淨的對手手上。他第一個重大突破是：一種新式的「奶油器皿」，奶油色的陶瓷，而他也以此服侍了一回令皇后印象深刻的午茶。他自謙地表示：「外觀頗為新穎，上頭包覆著一層豐潤飽滿的釉色。」[178]

約書亞．瑋緻活有著遊說者的三寸不爛之舌。一七六〇年代，北斯塔福德的陶匠必須讓他們的脆弱產品歷經沿路可能傷筋挫骨甚而粉身碎骨的里程，才能抵達目的地的大城市。[179]瑋緻活在鼓動投資人之餘，也說服議會核准一條連通特倫特（Trent）與默西河（Mersey）的運河。他的陶匠同業原本都樂壞了，但後來他們才發現約書亞狡猾地搜刮了沿岸的土地，蓋起巨大的新工廠。[180]

不過約書亞最傲人的成就，還得算是他在一個獨占理論問題還不成問題的兩百年前，就把它給解決掉了。

話說首先用文字把這個問題變成問題的，是諾貝爾獎經濟學家羅納德．寇斯（Ronald Coase）。想像一下，寇斯說，你是個獨占者，你一個人生產一種特定的商品，很多人想買，且其中有人願意付很高的價錢，有人只肯出少少的錢，但無論如何你都還是有賺頭。理想狀況下，你會想要對前者收高價，對後者收低價。

但你要怎麼神不知鬼不覺地進行這種差別待遇呢？一個可能的答案是先用高價打頭陣，然後再慢慢地降價來擴大市場。賈伯斯就是這麼幹的。蘋果推出第一代iPhone時，售價是六百美元，兩個月後降價到四百。不意外地——除了賈伯斯本人挺意外的——花了六百美元的消費者都不是很愉快。[181]

這就是何以寇斯說這種策略行不通。第一組買家會看破你的手腳。他們意會到只要肯多等一會兒，就能買得更划算一點。這種設想被稱為「寇斯猜想」（Coase Conjecture），並在一九七二年由寇斯寫成論文發表。[182]

時間拉回一七七二年，約書亞用文字表述出的，則是他在覲見過皇后並對管理會計稍有涉略後，在其腦中成形的商業模式。他掌握到兩種東西之間的差異，一是現代經濟學者所稱的固定成本，比方說研發成本，另一個則是所謂的變動成本，包括像是勞動與原物料的成本。[183]他若有所思地對自己的生意夥伴說：「做出可以進宮當擺飾的花瓶」，一開始「所費不貲」。但一旦製程改良，訓練完員工，他往下生產就會變便宜了。「此時宮中的王公貴族都已經擁有花瓶許久，來自中產階級的欣賞與讚嘆都已經聽飽了。」就在你彷彿能聽得到的收銀機乒乓聲背景下，約書亞接著寫道：「中產階級多半能於此時以折扣價買個過癮。」[184]

約書亞預期到後來時尚圈所謂的「向下涓滴」（trickle-down）理論：消費者往往會模仿他們心目中社會地位較高者。[185]不過這並不是唯一的理論，這年頭時尚也會從街上的酷靚年輕人

「向上涓滴」；[186]而且時尚業者還會派「酷靚獵人」去坊間搜尋這些青春無敵的時尚教主。[187]

但向下涓滴理論依舊成立。不然台裔珠寶設計師胡茵菲難道是吃飽了撐著，她幹麼據稱花了一百萬美元請好萊塢女星葛妮絲．派特洛（Gwyneth Paltrow）戴上她的鑽石手鍊出席奧斯卡頒獎典禮？[188]賠錢的生意沒人做，胡茵菲肯定希望這激發的「中產階級」買氣可以讓她回本並倒賺。

前人雖然沒有像葛妮絲．派特洛這樣的「好萊塢王室成員」，但他們有真正的，嗯，王室成員：你在一七六〇年代能找到的社會地位天花板，大概就是英格蘭的皇后了。約書亞的「皇后御用瓷器」行銷一炮而紅。營收「一飛沖天」，他寫道。皇后御用瓷器賣的是對手同級產品的兩倍價格：如歷史學家南西．柯爾（Nancy Koehl）所說：「中產階級客戶不吃低價那一套，他們買單的是品質與流行。」[189]

約書亞捫心自問一個關鍵的問題：「這種熱銷與評價是源於行銷手法，還是反映其實用性與美觀？」從今而後，他的結論是，他將「竭盡精力與成本」去為產品爭取到「皇家或貴族」的背書，他在這方面的付出將至少不亞於他對產品本質的專注。[190]

但繼花瓶之後，約書亞該做點什麼呢？他著手幹起酷靚獵人的活兒。他追捧起大師級藏家——從歐洲壯遊中把作品帶回來的鉅富藝品收藏家。他發現最熱門的新鮮玩意，是當時在義大利開挖出來的伊特魯里亞（Etruscan）古陶。[191]約書亞能做出類似的東西嗎？他回到實驗室裡做起試驗，拿著青銅粉、鐵礬（硫酸亞鐵）、原銻，炮製出一種讓他得以完美模仿伊特魯里亞古陶風格的色素。[192]在一場臉皮厚到最高點的品牌定名活動中，他把自己在運河畔工廠生產的陶器取名為「伊特魯里亞」。

他的貴族客戶將之舔得一乾二淨：你將可以「超越古人」，一名老貴族情不自禁地說著，還下訂了三只花瓶。[193]

趁勝追擊的約書亞繼續做實驗。傳統上黏土是先燒再畫或上釉。他想出在燒製前用鐵氧化物將黏土染色的手法，並藉此創造出奇特的骨瓷透光效果。如此誕生出的「浮雕玉石瓷器」（Jasper ware）有著獨特的淡藍色，另外還有浮雕構成的白色裝飾，至今仍是瑋緻活的代表性商品。[194]

這又是一次商業上的大勝利。按歷史學家珍妮・烏格洛（Jenny Uglow）所說，約書亞「不僅有本事跟上流行，他還能創造流行」。[195]

但瑋緻活為什麼能免疫於寇斯猜想呢？畢竟經過一段時間後，他的貴族客戶肯定會發現不管瑋緻活何時推出讓他們大開眼界的東西，他們都可以用耐心換來便宜的價格。

這答案就在於時尚的涓滴效應：如果說人會模仿比他們社會地位高的人，那已經在金字塔頂端的人會怎麼做呢？你當然會想辦法跟你下面的人保持差異。有些經濟學家分析認為時尚是寇斯猜想的一個例外。[196]你明知晚買可以享折扣，但有時候你就是想要先買先享受。

在他驚豔了夏洛特皇后的幾年之後，約書亞觀察到皇后御用瓷器「已然淪落至粗俗又普及」。[197]「這代表王公貴族若要繼續跟中產階級有所區隔，他們就需要用更新的東西去炫富也炫品味。但別擔心，約書亞·瑋緻活永遠不缺新的產品餵給那些非富即貴之輩。

# 11 邦薩克捲菸機
## The Bonsack Machine

產品一旦本質上不具差異，企業就可能打起價格戰，但那麼做是傷敵七分自損三分，企業本身的利潤也會到侵蝕。遠優於此的辦法是打品牌戰：讓消費者以為各家產品有所不同，企業便能藉此有效吸引到不同族群的客人。有人會抽萬寶路展現出萬寶路硬漢的粗獷與陽剛氣概；有人會看到「你一路辛苦了，寶貝」的口號，就買包維珍妮涼菸支持女性主義。

駱駝牌香菸「又爛又會卡喉嚨」，一名美國癮君子在一九二〇年代的盲測中如是說。所以他認為手上的菸肯定是平常抽的好彩牌（Lucky Strike）香菸。好彩菸，你知道的，「順又好入口」，就像現在這根菸一樣。

但想也知道，他抽的其實是駱駝牌。[198]

如今，品牌的強大力量已經不太是什麼新聞。但在當時，品牌力量才剛開始嶄露頭角。早年的大品牌包括家樂氏玉米片、康寶湯品，還有高露潔牙膏，[199]但真正要說起品牌的作用，還是以香菸的販售最為顯著。以駱駝牌香菸為例，其問世之際就動用了空前的預算：一九一四年，一日不漏的報紙廣告營造著期待感，廣告一路從「駱駝牌要來了」打到「駱駝牌來了」。[200]著有《金色浩劫（暫譯）》（Golden Holocaust）的歷史學者勞勃．普拉克特（Robert Proctor）認為：「現代行銷可以說是由香菸產業啟發的。」[201]

為什麼香菸在行銷上會這麼前衛呢？

這個問題一直沒有標準答案。如果沒有在一八三九年意外發現烤菸技術，香菸產業的發展可能不會如此順暢。鹼性下降意味著可以把煙吸進肺裡，這比只讓煙停留在嘴裡更容易上癮。安全火柴的發明也有幫助。[202]不過比起這些，真正領銜主演的明星還得算上一名出身維吉尼亞，叫做詹姆斯．邦薩克（James Bonsack）的傢伙。

一八八一年，當邦薩克為其新機器註冊專利時，菸草已經存在數百年之久，但香菸還屬於小眾商品：此時的市場主流仍是菸斗、雪茄，與口嚼菸。邦薩克的父親擁有一間羊毛工廠。他看著工廠裡的羊毛分梳機（分梳就是把羊毛纖維變成紗線的工序），納悶著能否將之改造成捲菸機。他最終弄出來的原型機重達一噸，但每分鐘能捲兩百根菸，幾乎跟人用手捲一小時的產量相當。[203]

這部機器的重要性對菸草創業家詹姆斯．布坎南．「巴克」公爵（James Buchanan 'Buck' Duke）來講不言可喻，他立刻就跟邦薩克簽訂了合約，開始在香菸市場裡圈地。但巴克公爵的機遇也是一項挑戰：他可以生產出很多香菸，問題是他賣得掉嗎？香菸有形象問題：它們在世人眼中不如雪茄高級，關鍵就在雪茄的生產很難機械化。[204]

公爵並未因此氣餒。他意識到有件事不得不做：廣告。他為此想出的噱頭包括折價券跟可供收集的卡片。時值一八八九年，他的促銷預算已經達到營收的兩成，這在當時是聞所未聞。[205]重點是有用。到了一九二三年，香菸已經成為美國人享用菸草最受歡迎的形式。[206]

有些早期的廣告活動放到現在，會讓人不敢恭維。比方說好彩牌香菸曾主打抽菸可以減肥：「想吃糖的時候就來根好彩。」那廣告詞是這麼說的，一旁還補上一張婀娜多姿的美女插圖。甜食廠商氣得火冒三丈。其中一家公司用廣告反擊：「別聽誰說什麼香菸可以取代可口的糖果。香菸會點燃你的扁桃腺，用尼古丁毒害你體內的每一個器官，讓你的血液乾涸，在你的棺材上打釘。」[207]

但提到身體保健的建言，你會選擇相信誰呢？糖果公司還是醫療專業人士？「兩萬零六百七十九名醫師表示：『好彩牌香菸比較不刺激』。」一則好彩牌香菸的廣告說。如果兩萬多名醫師還不能讓你信服，沒問題，駱駝牌說：「駱駝牌是最多醫師愛抽的香菸。」[208]

盲測顯示那些關於喉嚨會不舒服的宣稱都是空穴來風，同時在一九四〇年代，《讀者文摘》一次較具系統的調查也得到同樣的結論：以健康的角度出發，你選哪一個牌子的菸抽都不會造成「地動山搖」的差別。[209]到了一九五〇年代，美國有關當局認定他們不該坐視香菸廣告中出現醫師或人體部位等元素。[210]這乍看之下是香菸廣告業的危機，實際上反倒解放了他們，美劇《廣告狂人》（Mad Men）裡就曾戲劇化地演繹過這一點：

> 這是自從玉米片問世以來最棒的廣告機會。我們有了六家一樣的公司賣一樣的商品。我們現在可以暢所欲言了。[211]

劇中的廣告人唐・德雷伯（Don Draper）是虛構的，但他說的話一點也沒錯。產品一旦本質上不具差異，企業就可能打起價格戰，但那麼做是傷敵七分自損三分，企業本身的利潤也會遭到侵蝕。遠優於此的辦法是打品牌戰：讓消費者以為各家產品有所不同，企業便能藉此有效吸引到不同族群的客人。一九六〇年代，美國人買菸的數量達到史上的高峰。[212]有人會抽萬寶路展現出萬寶路硬漢的粗獷與陽剛氣概；有人會看到「你一路辛苦了，寶貝」的口號，就買包維珍妮涼菸支持女性主義。[213]

經濟學者口中會提到一項產品有所謂的「消費者剩餘」，也就是對消費者而言，產品效用減去其所付金錢的餘額。這種剩餘究竟來自你對產品特質的喜好，還是來自你對品牌的鍾愛，是個需要深究的問題嗎？換個方式說：就因為你在盲測中自信滿滿地搞混了駱駝牌跟好彩牌香菸，我們就可以認為你根本不像你宣稱的那麼享受好彩牌香菸嗎？

如果今天的當事人是玉米片、湯品，或牙膏，那我們還真的可以不用那麼緊張兮兮，畢竟即便你被廣告拐去喜歡家樂氏、康寶或高露潔，那也沒麼大不了的，不是嗎？但如果是香菸這種要命的東西，那就不一樣了。我們可能會擔心消費者體驗會跟品牌綁在一起。不少國家都已經很有責任感地禁掉了菸商的電視廣告與運動賽事贊助。[214]有些國家甚至要求香菸的包裝必須清湯掛麵，包括品牌名稱都只能用無聊至極的制式字體。[215]對此，菸草公司說「沒有具說服力的證據」顯示這麼做有用。[216]但這話就跟他們年復一年砸大錢，說沒有具說服力的證據顯示香菸會引發癌症或心臟疾病一樣沒有說服力。[217]

如今許多地方抽菸的人數都在下降，但一些較窮困且管制較鬆散的國家，情況又有所不同。[218]放眼全球，香菸的年產量大約還有六兆支。如果一支支頭尾相連排起來，人類每四個月就可以用太陽點一回菸。[219]

比方說在中國，在毛主席掌權後的半世紀，人均香菸銷售量上升大約十倍。[220]中國菸草總公司（跟國家菸草專賣局同一塊招牌）是中國最好賺的企業，其國內百分之九十八的香菸都出自該處。那是家國營企業，並且貢獻高達政府歲收的一成。所以也許不令人意外地，中國在這場香菸廣告禁令的派對中可以說是姍姍來遲。最晚到了二〇〇五年，中國的香菸廣告都還信誓旦旦地保證：「一根菸能帶走你所有煩憂。」甚至有某個品牌的香菸印有警語：「戒菸會讓你陷入愁雲慘霧，縮短你的生命。」至於是什麼品牌的香菸這麼敢講？答案是長壽菸。[221]

不久後中國菸草總公司採行了一個新政策叫「高端化」。既然中國慢慢在富起來，那我們何不說服消費者為了抽菸多花點錢呢？出於這樣的想法，該公司推出了新的「高檔」品牌，並在廣告中宣稱其危害較小、品質較高，且送禮更大方。結果這招還真的有效。在這之前，平價菸的銷售量要高於高檔品牌，而且比例是十比一。經過九年的高端化，兩種菸現在大抵是平起平坐的狀態。[222]

一項研究顯示，中國只有一成抽菸者知道，標示淡菸或低焦油等字樣的產品具有不輸一般香菸的健康殺傷力。[223]看來他們要麼不是《讀者文摘》的讀者，要麼就是品牌創造可信度的能力仍在強力延續著。

# 12 縫紉機
## The Sewing Machine

覺醒資本主義還是得面對大批的懷疑者。商家只想搭上熱度多賣點啤酒跟刮鬍刀，不是嗎？搞不好還真的是。艾薩克·勝家常說他就是想賺兩個臭錢。但他也讓我們看到，社會的進步也可以由自私到不行的動機領路。

吉列的廣告與有毒的男性特質勢不兩立。[224]百威啤酒推出特別版的杯子鼓勵非二元性別與性別流動的族群自豪於自己的身分。[225]這些由企業倡導前進社會理念的做法，被稱為「覺醒資本主義」，且往往給人一種高調走在時代尖端的感覺。[226]但實際上，覺醒資本主義或許並不如你所想像地那麼新穎。

回到一八五〇年，社會進步還有待跨出大步。再往回推兩、三年，美國社會運動家伊莉莎白·斯丹頓（Elizabeth Cady Stanton）在一場女權集會上引發了軒然大波，主要是她呼籲女性要有投票權。就算是她的支持者都擔心她此舉會太過激進。[227]

同一時間在波士頓，一名不得志的演員想要靠投資翻身。他在工坊展示廳中租下一塊空間，希望能成功行銷他用來雕刻木質活版字的機器。但木質活版字當時正在退流行。機器精巧不在話下，但沒人想買也是白搭。[228]

這名工坊的業主邀請一名發明家看一眼他在掙扎中開發的另外一項產品。那是一部縫紉機，而且用起來效果不太好。不過那也不奇怪，因為效果好的縫紉機當時本來就還沒有人做出來，一票發明家試了幾十年都無功而返。

機會已經擺在眼前。沒錯，縫紉女工的時間不值錢：一如《紐約先驅報》（New York Herald）所說：「我們想不到還有哪個等級的女工更窮更苦，領得還更少。」[229]但縫紉實在太花時間（一件襯衫得耗掉十四個小時[230]），要是誰可以把速度加快，他就能發財。

還有一種人跟縫紉女工同病相憐：大部分的主婦與家中的女兒都被當成免錢的縫紉工。這種「永遠做不完，永遠還會有」的工作，按當時作家莎拉・海爾（Sarah Hale）所說，讓家中女人的生活「枯燥到只剩沒日沒夜的操勞」。年輕的女人因此只剩「停不下來的指頭與無從填滿的空虛心靈」。[231]

在波士頓的那間工坊中，發明家打量了一下機器然後打趣說：「你想把唯一能讓女人閉嘴的工作消滅掉嗎？」[232]

這個發明家叫做艾薩克・勝家（Isaac Merritt Singer）。他是個活潑、有魅力、慷慨大器的男人，但發起狠來也很狠就是了。此外他還是個無可救藥的渣男，一共跟不同的女人生了二十二個小孩。多年來他設法維持著三個家庭，而且不是所有人都知道彼此的存在，遑論他在這三個家庭外還有一個名正言順的元配妻子。更不是沒有女人因為抱怨而挨他的揍。

簡單講，勝家不是個發自內心支持女權的人，不過他的行為倒是有可能把女人團結起來追求女權。他的立傳者茹絲・布蘭登（Ruth Brandon）曾冷冷地說他是「那種能使女性主義運動更有向心力的男人」。[233]

勝家思考了一下他被找來評估的機器。他告訴工坊主人：「與其讓梭子繞著圓圈跑，我會讓它在直線上一前一後地作動；另外，與其讓針棒推著有曲度的針頭水平移動，我會讓筆直的針頭上下移動。」[234]勝家為他的改動註冊專利，並開始販售他的升級版縫紉機。市場反應讓人十分驚喜：第一款真正能用的縫紉機設計。一件襯衫只要一小時就能完成。[235]

很可惜的是，這部縫紉機還得依賴許多已經被其他發明家註冊專利的創新才能運行，比方說溝槽式的眼子針（有眼洞的針）才能完成叫做「平車」的針法，同時它也需要特殊的機制將布料餵給機器。[236]在一八五〇年代的「縫紉機大戰」中，相互敵對的業者比起好好銷售縫紉機，更大的興致展現在互打侵權官司上。[237]那種局面放到今天，就叫做「專利覆蓋」（patent thicket）。

最終一名律師把所有人送作堆。他指出，一部優秀縫紉機的所有的元素與專利，現在分屬四組勢力。你們何不相互授權，然後聯手控告四大勢力以外的所有對手呢？[238]這招真的是神來一筆：「專利池」如今已是複雜發明中被廣泛應用的概念。[239]擺脫了適法性的桎梏後，縫紉機市場正式起飛，其中勝家躍居為霸主。這個結果可能讓所有看過其對手工廠的人都嚇了一跳。勝家以外的其他人都迫不急待地擁抱當時稱為「美式系統」的製造模式，使用訂做的工具與可替換的零件。這種體系在槍砲生產中證明了自己的身手。但勝家沒趕上第一波派對：有四年的時間，他的機器都用的是手工打磨的零件跟市售的螺絲螺帽。[240]

但勝家與他腦筋動得很快的生意夥伴艾德華．克拉克（Edward Clark）在另一個戰場上搶得了先機：行銷。縫紉機買起來不便宜，其定價相當於普通家庭好幾個月的收入。[241]克拉克發明了類似分期付款的「租購」概念：家戶可以每個月付幾美元租用縫紉機，等租金累計達售價後，他們就可以正式擁有縫紉機。[242]

這是個很誘人的提案：無須舉債，沒有非買不可的義務。[243]這還有助於更新縫紉機在民眾之間的印象，讓慢又靠不住的舊款機器成為過往。另外，勝家公司的業務代表也發揮很大的作用，主要是他們會到府幫買家安裝機器，後續還會致電確認使用狀況。[244]勝家在世界各地都雇有這樣的業務大軍：他們是「文明的傳令官」，勝家公司話說得大言不慚。[245]

不過，這種種行銷努力仍面臨著一個問題。那就是厭女。

想一窺伊莉莎白．斯丹頓必須抗衡的態度，我們可以來看看兩幅漫畫。一幅顯示一名男人在問為什麼要買一部「縫紉機」，娶一部不是更快；另一幅上則有名推銷員說，有了縫紉機，女人就會有更多時間「提升她們的智商」。當時社會上普遍覺得買縫紉機很荒謬。[246]這樣的歧視助長很多人的懷疑，他們不確定以女性的腦力究竟能否操作這麼昂貴的機器。[247]

勝家的業績良窳，端視私下對女人也不曾多麼尊重的他，能否證明女人絕對可以勝任操作縫紉機。他在百老匯租了一處櫥窗，雇用一名年輕女子示範操作縫紉機，吸引了不少人圍觀。[248]他帶著自己的機器去各種商展與節慶活動，並在那些場合盡情發揮自己的表演慾，包括高聲唱出講述縫紉女工命運的哀戚歌謠：[249]

忍著手指的疲憊與磨耗
撐住眼皮的沉重與雙眼的血絲
打扮一點也不女人的女人坐著
讓她手中的針與線來來回回
縫！縫！縫！

勝家在廣告中把女性塑造成決策者：「直接由製造商賣給家中的女人。」[250]這些廣告暗示著女人應該有志於財務獨立：「任何一名優秀的女性靠著縫紉機，都能年收千元。」[251]

到了一八六〇年，《紐約時報》已經話匣子全開：不曾有過其他發明讓「我們的母親與女兒如此輕鬆」；縫紉女工「不用再那麼辛苦但又有更好的報酬」。[252]但話說回來，《紐約時報》有點辜負自己性別意識正確的招牌，把這一切發展都歸功於「男性發明者的天才」。或許我們應該問問女性的意見。像莎拉・海爾就在《歌迪女書與雜誌》*中說：「持針的女性終能在夜裡休息，白天也有時間做家務與休閒。這難道不是全世界的一大收穫嗎？」[253]

時至今日，覺醒資本主義還是得面對大批的懷疑者。商家只想搭上熱度多賣點啤酒跟刮鬍刀，不是嗎？搞不好還真的是。艾薩克・勝家常說他就是想賺兩個臭錢。[254]但他也讓我們看到，社會的進步也可以由自私到不行的動機鋪路。

* 譯註：Godey's Lady's Book and Magazine，從一八三〇到一八七八年發行於費城的美國女性雜誌，為內戰前流通量最大的美國雜誌。

# 13
# 郵購型錄
## The Mail-Order Catalogue

即便郵購的盛世已成過往，其曾有的動能卻正在全面捲土重來：無論是從正在崛起的世界級經濟強權中；在孤島般的鄉間鋪路並架設電信基礎建設的政府裡；在受夠了現有零售選擇的消費者之間；也在那些看到新商業模式可讓人從家中瀏覽並下訂商品的潛力，高瞻遠矚的企業家之間。鄉間換成中國，郵寄換成網路，郵購大廠換成電商巨擘，這在中國就包括阿里巴巴與京東。

「注意！不要光顧『蒙哥馬利沃德公司』（Montgomery, Ward & Co.）。他們這群人說話不算話。」

有鑑於蒙哥馬利沃德這個品牌還在，[255]且容我澄清一下這不是我的意見。這是一八七三年十一月八日由《芝加哥論壇報》（Chicago Tribune）發出的警語。[256]

話說亞倫・蒙哥馬利・沃德（Aaron Montgomery Ward）是幹了什麼好事，才逼著《論壇報》的編輯群指控他在經營「詐騙公司」，拿呆瓜跟笨蛋開刀？這個嘛，沃德發出的傳單上提供可疑的「烏托邦式」價格，跟種類廣泛到令人難以置信的商品：超過兩百種品項。而且，聽清楚了，蒙哥馬利沃德公司不僅沒有在店鋪展售他們的商品，而且連一個業務員都沒有聘：「事實上他們整間公司都躲在公眾的視野以外，唯一能聯絡上他們的途徑就是寄信到特定的郵政信箱。」[257]

很顯然，這一定是某種詐騙集團。你說是吧？

《論壇報》沒有想到的是，沃德之所以能提供烏托邦式的低價，恰好就是因為他省下了維持店面跟雇用中間人的昂貴成本。訴訟的威脅很快就幫《論壇報》的編輯轉過了腦筋，弄懂沃德代表的新商業模式，由此他們也在幾週後發表了低聲下氣的道歉聲明。他們承認沃德的公司是「一家貨真價實的正派企業，成員都是安分守己的公民，業務的內容與執行都沒有違法的疑慮」。[258]這則道歉啟事被沃德印在他們新一期的傳單上。[259]

還在二字頭的年紀，沃德就已經在鄉間小店當過店員，他前進芝加哥，並在後來的百貨公司巨擘馬歇爾・菲爾德（Marshall Field）手下找到一份推銷員的差事，工作內容是巡迴那些開在農業社區裡的鄉間雜貨店，沃德清楚那些店頭鋪貨的種類有多狹隘，價格又有多貴。[260]

這些事情，農夫也注意到了。他們已在找尋有沒有更便宜的管道可以把商品引進他們居住的荒郊野外。他們集結在一個新成立組織的地方分會中，組織的名字十分拗口：全國務農者保護組織共進會（National Grange of the Order of Patrons of Husbandry），簡稱「共進會」*。他們希望透過團結眾人的購買力，可以議得更令人滿意的價格。[261]這個團購概念並不新，在當代，其化身包括曾紅極一時的團購網Groupon**。

當時郵購已經存在，但並不普及，只有少數特定企業針對有限的產品線提供郵購服務。[262]沃德看到的商機宏大歸宏大，但並不複雜：使用郵購販售多樣產品，且用批發價薄利多銷。[263]再來就是消費者可以貨到付款，因此他們如果看到實物後不滿意可以選擇直接退貨。這一如踢到鐵板的《芝加哥論壇報》所言：「很難想像有誰會被騙或被強迫消費」。[264]還很擅長寫文案的沃德後來留下一句傳世的商業口號：滿意保證，不滿包退。[265]

就在引發《論壇報》猜疑事件的兩年之後，沃德的傳單進化成一本七十二頁厚的型錄，內容收錄將近兩千筆產品。[266]比方說你可以用五十五分錢買到兩百五十入金絲雀色的五吋信封，或是十二打小煤油棉芯。花六塊五毛錢，你就可以奢侈一下，買到一條超細緻的白色羊毛毯，還是大尺寸。沃德把使用者的滿意證言印在型錄上面，當中有人提到跟他買比跟在地商店買便宜一半。[267]

沃德的型錄內容基本上就是商品與價格的明細，但這並不影響它後來被紐約文學社團葛羅利爾俱樂部（Grolier Club）列入美國歷史上最具影響力的一百本書，與《白鯨記》、《湯姆叔叔的小屋》、《格律詩篇全集》（The Whole Booke of Psalmes，又稱《海灣讚美詩》）平起平坐。[268]俱樂部說沃德的型錄「或許是提升美國中產階級生活水準最具影響力的力量」。[269]

這本型錄也啟發了競爭者，其中最著名的是西爾斯．羅巴克（Sears Roebuck），他也很快就成為郵購市場的扛壩子。（據稱西爾斯．羅巴克的型錄開本比蒙哥馬利沃德的小一點，用意是讓愛整齊的家庭主婦在把兩本型錄疊起來時，西爾斯的型錄會自然而然居於上方。）[270]

時間來到十九世紀末，郵購公司已經每年賺進二千萬美元，放在今天就相當一個十億美元起跳的產業；[271]接下來的二十年，這個數字翻了幾乎二十倍。[272]郵購的風行帶動鄉間郵務品質需要提升的呼聲。住在城市裡，你的信會被送到門口，但住在鄉間，你就只能辛苦地跑一趟最近的郵局。政府最後妥協了，而且政府還意識到若真要把郵差送到偏鄉僻壤，那他們最好也順便整頓一下路網。[273]

「鄉間免運（費）」一炮而紅。蒙哥馬利．沃德與西爾斯．羅巴克都在主要受益者之列。[274]這是郵購的黃金時代。型錄膨脹成上千頁有著精美插圖的磚頭。[275]更新的版本讓人翹首期盼。現在不要說金絲雀色的信封，你想郵購整棟房子都不成問題。比方說只要花八百九十二美元，西爾斯．羅巴克就會寄給你一棟五個房間的平房。精確地說，他們會寄給你「木頭、板條、屋瓦、切割木料、地板、天花板、加工木材、壁紙、水管、溝渠、吊窗錘、五金、與漆料」。[276]

* 譯註：The Grange，grange 的本意就是農莊。

** 譯註：其進軍台灣的名字是酷朋，但二〇一五年已退出台灣市場。

噢，還有平面圖，而且那張圖肯定會比你從IKEA拿到的比利書櫃說明書困難很多。一百年過去了，這些郵購屋許多到現在都還屹立不搖；而且某些物件的轉手價格破百萬美元。[277]

型錄本身保存的狀態就比較差了。蒙哥馬利與西爾斯都開起百貨公司，主要是私家車的普及讓逛商場成了某種全民運動，型錄則日益式微。蒙哥馬利沃德公司在一九八五年結束了他們的型錄郵購業務，[278]西爾斯則又多撐了幾年。[279]然後人類就進入了網路時代：傑夫・貝佐斯（Jeff Bezos）覺得沒必要每年寄一份上千頁的亞馬遜型錄出去。企業也有其他管道讓消費者得知他們的產品：行銷大師會告訴你電子郵件得到的回應比傳統紙本型錄低很多，但因為電郵的成本實在太低，所以它們的投資報酬率還是高於紙本型錄。[280]

即便是郵購的盛世已成過往，其曾有的動能卻正在全面捲土重來：無論是在崛起中的世界級經濟強權中；在孤島般的鄉間鋪路並架設電信基礎建設的政府裡[281]；在受夠了現有零售選擇的消費者之間；[282]也在那些看到新商業模式可讓人從家中瀏覽並下訂商品的潛力，高瞻遠矚的企業家之間。

鄉間換成中國，郵寄換成網路，郵購大廠換成電商巨擘，這在中國就包括阿里巴巴與京東。[283]

中國一頭栽進網路購物：中國民眾掛在網路的時間等於美、英、法、德、日五國的總合。[284]把鄉下地區拉進經濟體系為的不只是擴大消費者的選擇跟提高中產階級的生活水準：當你有良好的路況跟資訊的管道，就有更大的範疇進行買賣。經濟學者詹姆斯・費根鮑姆（James Feigenbaum）與馬丁・羅騰伯格（Martin Rotemberg）研究了鄉間免運是如何在美國發展起來，他們發現當這個制度被移植到一個新地區時，製造業的投資就會連袂跟上。[285]同樣的流程似乎在中國重新上演，結果是中國出現所謂的淘寶村，也就是鄉下企業聚集在一起生產從紅棗到銀器到兒童腳踏車的萬事萬物。[286]

淘寶是一個虛擬市集，也是屬於阿里巴巴旗下的事業。淘寶說穿了就是商品與價格組合的網路清單，但那又如何？誰云它不宜懷抱重塑社會的雄心壯志，就跟任何一位文學大家——比方說亞倫・蒙哥馬利・沃德——一樣。

# 14 速食加盟體系
## Fast-Food Franchises

加盟店身為地頭蛇，還可以提供在地的知識背景，這點對於麥當勞進軍文化迴異的異國市場有很大助益。再來就是動機：集店主與經理人身分於一身的加盟主不會拿自己的資金開玩笑，他們比領薪水的直營店長更認真降低成本。經濟學者有證據支持這種想法：速食店員工與領班顯然在直營店領得多，在加盟店領得少。

雷．克洛克（Ray Kroc）在慫恿麥當勞兄弟開設更多漢堡餐廳時的口氣，嚇到了兄弟倆。那是一九五四年。地點是加州的聖伯納蒂諾（San Bernardino），那裡在當時還是一個沙漠邊緣的靜謐小鎮，距離西邊的洛杉磯大約五十英里。克洛克是賣奶昔機的，迪克跟麥克．麥當勞是他最好的客戶。麥當勞兄弟的餐廳雖小，但奶昔的銷路很好，很顯然他們掌握到了某些做生意的要領。

但他們並不想更上層樓，麥克．麥當勞對此的解釋是：「我們傍晚坐在門廊上看著日落……那是多麼恬靜安詳。」[287]開分店只會讓我們頭疼——出差、找店址、面試經理、在汽車旅館過夜。何苦呢？他們現在賺的錢就已經花不完了。[288]

這種想法聽在一般人的耳裡，算得上言之成理，但克洛克不是一般人。「他那一套我完全聽不懂。」克洛克後來說。他說服麥當勞兄弟讓他為他們拓展餐廳連鎖的規模，等到他三十年後去世時，麥當勞已經有幾千家的規模，每年的營收以數十億美元計。[289]

這告訴我們一件事情：成功的創業家也是形形色色，他們的才華不盡相同。就以迪克跟麥克．麥當勞兄弟而言，他們擅長提高製作漢堡的效率。他們跟在地的工匠合作，發明一種特殊的鏟子、一種新的容器，可以每次都擠出等量的番茄醬與芥末醬；還有一種滾動的平台可以加速漢堡、麵包與調味料的組裝。亨利．福特怎麼生產汽車，麥當勞兄弟就怎麼生產漢堡跟薯條：他們把流程拆分為簡單反覆的任務。那意味著他們出餐出得又快速、又便宜、又穩定。簡直沒得挑剔。[290]

但當他們進入更寬廣的世界後，麥當勞兄弟就有點不知所措了。遇到競爭對手在窗口偷窺、寫筆記、素描餐廳內部，迪克與麥克只是一笑置之。[291]當被問起調味料分裝容器的精巧設計，他們也開開心心招出了他們的工匠朋友姓名。他們沒有誰覺得該去把設計申請專利。[292]

有些人不光想要偷偷摸摸搞來的素描，所以麥當勞兄弟就賣起了加盟資格——也算是吧。只要付一筆單次的費用，你就可以買到店面的建築藍圖，當中包含金拱門與共十五頁關於「快速服務系統」的介紹都一應俱全，他們甚至還提供你為期一週的教育訓練。那之後加盟者就可以自力更生了。[293]

迪克與麥可並未期待他們的「訓練生」可以完全複製他們的菜單，甚至連店名都不用相同：當他們的天字第一號加盟主提到新餐廳也會叫麥當勞時，迪克的反應是：「你這是何苦？」[294]

就在此時，麥當勞那運作如奶油般順暢的廚房與半吊子的加盟體系中，走進了一個才華與志向都迥然不同的男人。此時的雷．克洛克五十來歲，有著如糖尿病跟關節炎的種種健康問題要管理。[295]即便如此，他還是更熱中於金錢甚於祥和的落日餘暉，同時對在路上奔波的出差生活也如魚得水：克洛克後來曾寫道：「我想像不到有什麼比為麥當勞尋找新店址更能滿足我創意的事情。」[296]麥當勞兄弟用來改進薯條的心思，克洛克將之拿去改進加盟體系。

加盟的概念本身並不新。加盟的英文franchise源自於古法語的franche，意思是「自由」或者「豁免」。在很久很久以前，君主可以給你「自由」去組織一個市場，比方說在指定期間與地點內從事特定行為的特許權。在十九世紀，你可以為了在當地市場販售勝家縫紉機而花錢購買特許權。[297]

時至今日，加盟的業態已然遍地開花。不論你在某家希爾頓或萬豪酒店住宿一夜，跟美國的赫茲公司（Hertz）或法國的歐洛普卡公司（Europcar）租車，還是上某家7-11或家樂福買東西，你面對的老闆都很可能是個加盟主。[298]這種以複製業務模式為基礎來進行的加盟行為，似乎是始於一八九〇年代的加拿大商人瑪莎．哈波（Martha Matilda Harper），因為她打造了一個美容沙龍的國際網絡：她本人是僕役出身，而她的加盟體系也徹底改變了其他女僕的生命。[299]

但真正賦予加盟體系其現代風貌的，還是一九五〇年代的速食產業。曾在此間粉墨登場過的業者除了麥當勞，還有漢堡王、肯德基，外加許許多多已遭人遺忘的品牌。[300]雷．克洛克最突出的眼光，莫過於對統一性的追求。[301]加盟總部不光是收錢並給予加盟主使用體系店名、習得其商業模式的權利，加盟總部還得要求加盟主盡到以指定方式從事營運的義務。麥當勞為此設立一間名為「漢堡大學」，屬於全職性質的訓練中心，藉此來操練學員，讓他們能嫻熟於包含馬鈴薯採購在內的種種事務。[302]督導會四處巡店，並逐次寫成二十七頁的報告，闡述加盟主有無按照正確的油溫煮食及保持廁所的整潔。[303]

乍看之下，這對新進餐廳業者的吸引力並不明顯：一般人拿錢出來投資，難道不會想要設計自己的品牌、開發自己的菜單？誰會想把四萬五千元白花花的美鈔送給麥當勞公司，外加營收還得讓人抽百分之四，[304]只為了讓他們能派督導來看著你把馬桶刷乾淨？嗯，你用錢買到的，大部分都是使用品牌的好處。別在意你被一雙眼睛盯著要按部就班，因為那是為了不讓你偷吃步的行為損害到品牌能帶來的好處，你經歷的一切與其他加盟主並無不同。

至於對加盟總部而言，他們為什麼不把所有的店都開成直營店呢？很多公司都是直營與加盟雙軌並行，麥當勞直接持有三萬六千餘家店面中的百分之十五，也就是旗下有百分之十五的直營店。[305]但加盟店對麥當勞公司貢獻良多。首先是可以省下的現金：開一家麥當勞的成本擺在那裡，就是破百萬美元。[306]

此外加盟店身為地頭蛇，還可以提供在地的知識背景，這點對於麥當勞進軍文化迥異的異國市場有很大助益。再來就是動機：集店主與經理人身分於一身的加盟主不會拿自己的資金開玩笑，他們比領薪水的直營店長更認真降低成本。經濟學者艾倫·克魯格（Alan Krueger）有證據支持這種想法：速食店員工與領班顯然在直營店領得多，在加盟店領得少。[307]

當然，加盟關係的兩造都有風險。加盟總部必須相信加盟主會認真工作；加盟主必須相信總部會好好地開發並宣傳吸引人的新品。一旦雙方相互猜忌對方沒有盡到責任，經濟學上所謂的「雙向道德風險」就會發生。經濟學中有一支叫做「代理理論」的領域，就是在研究加盟合約如何透過前置費用與抽成比例來解決這個問題。[308]

但加盟關係之所以能成立，或許就像克洛克與麥當勞兄弟，不同的創業家追求不同的東西。有些人想自由自在地做自己的小生意，每天平平安安的就好，這種人對開發產品或建立品牌並沒有多大興趣。

麥當勞兄弟在早期有過一名加盟主不喜歡金拱門標誌，決定把拱門變尖，然後把餐廳改名叫「雙峰餐廳」。[309]那是個天馬行空的年頭。時至今日，加盟關係裡的企業分工就如滿滿漢堡包的旋轉生產線一樣，一絲不苟。

# 15 募款訴求 Fundraising Appeals

經濟學者也研究過人捐款的動機。有種「發訊」理論：樂捐是一種表態，為了在人前有面子。還有一種「暖光」理論，其內涵是我們付出是為了自我感覺良好，或至少減輕內疚。

亞當·斯密曾在《國富論》中說過以下這段名言：「我們對這場晚宴的期待不來自於屠戶、釀酒人，或烘焙師傅的善心，而來自於他們對自身利益的重視。我們致力的不是他們的人性，而是他們的自愛，且我們永遠不跟他們談起我們的需求，我們只跟他們談他們能占到什麼便宜。」[310]

問題是當亞當·斯密在一七七〇年代寫下這些字句時，他收到的信裡多半不會在信封上印著讓人揪心的飢餓兒童。他在蘇格蘭老家柯科迪鎮（Kirkcaldy）上走來走去時，也不會遇上拿著手板的年輕女性堵他，好說歹說就是要他認捐一些月費。這年頭我們常聽到別人跑來告訴我們的，不是我們能占什麼便宜，而是他人有什麼需求。

慈善事業，真的已經是一門大事業，只不過究竟多大不好說，因為能信的資料不多。像近期一項研究就估計英國人每賺一百英鎊會捐出五十四便士（零點五四鎊）；這比例比德國人高三倍，但又只是美國人捐款的四分之一。[311]

這金額也大約相當於英國人花在啤酒上的錢，比起他們買肉的錢只少一點點，還正好是他們在麵包上支出的三倍。[312]換句話說以經濟上的重要性而言，慈善勸募者的位階完全可以跟屠戶、釀酒人、麵包師傅分庭抗禮。

捐款這檔事，自然是自有人類就有。古有名曰「什一奉獻」的宗教傳統，即間接拿出十分之一的所得給有意義的公益。相形之下，現代人一百鎊捐不到一鎊的表現簡直像來鬧的。[313]但話說回來，我們繳的稅已經取代了什一奉獻的地位，同時現代的募款人也不像古人能打著上帝代言人的旗號。他們必須是專業的勸募工作者，甚至有個人被視為是這個行業的創始人。[314]

這位勸募行業之父，名叫查爾斯．沃德（Charles Sumner Ward），他在十九世紀末發起基督教青年會，也就是ＹＭＣＡ的運作。《紐約郵報》形容沃德是個「中等身材的男子，個性溫和到你很難相信他有能力說動原本心不甘情不願的皮夾」。[315]

外界第一次廣泛注意到他這種讓人意想不到的力量，是在一九〇五年，當時是他的雇主派他到華府去為一棟新建築募款。沃德找到一名口袋很深的金主願意認捐厚厚一疊鈔票，但條件是沃德得先向社會大眾募足差額，而且還必須在金主設下的期限前做到這一點。眾家報紙像是撿到槍，其中一家下標：基督教青年會搶時間募五萬。[316]

沃德開始漫天撒網：一個目標、一則時限、一個顯示募款進度的活動時鐘、各種視同作戰般精準的公關噱頭。在現代世界中，這些可能稀鬆平常，但在沃德抵達倫敦的一九一二年，這些東西可都新鮮得很。《泰晤士報》獨具慧眼地看出他「非常懂得掌握人性，極能精明善用商業原則，在對方心理一出現破綻時占得上風」。[317]

一戰帶來更多募款的創新手法：樂透彩，還有一直延續到今日的「賣旗日」，也就是公益募款日，只不過以前用的旗子與時俱進地換成腕帶、綵帶與貼紙，但作用一樣是顯示你已經捐過錢了。[318]

到了一九二四年，沃德已經成立一家募款公司，並打起廣告宣稱他們為從童子軍到共濟會會所的所有客戶募得多少款項：「活動收費低廉，募款成效必達。」[319]

對於查爾斯．沃德的現代傳人來說，「精明善用商業原則」該作何解呢？我們可以從接受《衛報》訪問的廣告業高層口中獲悉一些線索。照他們所說，挨餓的兒童照片放在社群媒體上累積不了多少讚。正解是建立品牌。吸引注意力，提供娛樂性。[320]

經濟學者也研究過人捐款的動機。有種「發訊」（signalling）理論，說的是我們樂捐是一種表態，為了在人前有面子。[321]由這種理論出發，我們就能理解何以賣旗日傳承到今日，腕帶、綵帶與貼紙能至今都不減人氣：這些標籤不僅昭告著我們念茲在茲的是哪些公益，同時也是我們慷慨解囊的明證。[322]

還有一種「暖光」（warm glow）理論，其內涵是我們付出是為了自我感覺良好，或至少減輕內疚。說到這裡你可能已經注意到，兩種理論都沒在討論慈善勸募的成敗。

這些理論的實驗調查，帶給我們的是，嗯，有點令人沮喪的結果。經濟學者約翰·李斯特（John List）的團隊派人挨家挨戶詢問，這些人有的直接索取捐款，另一些人為同樣的公益目標推銷彩券。結果不意外地由樂透在募款金額上大勝。學者也發現由年輕貌美的女性索取捐款的效果特別好，幾乎等同於賣彩券的效果。該研究正經八百地表示：「此一結果主要反映了在由男性應門的家戶中，捐款參與率的提升。」[323]

這正是利他行為之發訊理論所需要的鐵證，而且還可以清楚看出這些男士急於討好的都是哪一種類型的年輕美女。

另外一名經濟學者詹姆斯·安德里尼（James Andreoni）則研究了「暖光」理論，為此他去詢問當某個公益團體開始接受政府補貼後，民間捐款的狀況有何改變。

如果有人捐錢純粹是出於利他的欲望，單純不希望公益團體運作不下去的話，那政府補貼的出現就應該會讓他們開始選擇別的公益機構捐錢，但事實並沒有這樣發生。這就代表我們並非百分百利他，我們只是喜歡透過捐錢來覺得自己利他，這樣我們就會感到全身暖烘烘的。[324]

說來說去，亞當·斯密的邏輯好像愈來愈能套用在行善之事上。募款者可以說：「我們對贊助的期待不是來自於捐款人的善心，而來自於他們對自身感覺良好，和在別人眼中是個好人的需求。」但如果慈善機構賣的是一種渾身的暖意跟在社會上走路有風的能力，那捐款人其實不用真的做任何實事，他們只要很會說故事就行。

有些人當然把公益團體發揮了多少作用看得很重，有個運動就在推廣「有效的利他主義」，[325]參與其中的一個組織叫做「好好付出」（GiveWell），他們研究的是慈善機構的實績，並循此建議哪些組織值得收到捐款人的現金。[326]

經濟學者迪恩．卡爾蘭（Dean Karlan）與丹尼爾．伍德（Daniel Wood）想知道的是，行善的實績是否能有助於公益團體的募款成績。為此他們找了一間慈善團體合作。有些支持者收到典型的大宗郵件，一個賺人熱淚的故事裡有個受益人叫賽巴斯提安娜（Sebastiana）：「她一輩子都活在赤貧之中……」其他支持者則在同一個故事之外又多收到一段話，內容講的是該機構的影響力有「嚴謹的科學方法」可資佐證。

結果呢？有些習慣大手筆的支持者似乎很買單，就為了這一段話加碼捐款。但這一點並沒有反映在最終的募捐成果上，因為小額捐款人的善款變少了。[327]因為你哪怕稍微沾到一下科學的邊，都會戳破小額捐款人想要的感性訴求，由此他們捐完款的感覺就沒那麼暖了。

這就解釋了何以「好好付出」根本懶得去評估那些家喻戶曉的慈善團體，像是什麼樂施會、救助兒童會與世界展望會。在一篇顯得氣急敗壞的部落格文章中，「好好付出」解釋這些慈善組織「傾向於在網站上鋪陳大量以募款為目的的內容，但關心其影響力的捐贈者卻看不到他們想看的東西」。[328]

這話用亞當・斯密的口氣來說就是：「永遠別跟他們談起我們自身做事的成效。」

# 16 聖誕老人
## Santa Claus

經濟學者與宗教衛道人士鮮少有志同道合的時候，但在聖誕節的問題上我們確實有志一同：我們都認為很多聖誕節的花費是浪費。時間、能源與自然資源被大量拿去創造收到的人也不太喜歡的聖誕禮物。

在日本，有個一年一度的奇怪儀式叫做「クリスマスにはケンタッキー」（聖誕節就是要吃肯德基啊）。主要是日本人已經養成在十二月二十四日吃肯德基的習慣。這件事原本是因緣際會誕生的一種行銷手法，且可以回溯到一九七〇年代，當時在日本的外國人因為渴望在聖誕節吃到火雞而不可得，於是就退而求其次地吃肯德基的炸雞，久而久之，這已經成為普及於日本的傳統。時間一到，街上民眾就會大排長龍，甚至有消費者會提前在十月就先預訂。[329]

聖誕節在日本自然不是什麼宗教性的節日，畢竟當地的基督徒只占極少的人口比例。但「聖誕節就是要吃肯德基啊」證明了商業利益多容易就可以綁架宗教節慶，從印度的排燈節到逾越節，再到以色列的猶太新年都是，但當然最令人髮指的，還得算是美國的聖誕節。

到底為什麼聖誕老人要穿紅白兩色的行頭？很多人會跟你說現代的聖誕老人之所以這麼穿，是為了配合可樂罐的紅白配色，一九三〇年代，可口可樂在打廣告後流行起來。[330]這是個很精采的故事，但紅白版的聖誕老人並非是為了替可口可樂打廣告才被創造出來的產物。怎麼說呢，他老人家在一九二三年替一家飲料公司打過廣告，但那家公司是跟可口可樂打對台的白石飲料（White Rock Beverages）。[331]真正被當成廣告噱頭而創造出來的角色，其實是他的跟班——紅鼻子的馴鹿魯道夫。[332]

現代版的聖誕老人其實要再回推個一百年，於一八〇〇年代初期，在曾經是荷蘭移民城市的紐約由荷蘭傳統改編而來。至於改編的人則是像華盛頓．歐文（Washington Irving）與克萊門特．克拉克．摩爾（Clement Clarke Moore）等有頭有臉的曼哈頓居民。歐文與摩爾還希望把眾人上街開派對吵鬧的聖誕夜改造成安安靜靜的家庭活動，他們希望看到所有人都鑽進被窩，沒有任何動物的動靜，最好連麋鹿都不要輕舉妄動。[333]

在一八二三年寫出「'Twas The Night Before Christmas」*而名留青史的摩爾，盡了自己的一份力創造美國人心目中的聖誕老人，也就是那個自顧自送禮，也不管別人想不想要的守護聖人。同時也是在一八二〇年代，聖誕禮物的廣告在美國已經一點也不稀罕；到了一八四〇年代，聖誕老人本身已經是經常在廣告中串門子的商業圖騰。[334]不管怎麼說，零售商總是要想辦法在年底清庫存。

送禮的傳統逐漸根深蒂固。一八六七年在波士頓，花錢去看作家狄更斯朗讀其作品《小氣財神》（A Christmas Carol，一個對《聖經》細節輕描淡寫但對慷慨解囊的精神著墨甚深的故事）的讀者有上萬人。[335]同一年在波士頓南邊同是海岸城市的紐約，梅西百貨認定在聖誕夜開門營業到午夜是划得來的，因為他們可以做聖誕購物最後掙扎之人的生意。[336]隔年，露薏莎・梅・奧爾科特（Louisa May Alcott）出版小說《小婦人》，第一句話寫的就是：「沒有禮物的聖誕節就不是聖誕節了。」

所以說聖誕節的爆買，完全不是什麼新玩意兒。著有《小氣鬼經濟學》（Scroogenomics）的經濟學家喬埃耳・瓦德佛格（Joel Waldfogel）檢視聖誕老人對美國經濟幾十年來的影響。在把十二月的零售營收拿去跟十一月與隔年一月比較過之後，瓦德佛格教授對聖誕節的支出上揚統計回溯至一九三五年，也就是聖誕老人為可口可樂打工的那個年代。結果可能會讓有些人驚訝，因為按占經濟規模的比例而言，當時的聖誕節支出要比現在大三倍。如今算是日常奢侈一下的聖誕消費，在一九三〇年代的意義可能是一年一度的大犒賞。[337]

瓦德佛格還比較了美國的聖誕旺季與全球其他高所得國家的情況。結果又一次讓人想不到的，美國十二月的消費旺季支出相對其他國家並沒有特別突出。葡萄牙、義大利、南非、墨西

＊譯註：「那是聖誕節前的夜晚」；〈聖尼古拉斯的拜訪〉（A Visit from St. Nicholas）一詩的首句。

哥與英國有著相對於其經濟規模而言最大的聖誕零售旺季，美國的表現只能算是陪榜。[338]

放大格局來看，聖誕節在財務數據上並不算什麼天大的事情。美國人一整年若花一千美元，那專門花在聖誕節的只有三美元。畢竟平常不過聖誕節的時候，人還是要吃午飯，還是要付房租，還是要給車子加油，還是要買衣服穿。惟對特定產業而言，尤其是珠寶、百貨公司、消費電子與有的沒的超廢裝飾品，聖誕節確實非同小可。大數目的一點點還是個大數目，瓦德佛格估計光在美國，每年花在聖誕節上的金額是六百到七百億美元，全世界大概是兩千億美元。

這些錢有花在刀口上嗎？

「每年這個時候有不知凡幾的錢被浪費在沒人想要收到，收到後也沒人想留著的東西上。」[339]這話是《湯姆叔叔的小屋》的作者哈莉特・伊莉莎白・比徹・斯托（Harriet Beecher Stowe）在一八五〇年所說，算是一年一度這類抱怨的老祖宗。

經濟學者與宗教衛道人士鮮少有志同道合的時候，但在聖誕節的問題上我們確實有志一同：我們都認為很多聖誕節的花費是浪費。時間、能源與自然資源被大量拿去創造收到的人也不太喜歡的聖誕禮物。

聖誕老人的禮物鮮少送錯，畢竟他是世界第一等的玩具專家。[340]但我們其他人只是凡夫俗子，送禮做不到百發百中。瓦德佛格教授最出名的學術論文是《聖誕節的無謂損失》（The

Deadweight Loss of Christmas），其內容是比較各種聖誕禮物的買入價格跟禮物在收禮者心目中的價值，然後計算兩者間的差距——當然「心意最重要」的暖意不納入考量。他的結論是典型一百塊的禮物送到收禮者手中，平均而言只值八十一塊。[341]

這種浪費數據相當穩健，看不出因為換了國家就有大變動，還有兩名印度經濟學家很認真地做了一份報告估計排燈節的無謂損失。[342]這些數據顯示，全球因為挑得很爛的聖誕禮物損失了大約三百五十億美元。要有點概念的話，你就記者世界銀行每年放給開發中國家的貸款，差不多也是這個金額。[343]

這些都是白花花的真鈔，也真真切切地遭到浪費。而且這還沒考慮到把原本分散開的零售消費擠在一個月花完，會對經濟體造成什麼樣的壓力，乃至於特地去血拼所耗費的時間跟精神，須知在十二月的洶湧人潮中購物，不見得是什麼很愉快的體驗。

於是乎有其他經濟學者檢視了爛禮物的替代品。禮物卡與禮券確實可以避免實物資源遭到的浪費，它們這一點的確比爛禮物強，但此外它們並不能達到送禮者想達到的效果：收到禮物卡與禮券的人往往不會將之拿去購物，而是會拿到網路上打折變現。如果你非買這類東西不可，請注意性感內衣的禮券在電子灣上的成交價大幅低於票面，辦公室文具與咖啡禮券要保值得多。[344]

希望清單是個好主意。研究顯示收禮者普遍都很開心能收到他們指定的禮物；意料之外的禮物能給對方驚喜，是送禮者一廂情願的自欺。[345]就算是聖誕老公公也希望從好孩子那裡拿到他們措辭禮貌的希望清單。我們何德何能敢自認比聖誕老人還強？

或者我們可以從重新做人的艾比尼澤·史古基（Ebenezer Scrooge）處學到一點教訓，創造他的狄更斯說：「他要是還不知道聖誕節要怎麼過，那就沒有人知道了。」在聖誕節的早晨，他唯一拿出來的實體禮物是一隻要犒賞所有人的火雞。聖誕節的精神告訴他火雞太重要了。

除此之外，他給了所有人他的陪伴與金錢，包括他為可憐的員工鮑勃·克拉奇特（Bob Cratchit）加薪！錢！那才是正版的聖誕精神。上帝保祐我們，每一個人！

# 第三部——移動金錢

二戰後銀行交易為了確保訊息不外洩且正確無誤，必須使用電傳打字機進行，過程複雜到必須雇用退役的軍事信號人員來操作，到了開始全球化的一九七〇年代，電傳打字系統開始在壓力下發出哀號，SWIFT，環球銀行金融電訊協會由此應運而生。這套系統不僅傳輸大量跨境金融指示，更成為九千家銀行與各種會員組織化解紛爭的中介，並不知不覺成為地緣政治的攻防核心。

成立於一九四九年的大來卡是現代簽帳制度的先驅，隨後美國運通、威士卡和萬事達卡加入了循環信用餘額的設計，「信用卡」就此進入消費者的生活中。磁條卡問世後，免去電話授權的繁瑣，信用卡更為普及，如今卡片甚至不需要碰到刷卡機就能完成簽帳，無現金支付在某些國家已然成為主流，但不必掏出鈔票的付款方式，也讓循環信用金額在近半世紀來膨脹了四百倍，卡奴解脫之日遙遙無期。

前美國總統柯林頓的稅改政策，加劇企業高階主管將薪資轉換為股票選擇權的比例，致使與基層勞工之間的薪資落差更為加劇。選擇權是高風險、高報酬的投資方式，與其說選擇權可以激發高階主管為公司賣命，不如說選擇權可以激發高階主管衝高公司在特定日期的股價。這種「隱形薪酬」因背後可能的私相授受以及貧富差距的觀感備受爭議，但如何評估一名企業執行長的表現好壞，本來就不是件容易的事。

一九五〇年代的紐約地鐵仍是單一票價制，為了平衡尖峰與離峰時間的載運量，維克里想出一種可以找零的旋轉閘門，藉以區分不同里程的收費方式。這種閘門從來沒有實現過，但「尖峰負荷定價」卻人人都看過，簡而言之就是「早鳥優惠」。如今藉由演算法技術，從Uber到航班、從智慧電網到壅塞的道路，都可以因應人潮與時段制定動態價格。

二〇〇八年比特幣問世，這種不透過中介方，直接以一整張針對加密密碼進行解題的電腦網路來認證的交易非常新穎，大家很快就發現其底層的科技「區塊鏈」有更廣大的應用潛力，可以降低確認交易成本、降低新市場創立門檻的泛用技術。但那些收費的中介端可以修正錯誤和爭端，區塊鏈的糾紛該如何處理，至今眾說紛紜。不過區塊鏈發展至今區區十年，我們或許還得再給它一點時間，讓區塊鏈證明自己有出人頭地的一天。

# 17 環球銀行金融電信協會

## SWIFT

SWIFT 發現即便歐盟有意見，他們也無法拒絕直接來自美國的各種指示。美國之所以有這權力，是因為交易兩造的訊息溝通，固然是仰賴由布魯塞爾發號施令的系統，但交易本身必須由美國的銀行或國際性銀行的美國分行在美國進行結算。美國政府因此可以窺得大量的交易資料，並對任何一家惹毛他們的銀行進行制裁。SWIFT 對地緣政治沒有興趣，但地緣政治卻不可能放過 SWIFT。

我們會真正注意到某項基礎建設之重要，常常是因為它出包。一九六〇年代的花旗銀行倫敦分行就是這樣。銀行的一樓會把付款指示塞進一個罐子裡，然後用真空管送到樓上。二樓的一組工作人員會確認交易內容正確，然後把他們的授權用真空管發到一樓。

有一天，一樓的付款部門一直沒收到來自二樓的授權，結果他們派人到樓上一看，才發現二樓的同事也很閒散地在納悶怎麼今天都沒有東西上來。搞了半天是真空管塞住了。在一名煙囪清掃工的幫助下，倫敦花旗銀行的支付處理業務很快就順利復工了。346

確認大額的金融交易是有難度的作業，如果是在國內的跨區交易，或是跨國交易，難度又會更高。自從電報在十九世紀上半葉發明之後，派送這類遠距指示就不太需要擔心速度的問題了，但速度夠快不等於能夠防呆，費城的羊毛盤商法蘭克．普林羅斯（Frank Primrose）就即將親身體驗到這一點。

一八八七年六月，普林羅斯先生發了一則跟買進羊毛有關的訊息給他在堪薩斯的代理商。由於西聯電報公司當時是按字計價，因此該封訊息是用暗碼寫成，為的是省錢。普林羅斯想送出的訊息是BAY ALL KINDS QUO。

但實際上，發出的訊息卻是BUY ALL KINDS QUO，所以堪薩斯代理商理解到的意思不是正確的「我已經買下五十萬磅的羊毛」，而變成「請幫我購入五十萬磅的羊毛」。普林羅斯因這一字之差蒙受兩萬美元的損失，以今天的幣值換算等於好幾百萬美元。對此西聯公司也不認帳，因為他原本可以多花幾分錢確認訊息的正確性，是他自己選擇不這麼做。[347]

很顯然，我們需要比真空管更可靠、比電報暗碼更安全、更不容易出錯的辦法傳送金融交易資訊。

二戰後的幾十年來，銀行用的都是電傳打字機。透過對電報線路的高效利用，電傳打字機的使用者可以在A處輸入訊息，並使之在世界另一端的B處列印出來。[348]但為了確保訊息不外洩且正確無誤，使得整個過程變得複雜無比。銀行為此雇用退役的軍事信號人員來操作他們的電傳打字機，並使用交叉比對的代碼表再三確認送出的訊息內容。一名資深行員曾回憶發訊流程是如何地事倍功半：

針對每一筆傳出去的電傳訊息，你都必須手動計算其電傳的測試碼是什麼……收到測試過的電傳文字，你必須進行反向計算來確定該訊息未曾在發送與接受的循環中遭到竄改……這種種過程都極易招致人為錯誤。[349]

到了開始全球化的一九七〇年代，電傳打字系統開始在壓力下發出哀號。這不光是對銀行造成困擾，而是我們每個人都不樂見的問題，主要是如果國際貿易可以獲得高效率銀行交易的支持，我們買到的產品就可以更加物美價廉且多元化。五十年前想只帶一張信用卡或簽帳卡就行遍全世界的夢想——我們今天覺得理所當然的事——就得靠銀行之間溝通品質的提升。

特別是在歐洲，由更完善的解決方案以順暢跨境溝通的需求變得愈來愈迫切。委員會一個個地出現，但各種意見針鋒相對，進展則如冰川移動一樣慢。此時一間美國銀行開始逼著所有人使用他們自家一個叫機器可讀電報輸入（Machine Readable Telegraphic Input，MARTI）的系統。一名歐洲銀行家對當時美國銀行要求的口氣還記憶猶新：

> 你們不用這個系統，我們就不執行你們的指示。你們的指示若以電傳打字過來，我們會退回。若收到的是郵件，我們會放進信封裡寄回。[350]

歐洲人說這種要求他們支持不下去。許多歐洲銀行都擔心一旦讓美國銀行予取予求，他們就會被鎖進一種由對手擁有的標準當中。

於是乎他們一不作二不休，成立了一家新組織叫「環球銀行金融電信協會」，簡稱SWIFT（The Society for Worldwide Interbank Financial Telecommunication）。SWIFT性質上是一間私人企業，總部設在布魯塞爾，並以全球型合作經營事業的形式運作，初始由十五國共兩百七十家銀行共同參與。SWIFT的第一則訊息是在一九七七年五月九日由比利時的阿爾貝親王（Prince Albert of Belgium，後來成為比利時國王）發出，MARTI則在同一年結束營運。[351]

SWIFT很單純地提供一種訊息服務，並為此使用一種標準化的格式，盡可能降低錯誤並大幅簡化流程。運算服務業者寶來*將SWIFT的專用電腦與連結安裝在加拿大蒙特婁、美國紐約與十三處分布在歐洲各地的銀行中心，再由各國的銀行一一連進這些訊息中心。[352]

在其底層的軟硬體持續有所更新的同時，SWIFT系統每年傳輸並儲存逾六十億筆具有高度敏感性的跨境金融指示。但比起其背後的各種科技，更重要的是SWIFT這個協會的合作結構，當中有九千家銀行與各種會員組織遵循其標準，並經由協會化解彼此間的紛爭。[353]

駭客入侵、停電等種種問題都曾發生過，往往是小國或窮國之銀行體系較弱所造成的結果，[354]但這些意外的頻率都非常低，撼動不了SWIFT看似不可或缺的地位。可以的話，這個協會寧可盡量在雷達上隱形，他們只想在金融管線中扮演低調的一環，就這樣安安靜靜從布魯塞爾不遠處的睡城拉於勒普（La Hulpe）發揮作用，他們在那裡有一棟湖畔辦公室。[355]

但就在大致解決老問題之後，SWIFT又創造了一個新問題。SWIFT這種交易工具在國際金融體系的角色實在太過核心，以至於引起世界經濟體系裡的八百磅大猩猩——美國政府——的覬覦。想要追蹤恐怖分子的金流嗎？去查SWIFT的資料庫。[356]想要搞垮與美國唱反調的伊朗經濟嗎？叫SWIFT不讓伊朗銀行登入。畢竟你可以隨便找個在倫敦掃煙囪的師傅問問——金融業的管道也免不了會阻塞。

SWIFT發現即便歐盟有意見，他們也無法拒絕直接來自美國的各種指示。[357]美國之所以有這權力，是因為一筆比方說在德國鏡片業者與日本相機廠商之間的交易款項，會分別從歐元跟日圓被兌換成作為通用貿易媒介的美元，亦即交易兩造的訊息溝通固然是仰賴由布魯塞爾發號施令的系統，但交易本身必須由美國的銀行或國際件銀行的美國分行在美國進行結算。美國政府因此可以窺得大量的交易資料，並對任何一家惹毛他們的銀行進行制裁。[358]SWIFT對地緣政

* 譯註：Burroughs，後經合併成為現在的優利系統公司。

治沒有興趣，但地緣政治卻不可能放過SWIFT。

政治學者亨利・法瑞爾（Henry Farrell）與亞伯拉罕・紐曼（Abraham Newman）將圍繞著SWIFT的爭議視為「武器化相互依存關係」的一個案例：全球化經濟中的大哥會利用他們對供應鏈、金融結算與通訊網絡的影響力恣意進行監控與懲戒。美國把中國電信設備大廠華為拉進黑名單也是一例。[359]

話說這並不完全是一個二十一世紀的新招。一九〇七年，一次嚴重的銀行業危機震動了美國，但英國金融體系卻得以全身而退之後，英國的策略家對此都看在眼裡。當時身為製造業重鎮的英國正在走下神壇，但仍是神聖不可侵犯的金融中心。倫敦金融城坐落在由諸多銀行、電報線與全球最具深度之保險市場所交織成的網路中心。他們的想法是萬一發生戰爭，德國的銀行將遭英國以迅雷不及掩耳的金融閃電戰術震懾並擊潰。[360]

劇透注意：這個計畫並沒有成功。但這個在歷史上的先例不太可能嚇退美國。美國恐怕還是會繼續牢牢控制住國際經濟的各個穴道，包括SWIFT通訊系統。對於一個建立初衷就是因為美國人太咄咄逼人的組織而言，這無異於在金融煙囪中卡進了一個很容易堵塞的大彎道。

# 18 信用卡 Credit Cards

文化的變遷開始悄悄發生：雖然仍有像白金卡一樣尊爵不凡的產品，但信用卡整體已經不再是財務菁英的專利。它已經成為我們日常生活的一部分。誰都可以來上一張，誰也都可以獲得信任。信用卡不要求你卑躬屈膝地向銀行經理跪求貸款，或交代你需要用錢的來龍去脈。你想買什麼就買，什麼時候方便再還，前提是你不介意付動輒飆破百分之二十或三十的利息。

信用，顧名思義是相信、信任。而要說起現代經濟的故事，你就不可能不花一個章節來討論我們相信誰，還有我們是怎麼開始信任他們的。這個問題曾經一點都不難回答：信任是一種人際關係，是存在於兩個熟人之間的鏈結，是一種欠債就會還錢的信念。但時至今日，信任已經產生了不一樣的面貌：身體硬梆梆且四角圓潤的長方形塑膠片，八公分長、五公分寬，零點零八公分厚。一張信用卡來著。

但我無意把事情過度簡化。在信任變成卡片、可以塞進薄薄皮夾裡之前的時代，人也一樣可以從社區的店家裡使用信用，那個認識顧客也知道顧客住在哪裡的老闆會讓他們賒帳，因為要是顧客賴帳，老闆可以趁禮拜天去教會跟他們的老媽抱怨。

隨著城市在二十世紀初興起，事情尷尬了。一家大型的百貨公司可能很樂於提供賒帳服務，但店員不可能記住每一張臉。於是設櫃的零售商開始發放象徵信用的憑證：代幣、鑰匙圈，甚至是外型近似狗牌的「賒帳板」。[361]

回頭來看，這是很重要的一步：信用與人際關係脫鉤了，店員開始可以任由自己不認識的人還沒付帳就大包小包地走出店門口。而或許意義更重大的是，這些代表信用的令牌成了身分地位的象徵。它們訴說的意義是：「我是值得信任的人。」

但信用的科技還創造出更大的格局，主要是科技引入一種新的賒帳憑證。持有這種憑證的人獲得的賒帳服務不限一家店，而是一整群店家。這樣的首例是Charg-It（先欠著吧）；這種通用型的賒帳憑證首先出現在一九四七年的布魯克林，只不過通用範圍就是兩個街區以內。

緊跟著Charg-It出現的是成立於一九四九年的「大來卡」（Diners Club，字面意義是食客俱樂部）。大來會創立，有一個傳說講的是商人法蘭克・X・麥克納馬拉（Frank X. McNamara）先生在帶客戶去用完晚餐後才尷尬地發現自己把皮夾放在另一件西裝裡。這個故事很可能是編的，但無妨，重點是麥克納馬拉以此為靈感，設想出一種讓出差商人可以放在口袋裡並大大管用的卡片工具。只要有了這張卡，出門在外的商人就可以吃飯、加油、住飯店、招待客人。這卡不僅限於一家百貨公司中使用，而是可以通行於一個遍布全美的商店網絡中。大來卡從此起飛，頭一年就吸收了三萬五千名客戶。此後大來卡快馬加鞭地跟飯店、航空公司、加油站業者、租車公司談合作，甚至把觸角伸向歐洲。[362]

但大來卡還不是真正的信用卡。它是一張簽帳卡，每個月的賒帳金額都要全額徹底付清；這種賒帳只是副產品，其真正的用意是方便店家進行對企業費用帳戶的管理。

此時距離產生真正的信用卡也不遠了。到一九五〇年代的尾聲，大來卡有了一個對手：提供快遞服務與旅行支票的業者，美國運通；同時，不只一家銀行創立了信用卡，其中來頭最大的是美國銀行（Bank of America）跟他們發行的美國銀行卡（BankAmericard）。美國銀行卡就是Visa卡（威士卡）的前身，他們當時的對手Master Charge就是後來的MasterCard（萬事達卡）。這些信用卡增添了循環信用餘額的設計：你不用每一期都付清賒帳，可以將之往後滾。

信用卡要成立就必須克服一個雞生蛋蛋生雞的問題：零售商懶得在需求沒有很大的狀況下接受信用卡消費，消費者則懶得申辦沒有很多店家接受的卡片。

為了打破這個慣性輪迴，美國銀行在一九五八年跨出大膽的一步。他們一咬牙，郵寄出塑膠卡片給美國銀行在加州弗雷斯諾（Fresno）的每一名存戶，足足六萬人。每一張卡片都無條件內建五百美元的任刷額度，相當於現在將近五千美元。即便來自賴帳者跟罪犯從信箱中竊走他人卡片後實施的詐欺是顯而易見且在預期之內的損失，但這次史稱「弗雷斯諾大放送」的大膽之舉仍很快就有了模仿者。[363]各家銀行吞下壞帳，然後到了一九六〇年代，美國銀行就達成百萬張的信用卡流通量。[364]

文化的變遷開始悄悄發生：雖然仍有像白金卡一樣尊爵不凡的產品，但信用卡整體已經不再是財務菁英的專利。它已經成為我們日常生活的一部分。不論是還沒進社會的學生或過渡期手頭需要周轉的離婚女性，都成了信用卡行銷的對象。誰都可以來上一張，誰也都可以獲得信任。信用卡不要求你卑躬屈膝地向銀行經理跪求貸款或交代你需要用錢的來龍去脈。你想買什麼就買，什麼時候方便再還，前提是你不介意付動輒飆破百分之二十或三十的利息。

只不過此時的信用卡用起來還挺麻煩：你從身上抽出信用卡，店員得致電你的銀行去獲取交易授權。所幸慢慢有各種科技發展讓信用卡消費的過程變得無感，如磁條就是其中一種，這原本是在一九六〇年代初期由佛瑞斯特與多蘿西亞・派瑞（Forrest and Dorothea Parry）開發作為中情局識別證的東西。佛瑞斯特是一名IBM的工程師，有天晚上他從公司帶了張塑膠卡跟一條磁帶回到家，想研究出如何把磁條貼到卡片上面。他當時正在熨燙衣物的妻子多蘿西亞見狀就把熨斗遞給他說，你試試看吧。沒想到熱與壓力的組合效果奇佳，磁條卡就此誕生。[365]

有了磁條，我們終於可以在店裡「刷」Visa卡。店家會發訊息給往來的銀行；往來的銀行會發訊息給Visa信用卡的電腦網絡（資料中心）；Visa資料中心的電腦會發訊息給你的銀行。

如果你的銀行樂於信賴你的還款能力，那其他人就可以放心了：銀行比出讚的「數位大拇指」會經由電腦回傳到商家，商家就會印出收據讓你走出店門。整個過程只要幾秒。[366]

有了非接觸式卡片以後，這個過程又變得更快，快到比付現還快，搞得現金在很多國家已經快要絕跡。在瑞典，店家交易只有百分之二十的付款是用現金，占整體瑞典經濟的價值只有百分之一。[367]時間拉回到一九七〇年，美國銀行卡有過一則廣告標語：think of it as money（把它想成是錢）。[368]曾幾何時，有些交易已經無法用實體的金錢完成了：航空公司或租車公司或飯店都需要你的信用卡號而不是現鈔。若是在瑞典，你還得在航空公司、租車公司、飯店後面再加上咖啡店、酒吧，還有偶爾光顧的市場攤販。

所以信用卡已經無所不在了，任何人手持一張信用卡，都可以切入曾經專屬於緊密社群中某個誠實成員的信用網絡。我們都可以享受被信任的快感。

但擁有這種不需努力又不涉及人際關係的現金代用品，可能會對我們的心理造成奇怪的影響。幾年前，麻省理工學院的兩名學者德拉曾．普雷勒（Drazen Prelec）與鄧肯．席梅斯特（Duncan Simester）透過一項實驗測試信用卡是否會讓我們更隨興地花錢。他們讓兩組受試者競標購買熱門賽事的門票。這些票都昂貴，但究竟多貴受試者並不清楚。其中一組人被告知他們必須用現金付款，但不用擔心，因為萬一他們標到門票，提款機就在轉角。另一組人則被告知賣方只接受刷卡。最後競標的結果有著非常大的差異：刷卡組的人的出價遠高於現金組，包括特定比賽可以差到一倍以上。[369]

信用卡用得好，有助於我們理財。但風險是信用卡讓花錢變得太過容易，而且花掉的還不見得是我們真正擁有的錢。信用卡最大的特徵「循環信用」，如今在美國的餘額是八千六百億美元，平均起來每個成年人是兩千五百美元。以調整過通膨的實際幣值而言，這餘額自一九六八年以來已經膨脹了四百倍。[370]近期由國際貨幣基金進行的研究得到一項結論：家戶債務，也就是信用卡最容易害人陷進去的債務，等於是經濟界的「糖衝腦」*。短線上這有助於成長，但會同時埋下讓人在三到五年內嘗到苦果的種子，還會讓銀行業更容易陷入危機。[371]

如果你把這些事情拿去問人，他們確實會憂心忡忡。面對「信用卡公司對社會大眾過度授信」的說法，十個美國持卡人有九個會說他們基本上認同；其中極度認同的占多數。但一想到自己手中的那一堆卡，他們卻又一副志得意滿的模樣。[372]

那種感覺就像我們不相信別人揮動起信用卡這種強力的金融工具時，可以表現得像個能為自己行為負責的成年人，但我們對自己倒是很敢打包票。我在想我們是不是對自己太放心了。

# 19 股票選擇權
## Stock Options

企業高階主管的薪資是新聞頭條的常客。但雖然有這麼多新聞報導，怎樣叫做「合理」的證據依舊少得出奇。老闆真的因為他們「只」賺基層員工的二十倍，做起事來就比較意興闌珊嗎？好像沒這回事吧。另一方面，企業掌舵者一個好的決定遠比壞的決定值錢不知道多少倍。所以也許這些執行長還真的值得他們美元八位數的薪資總額。我是說也許啦。

近期一場參院聽證會的說法若可信，則美國隨便一家大公司的執行長都可能領著百倍於基層職員的薪水……我們的政府還在用減稅獎勵這種主管級的薪酬，也不管那數字高得多誇張。這是錯的。企業絕對有對未來投資不足也要把主管養得肥肥的自由，那是他們的家務事，但從山姆大叔這兒獲得特殊待遇可就說不過去了。373

＊譯註：sugar rush，攝取完高糖飲食後會令人爆衝的快感。

說這話的人是比爾．柯林頓，精確來說，是一九九一年在競選美國總統的比爾．柯林頓。後來他當選了，這我們都知道。而他進了白宮後也說到做到，開始拿誇張的企業高層薪水開刀。

一般狀況下，企業會把員工薪資認列為成本，這樣有降低獲利以節稅的效果。柯林頓為此修法：公司還是可以給高薪，但年薪超過百萬美元的部分將不再適用減稅。[374]這次修法產生立竿見影的影響。等到柯林頓在二〇〇〇年卸任，企業執行長領的已經不是基層員工的一百倍。但怎麼可能沒變：他們這下子領的是三百多倍。[375]

發生什麼事？我們可以從古希臘橄欖林的角度切入這個問題。

故事是這樣說的。哲學家米利都的泰利斯（Thales of Miletus）接下了一個挑戰，要證明哲學的價值：如果哲學有用，那泰利斯為什麼這麼窮？說故事的亞里斯多德[376]挑明了這問題沒問到點上：哲學家當然有足夠的才智可以致富，但他們就是因為聰明才知道不用費這力氣。我們可以想像泰利斯嘆了一口氣：好吧，我去發財就是了，這是你們逼我的。

當時的哲學不只是哲學，還包括占星預測未來。泰利斯預見橄欖會大豐收，那就意味著城裡出租的榨油機器會十分搶手。泰利斯帶著一項商業提案走訪了每一位榨油機老闆。亞里斯多德對細節交代得十分模糊，但確實提到一樣東西叫「押金」，或許泰利斯談到在收穫時節使用榨油機的權利，並且萬一他臨時決定不用了，老闆可以直接扣下押金。

果真如此，那這就構成了人類歷史上第一次有紀錄的選擇權交易。[377]萬一橄欖歉收，泰利斯的選擇權就變得一文不值。但不知道是他走了狗運或他的占星術真有兩下子，泰利斯賭對了。比他晚三、四百年的亞里斯多德告訴我們：泰利斯最終「用天價租出所有榨油機，發了一筆橫財。」[378]

選擇權的概念在歷史上一直都不少見，從佛羅倫斯的豪門梅迪奇一族到荷蘭的鬱金香泡沫都是。[379]時至今日，許多選擇權都是在金融市場裡買空賣空。[380]若判斷蘋果公司的股價會上漲，我可以買進蘋果股票作多；又或者，我可以買進蘋果的多方選擇權，獲得在未來的特定日期以特定價格買進蘋果股票的權利。

選擇權是高風險、高報酬的投資。如果屆時蘋果股價低於選擇權的買進價格，我就會血本無歸；反之若屆時蘋果股價高於選擇權的買進價格，那我就可以執行選擇權，然後把現股賣掉再賺一筆。

但選擇權還有另外一種用途，它可以用來解決經濟學者所稱的「委託人—代理人問題」。「委託人」擁有某樣東西，他們會雇用「代理人」來幫他們管理這樣東西。

想像我被任命為蘋果的執行長，而你持有蘋果的股份。身為股東的你就是委託人，或至少是委託人之一，而我就是代理人，負責幫你跟其他股東管理這家企業。你想要信任我在為了你的利益全力以赴，但你不可能整天盯著我。誰知道呢，搞不好我的每一個重大決定都是問占星師的意見下的，而且這位占星師的等級還不如泰利斯，只是每次獲利原地踏步時我都能編出理由脫身。

但萬一我今天有機會可以在幾年後購入蘋果的股票呢？這下子讓蘋果股價上漲就符合我的切身利益了。當然啦，如果我在幾年後執行股票選擇權，公司的股本就會變大，造成你身為股東的股價被稀釋，但只要公司股價的漲幅夠大，你就不會在意那一點點損失，因為這整體對你而言還是利大於弊。

這邏輯聽起來滴水不漏，且在一九九〇年，經濟學者凱文・J・墨菲（Kevin J. Murphy）與麥可・簡森（Michael Jensen）還以此為題發表一篇甚具影響力的論文。他們寫道：「在大部分的上市公司中，高層管理者的薪酬都幾乎無關績效。」無怪乎一個個執行長都表現得更像「官僚」而不像「追求價值最大化的實業家」。[381]所以當美國總統柯林頓大砍高階主管薪資減稅額的時候，他豁免了與績效連動的獎勵。柯林頓的幕僚勞勃・列治（Robert Reich）在反對豁免條款之餘解釋：「那樣只是把現金薪資變成股票選擇權罷了。」[382]

在柯林頓政府執政的期間，員工股票選擇權的總值在頂尖美國企業中翻了十倍。[383]股市處於多頭，代表就算你今天是個看星座預測在經營公司的執行長，也可以大發其財。老闆與員工之間的薪資落差如氣球愈吹愈大。柯林頓時期的國會議員說這法案「值得迎進『意外搞砸博物館』，供在主位上」。[384]

但等等，不是說股票選擇權可以激發高階主管為公司賣命嗎，那事情怎麼能搞砸呢？因為很遺憾，「可以」這兩個字代表一個很大的「不一定」。有個問題在於：與其說選擇權可以激發高階主管為公司賣命，不如說選擇權可以激發高階主管衝高公司在特定日期的股價。要是你還是覺得衝高股價跟把公司經營好不衝突，那我只想說我這裡有一批安隆*的股票好便宜，你要不要考慮考慮。[385]用會計手段掩蓋虧損固然是純然的詐欺，但股票選擇權也讓安隆內部有動機降低資訊透明度，省得股價被利空壓低。[386]

股票選擇權若不是獎勵績效最好的辦法，那董事會成員不該急於想些替代方案嗎？理論上，是的，代表股東去與執行長交涉是董事會的工作。但實務上，這也是一個委託人—代理人問題，因為執行長往往可以影響董事會的組成與待遇。這當中很顯然有私相授受跟狼狽為奸的可能性。

在《無功受祿（暫譯）》（Pay Without Performance）一書中，作者盧西恩・別布丘克（Lucian Bebchuk）與傑西・弗里德（Jesse Fried）認為董事並不是真的在意薪酬與績效的連動，但他們必須在股東面前「掩飾」這種無所謂的態度。[387]「隱形薪酬」最適合肥貓的薪酬形式，而股票選

* 譯註：Enron，安隆是二〇〇一年因為會計造假醜聞而破產的美國能源業者，事跡敗露前曾是美國前十大企業。

擇權就是讓薪酬隱形最快的途徑。[388]

所以也許股東還需要另一個代理人來監督董事如何獎勵執行長。這個代理人有一個候選人：很多人是透過退休基金間接持股，有證據顯示這些法人投資人能夠說服董事會對執行長稍微硬起來。[389]當一名大股東可以發揮某些控制力之時，企業高階主管的薪資與績效就會產生更實際的連動。[390]但這種連動怎麼看都還是少數中的少數。[391]

企業高階主管的薪資是新聞頭條的常客，即便在薪資落差不如美國那麼大的國家亦復如此。[392]但雖然有這麼多新聞報導，怎樣叫做「合理」的證據依舊少得出奇。[393]我們該如何去評估一名企業執行長的表現良窳？關於這點就意見紛歧。[394]一九六〇年代的老闆真的因為他們「只」賺基層員工的二十倍，做起事來就比較意興闌珊嗎？[395]好像沒這回事吧。另一方面，企業掌舵者一個好的決定遠比壞的決定值錢不知道多少倍。所以也許這些執行長還真的值得他們美元八位數的薪資總額。我是說也許啦。

但就算執行長值這個數，選民與基層勞工也無法理解。他們許多人對柯林頓總統點名過的天價薪酬還是忿忿不平。[396]也許這些執行長該跟泰利斯學學，這位老前輩的過人之處就在於他一方面有這個腦袋可以發得了財，一方面又聰明到覺得自己好像不應該這麼做。

# 20 維克里旋轉閘門 The Vickrey Turnstile

消費者會感覺被某種形式的動態定價剝削，特別是遇到像優步這種價格可能會在幾分鐘內翻倍或砍半的業者。一九八六年一項由行為經濟學者共同進行的研究，發現消費者對突然的漲價很感冒。今天即便是很合理的漲價，比方說暴風雪之後的雪鏟變貴，他們也不會因此氣消。

一九五〇年代，紐約地鐵面臨一個全世界大眾運輸工具愛用者都不會陌生的問題：[397]尖峰時段的乘客多如潮水，離峰時段的列車又空空如也。紐約市長請人做了研究報告，發現問題出在乘客付的是單一價格。不論你在哪一站上車、不管你搭乘的里程有多遠，也不分你在何時使用地鐵，搭車的成本都一概是美元十分。[398]

地鐵的收費可以有思慮更周全的設計嗎？也許。那份報告的前言點名了十七位作者中的一位：

維克里先生特別關注的就是這些問題，且我們預期他所展現的專業技巧將能讓讀者看完後嘖嘖稱奇。捨單一費率而改採考量到旅程長度、位置與時間的運費結構，顯然是明智的一步，前提是機械方面的技術問題可以獲得解決。[399]

維克里先生的基本概念很簡單：當地鐵忙碌的時候，錢就多收點；人少的時候就少收點錢。這麼一來，尖峰時段的需求就會稍微鈍化，搭地鐵的體驗會因此變得更舒適而可靠，地鐵系統也可以在不興建新路線的前提下提高運輸量並增加現金收入，可謂一舉數得。這樣的構想無懈可擊。但問題是，這麼多不一樣的費率要如何收取呢？使出收票員與監票者的人海戰術並不可行，因為時間與財務成本都太高。紐約地鐵非得發明某種自動化的解決方案才是正解。很幸運地就在此時：

維克里先生呈交了好幾種極其有趣且具有啟發性的建議——這些建議依照我們的判斷，都值得詳加審視與考慮。[400]

紐約地鐵需要的是由投幣操作的旋轉閘門，來執行不同時段與不同旅程的差別費率。但在一九五二年，這樣的技術門檻並不算低。

為了讓各位理解這樣的挑戰有多難，我們可以來看看可口可樂公司所面臨的困境。當時可口可樂一瓶賣五分錢銅板價已經好幾十年，該公司有意漲個一、兩分錢，但他們沒辦法說漲就漲。原因為何？他們的四十萬部販賣機只收五分錢的銅板，重新設計可收兩種硬幣的機台會是「後勤的一場噩夢」。為此，在一九五三年，可口可樂公司很認真地遊說當時的艾森豪總統發行一種新款的七點五分錢輔幣。[401]

但與可口可樂公司不同，維克里沒有被這問題嚇退。他描繪了一種可以解決地鐵問題的新機器：

讓乘客往入口處的旋轉閘門投入二十五分錢的硬幣，換得有刻度的金屬票卡顯示出起始的站點，由乘客在出站時插入出口處的旋轉閘門，讓機器藉繼電器根據起始點與乘車時段判讀出應該退還的五分錢銅板數。[402]

這設計聽起來很聰明，但你怎麼好像之前都沒聽說過？這個問題的答案就在維克里用來發表這設計的演講標題裡：我在經濟學上各種創新的失敗。他開宗明義是這麼說的：

站在你們眼前的，是個在各種目標上一再失敗的經濟學家。

這種變動價格的電機式維克里旋轉閘門，從來都只是紙上談兵而沒建造過實機。一種從來沒有存在過的發明，怎麼會在這本書裡獲得一席之地呢？那是因為這種創意雖然有著難以理解的複雜度，但其本身依舊有著極高的重要性。與維克里同期的經濟學者常說他領先時代太多。他最後獲頒一九九六年的諾貝爾獎，並在三天後與世長辭。

維克里當年提出的，是常被經濟學者稱為「尖峰負荷定價」的設計，管理顧問則稱之為「動態定價」。其化簡到極致的型態其實是一種舊點子：早鳥特價——餐廳業者在生意清淡的時段提供食客較便宜的選擇——可以回溯到一九二〇年代。消費者對早鳥特價的接受度很高，而且還不需要什麼電機的巫術。[403]

但在複雜許多的情境下，維克里創意的吸引力就出現了。不論你是在管理地鐵系統、經營航空公司、想填滿整座音樂廳，還是想平衡一張電網。藉由增加系統運能、席次、電網規模去滿足短線峰值需求都是很不划算的做法，更別說離峰時段還要繼續養著這些用不到的運能或規模更是非常浪費。差別票價怎麼想怎麼合理。

美國航空公司在一九七〇年代晚期歷經自由化與被迫激烈廝殺後，成為差別票價的先行者。到了一九八四年，《華爾街日報》報導光是達美航空就雇用一百四十七名員工常態性負責票價的調整。[404]

「我們不需要知道是阿布奎基的　場熱氣球競速還是拉巴克（Lubbock）的牛仔大賽造成某班班機的需求增加。」達美航空的訂價大師勞勃・克羅斯（Robert Cross）說。他們只需要調整出有利可圖的票價，確保飛機不會便宜到滿座做白工或貴到空機沒人坐。[405]

如今的企業已不再需要一群專家大軍實施尖峰負荷定價。像優步（Uber）這樣的公司可以不費吹灰之力地用演算法來媒合供需。靠著名為「突增定價」（surge pricing）的動態定價，優步可以保證你不用在跨年夜為了計程車苦等三小時；沒有叫不到的車，只有叫不到車的價格。

但消費者的接受度在此會是一個較大的問題。「不想等計程車的話，你就幾乎只能任由他們宰割。」一名德州休士頓的乘客在付了兩百四十七點五美元的天價搭一趟二十一公里的旅程後頗有微詞，不過這是自由市場，而那就是他不想等所必須付出的代價。[406]

消費者會感覺被某種形式的動態定價剝削，特別是遇到像優步這種價格可能會在幾分鐘內翻倍或砍半的業者。[407]一九八六年一項由行為經濟學者丹尼爾・康納曼（Daniel Kahneman）、傑克・克尼區（Jack Knetch）與理查・塞勒（Richard Thaler）共同進行的研究，發現消費者對突然的漲價很感冒。今天即便是很合理的漲價，比方說暴風雪之後的雪鏟變貴，他們也不會因此氣消。[408]

繼苦於美國沒有七毛五的硬幣可以投販賣機之後，可口可樂又在一九九九年推出一種讓消費者吞不下去的科技，那就是他們差點就要推出一種會在大熱天調漲冰涼可樂價格的販賣機。

或許我們戒慎恐懼也是對的。[409]達美航空的勞勃．克羅斯後來出版一本講動態定價的書叫《稱霸市場的核心戰術（暫譯）》（Hardcore Tactics for Market Domination）。

也有些企業對尖峰定價敬而遠之，像日本那些可靠又賺錢的民營鐵路業者（私鐵）就不區分尖峰與離峰的費率，而這也在某種程度上解釋了何以東京的上下班尖峰會以「滿員電車」盛名遠播。[410]

但尖峰負荷定價仍可望在未來經濟中扮演愈來愈吃重的角色。想想由風力或太陽能等間歇性電源供電的智慧電網。當烏雲蔽日，你的筆電就會停止充電，你家冰箱就會關機一分鐘，甚至你的電動車會開始充電給電網，而非從電網中汲取電能。但這些都需要裝置能以秒為單位回應價格的變動。

威廉．維克里最愛舉的一個例子是道路的壅塞定價，其設計就跟旋轉閘門一樣是為了舒緩需求，確保有限的運能能夠獲得善用。這在如今已經成為一種頗為實用的觀念，華府附近的駕駛人只要願意付變動價格，就可以開上不塞車的車道，其車流最大時的最高收費是每十分鐘四十美元。[411]

維克里曾在一九六〇年代中期想證明此舉可行：他用普通電腦與無線電打造了一部「原型機」，每次他使用自家車道就會做成紀錄。[412]但有時候再好的創意也需要等待科技跟上。

# 21 區塊鏈 The Blockchain

在把對中介的需求移除掉的過程中，區塊鏈似乎也偶爾讓我們想起付費使用這些中介服務的初衷。中介端可以修正錯誤：搞丟你的網路銀行密碼，你的銀行會給你重發一個；搞丟你的比特幣錢包密碼，你跟這些錢就此生無緣了。中介端可以解決爭端；但區塊鏈的「智慧合約」一旦產生糾紛該如何處理，至今眾說紛紜。

長島冰茶公司顧名思義，做的是飲料生意。但他們賣出去的量不盡人意就是了：二〇一七年的第三季，他們虧損了將近四百萬美元。這之後公司做了一個相當豪氣但也有點謎樣的決定，他們此後要更名為「長區塊鏈公司」。這表示他們不賣飲料了嗎？呃，沒有。他們還是會繼續賣喝的。那是他們要用區塊鏈技術來賣飲料嗎？嗯，也許。他們有可能做點什麼跟區塊鏈有關的事情。大概啦。細節交代不清，但那並沒有讓興奮的投資者卻步。公司的股價一口氣翻了快三倍。[413]

在一系列創造現代經濟的事物當中，你可以很合理地質疑區塊鏈資歷有長到可以用過去式介紹嗎？但創投迄今已經投入數十億美元到比長島冰茶公司的企劃聽來可行許多的新創公司中。[414]此外還有數十億美元經由屬於法規灰色地的「首次代幣發行」*募得。[415]熱中此道的人說區塊鏈會跟網際網路一樣創造新的時代。確實，區塊鏈常被比作一九九〇年代的全球資訊網（World Wide Web）：網路會愈來愈重要確實是當時的共識，但也沒幾個人真正了解網路，更沒幾個人預見到網路的潛能與局限。

所以就讓我們來動動腦，試著搞懂區塊鏈。首先我們可以試著回答一個看似簡單的問題：同一筆錢我們為什麼不能花了又花？

當錢指的是錢幣的時候，這個問題很好回答，我不可能把一枚錢幣交給兩個人。但我們早就意識到把沉甸甸的硬幣帶來帶去不是發展經濟的好辦法。比較輕鬆的辦法應該是由某種中介方去記錄誰擁有多少錢或什麼東西。你給我商品，我就指示記錄方調整相應的數字給你。你怎麼知道我沒把同一筆錢承諾給別人呢？那是因為你信任銀行、信任萬事達卡，信任PayPal會保證這種事發生不了，因為他們的系統設定不容許這種情形，又或者是他們願意相信我不是會腳踏兩條船的那種人。

這一套看起來運作得很順暢。但它還是有它的問題。這些中介者不是免費的，他們是要賺錢的服務業。網路效應**會賦予中介者市場的控制力。他們對我們的了解多過我們對彼此的了解，這些個資又是另一種力量來源。萬一身為中介者的他們砸鍋，整個經濟體系就會全盤崩塌。

但如果我們不需要這些中介者呢？如果作為經濟潤滑油的金融記錄可以透過某種手段由整體社會共同擁有、共同維護呢？

二〇〇八年，有個化名中本聰的傢伙提出了一種「新錢」：比特幣。[416]這種新錢的交易不由可信賴的中介方認證，而是由一個針對加密密碼進行解題的電腦網路來認證。如果有人可以將這個網路中大部分的電腦納入其麾下，那他就可以竄改記錄來進行一幣兩花的詐欺，但只要夠多的人分攤這個電腦網路的算力並逐題進行驗算，這種事情就不會發生。而且來自比特幣的隨機獎勵會給人動機貢獻計算力。

這一招非常新穎。而且眾人很快就發現比特幣底層的科技或許有更廣大的應用潛力。這提供了一種嶄新的方式讓陌生人可以彼此合作，但不需要以有共同信任的中介方或中心化權威為前提。「一切從此不同」跟「改變世界」等說法開始在我們耳邊傳開。[417]

這種底層的科技，就是所謂的區塊鏈，因為各個區塊的交易會定期由網路進行確認後加入公眾的紀錄鏈中。區塊鏈的別名是「分散式帳本」，因為它會把「帳本」「分散」出去：每個參

＊　譯註：縮寫為ICO，也就是加密貨幣版本的IPO（股票公開上巿募資）。

＊＊　譯註：Net effect，又稱網路外部性或需求方規模經濟，即某項服務的使用人數愈多，每個使用者獲得的效益就愈大。

與者都保有他們的一份帳本。經濟學者克里斯琛・卡塔里尼（Christian Catalini）與約書亞・岡斯（Joshua Gans）形容區塊鏈是一種可以降低確認交易成本、降低新市場創立門檻的泛用技術。[418]原則上，任何一種我們如今為了能進行互動而將個資交由某種主體來管理的處境，都有區塊鏈可以發揮作用的空間。

仔細想想，符合這種描述的處境還真不少。臉書、優步與亞馬遜不都是在協助我們互動的一種資料庫嗎？區塊鏈能否有朝一日建構出新的網路模型供我們掌握自己的資料，或我們可以跳過中介方直接出售我們的注意力呢？有些人相當樂觀。[419]還有些人在研究如何利用區塊鏈去追蹤供應鏈中的商品或數位世界中的智慧產權，讓合約管理更有效率，或讓投票機制更滴水不漏。你想得到的，都有某個角落的某個人想放上區塊鏈。

但明人不說暗話：我們大多數人都不知道上面這一串說的是什麼碗糕吧。就算某些人懂，我們也很難想像區塊鏈將來會在現實中扮演什麼樣的角色。果不其然，強大的話題性與難以掌握的科技加在一起，讓某些人面對區塊鏈失去原本應有的思辨能力。這群人爭先恐後地跑去成為一家虧損飲料公司的股東，只因為該公司放了區塊鏈一詞在它的名字裡面。也是同一種人砸了六點六億美元到一種名叫Pincoin的加密貨幣上，但那玩意怎麼看都只存在於一個閃閃發光且充斥關鍵字的網站上，Pincoin幌子後面的詐騙分子恐怕早已捲款跑路。[420]

究竟我們對區塊鏈的瘋狂要停在什麼程度，才算健康呢？經濟學者泰勒・考文（Tyler

Cowen）看法很保守：他認為「比起一頭熱，抱持懷疑才是比較務實的態度」，至少現階段是如此。[421]他這麼認為的其中一個理由是區塊鏈有速度偏慢的問題，而且還是隻吃電怪獸。以比特幣為例，它每秒只能慢吞吞地完成三到四筆交易，Visa卡平均每秒可以進行一千六百筆。[422]有估計顯示為了核實這些交易，電腦需要耗費不下於愛爾蘭全國用電量，以針對比特幣的加密內容進行解題。[423]

這樣的數據遭到某些人的質疑，但想放大區塊鏈規模的挑戰似乎無庸置疑。[424]同樣真切的另一個問題是，如何把資料跟現實世界中的人或物進行一對一的對應。比特幣的「非實名制」特性，亦即你的比特幣錢包跟你是誰毫無關聯，原本應該是一大賣點，尤其如果你要買一些羞於啟齒的東西的話。但如果我們今天是想要用區塊鏈去儲存個人病歷，就得想辦法讓資料不會連結到錯誤的病人。[425]

在把對中介的需求移除掉的過程中，區塊鏈似乎也偶爾讓我們想起付費使用這些中介服務的初衷。[426]中介端可以修正錯誤：搞丟你的網路銀行密碼，你的銀行會給你重發一個；搞丟你的比特幣錢包密碼，你跟錢錢就此生無緣了。[427]中介端可以解決爭端；但區塊鏈的「智慧合約」一旦產生糾紛該如何處理，至今眾說紛紜。[428]

而且不信任中介端，不代表我們可以什麼都不信任，我們還是得嘗試信任一些別的東西，我們必須相信軟體沒有漏洞，必須相信獎勵機制不會在意想不到的狀況下崩潰。但稽查程式碼絕非易事：以太坊區塊鏈的先驅投資基金去中心化自治組織（DAO）募得一億五千萬美金，卻慘遭有心人駭入竊走五千萬美元。[429]經濟學者艾瑞克．布迪許（Eric Budish）曾主張比特幣的價值一旦突破某個臨界點，目前還有理由收斂的攻擊者就會產生出手的動機。[430]

不過話說回來，區塊鏈誕生也不過就十年。我們難道不該給它一些時間犯錯跟重啟，讓它摸索出自己的長才嗎？全球資訊網還在區塊鏈如今的年紀時，投資人曾經把錢丟到像Webvan、Flooz與Pets.com等失敗的標的上，後來才有像亞馬遜這樣的成功案例。[431]我們不該驚訝於長區塊鏈公司的股價會一口氣崩跌百分之九十六，[432]但我們也不應該因此就一竿子打翻一船人，覺得區塊鏈永遠不會有出人頭地的一天。

# 第四部——看不見的系統

在手工製造的時代每套器具都是獨一無二的。十八世紀晚期，槍械師傅、鐵匠和鎖匠各自為了因應提升製造效率發展出可替換零件。這些機器和工序大幅提升產量、降低成本，為「美國製造體系」的時代揭開序幕。

RFID標籤在現代經濟中無所不在，護照、信用卡、圖書館的藏書裡都找得到。可以輕易且不需要多少成本就能辨識物件。時至今日，「物聯網」似乎取代了RFID，各種「智慧」設備無時無刻追蹤你的生活，RFID最早的功能（竊聽）相較之下只是小巫見大巫。

一九六〇年代的電腦都還只是又大又笨重的獨立計算機，在這些電腦之間不論是要分享資料、拆分複雜的運算，甚至是傳遞訊息都難上加難。藉由廣設效能較低但輕巧許多的迷你電腦，讓大電腦得以互相傳遞訊息。一九六九年十月二十九日，介面訊息處理器正式運作，網路世界也即將誕生。

從日常生活、學術研究、金融交易到國家運作，GPS都已是分秒不可或缺的設備，也讓它獲得「隱形的公用事業」之名。GPS一旦罷工，無人能夠確保備用系統可以撐多久，這也讓其安全性備受考驗。

# 22 可替換零件
## Interchangeable Parts

亞當·斯密就在其著作《國富論》中寫了知名的別針工廠描述：每位工人會在前一位已達成的基礎上再增添一道工序。但隨著可替換零組件的出現，這樣一條生產線的速度可以更快、更穩定，更自動化。

一七八五年七月一個溽熱的午後，達官貴人和幾個氣沖沖的槍械師傅聚集在巴黎東邊規模甚是壯觀的文森堡（Château de Vincennes）。他們跑這一趟是為了見證一種新式燧發滑膛槍（燧發指在槍機中使用燧石點火），設計者是出身亞維儂的槍械師傅奧諾雷·布蘭（Honoré Blanc）。話說布蘭在他的同業之間相當顧人怨，堡方得將他窩藏在文森堡的地窖中保護他。[433]

在城堡地窖的涼爽環境中，布蘭準備了五十組槍機，所謂槍機就是位於燧發武器核心的點火機制。他快速拆解半數槍機，並以法國人出了名的浪漫態度隨興把槍機零件扔進不同的收納盒裡。一盒裝的是主彈簧、一盒裝的是擊錘、一盒裝的是面板，還有一盒裝的是火藥盤。[434]

然後就像主持樂透開獎的司儀晃動號碼球力表公平，布蘭大師也拿起一盒盒零件開始大搖特搖。接著只見他若無其事地從盒中隨機取出零件，重新組裝起燧發槍。

他在想什麼？在場的所有人都知道每把手工製造的槍都是獨一無二的。沒有誰可以將兩把槍的零件互換，那樣只會讓兩把槍都失去作用。但布蘭做到了，他重組出的槍都運作正常。原來他大費周章的創意，就是拚了命讓所有的零件都精準地一模一樣。[435]

那是可替換零件展現力量的一場精采展示，而其中一名來訪的貴客也相當識貨：初出茅廬之美利堅合眾國的遣法特使，也是未來的總統：湯瑪斯．傑佛遜。[436]

傑佛遜雀躍地致函美國外交部長約翰．傑伊（John Jay）：

> 滑膛槍的製造在此有了一大進展，國會可能有興趣了解……其核心在於讓每把槍的每一部分都做到一模一樣，以便任何一把槍的任何一個零件都可以用在槍械庫裡的每一把槍上……我自己也隨手組裝了幾把槍，零件都是順手拿起來就用，但組出來的東西都貼合得很好。這種突破在武器需要維修時的好處，可以說顯而易見。[437]

但或許還不夠顯而易見，因為傑佛遜必須很辛苦地讓他的同事擁抱這種新設計。他再三寫信給美國戰爭部長亨利．諾克斯（Henry Knox），試著說服他雇用奧諾雷．布蘭，同時在信中介紹布蘭造槍的新系統。但諾克斯已讀不回。[438]

所以布蘭的造槍系統究竟有什麼「顯而易見」的優勢呢？傑佛遜著眼的是戰場維修的問題。裂開的主彈簧或扭曲的火藥盤會讓士兵的槍枝無法使用。但修理槍枝等於要手工打造一個新的零件來完美配合它的「兄弟姊妹」，而這個任務少不了複雜的工具跟老師傅好幾個小時的時間。但在布蘭的體系下，用上基本功跟幾分鐘旋開槍枝的螺絲，在出包的地方換上一模一樣的新零件，然後把螺絲一一鎖回去，槍就跟新的一樣了。也難怪布蘭的槍械師傅同事會擔心自己沒頭路。更難怪湯瑪斯・傑佛遜會對修理槍枝的問題這感興趣。

當傑弗遜這廂在為了爭取支持而滿頭大汗時，布蘭那邊也沒比較順遂。要手工打造出精細度足以推動新生產體系的一個個零件，成本高得令人咋舌。

但其實這問題的解決方案已經存在，只是奧蘭沒能突破盲點而已。只要利用這個解決方案，不僅損壞的槍枝獲得快速維修不成問題，就連整個世界經濟都會掀起革命。在奧蘭那場示範的十年之前，一名綽號叫「鐵瘋子」的約翰・威爾金森（John 'Iron-Mad' Wilkinson）的男士就已經成為在地的名人。在英格蘭與威爾斯邊境上的施洛普郡（Shropshire）當地，沒有人不知道他的鐵船、鐵講壇、鐵書桌，甚至是鐵棺材，其中鐵棺材是他的惡作劇道具，他會從鐵棺材中蹦出來嚇壞訪客。[439]

但照理講他可以更有名，因為在一七七四年，他發明了一種辦法可以在半成品大砲的鐵塊裡鑽出個洞，而且每一回都鑽得又直又準。這一點具有高度的軍事應用價值。但鐵瘋子威爾金森並不以此滿足。幾年後他從隔壁商家訂購了一部新到令人髮指的蒸汽引擎。但其實他的鄰居沒能真正讓這部蒸氣機動起來：手工捶打金屬板做出來的活塞汽缸並不具備完美的圓柱型切面，所以蒸氣每次都會在活塞頭的周遭漏氣。[440]

交給我吧，約翰．威爾金森說，然後他用上給砲體鑽孔的技術，做出圓得令人滿意的汽缸本體。[441]他的蒸氣機供應商蘇格蘭人詹姆斯．瓦特就此一飛衝天。瓦特版極具效率的蒸汽引擎在有了威爾金森的精密汽缸加持後，終於得以火力全開，推動著工業革命直奔高速檔。[442]

零件可否替換不是威爾金森與瓦特關心的事情。他們關心的是砲彈不能順利放進砲管，活塞能不能放進汽缸。但他們在解決工程問題之餘，也順便找到了一把鑰匙，通往布蘭垂涎不已但負擔不起的零件可替換性。威爾金森造了一部工具機，這是將製造過程自動化的機器，也可以理解成做機器的機器。當中包含一支非常銳利的鑽子，一具水力驅動的水磨，還有一個可以夾緊一樣東西然後順暢旋轉另外一樣東西的系統。[443]

緊跟其後的是亨利．莫德斯雷（Henry Maudslay）。他本來是個聰明的倫敦鎖匠手下一名更聰明的學徒，後來他設計出有著空前高精度的工具機，用來一而再、再而三地以無比的準度重複相同的製程。在一八〇〇年代初期，這些工具機會獲得皇家海軍採用，並負責生產用來升降海軍戰艦船帆的滑輪組。[444]

但一如作者賽門．溫契斯特（Simon Winchester）在他的精準工程史著作《精準的力量》一書中所有的觀察，顯示這些工具機都有個耐人尋味的副作用：樸茲茅斯的滑輪組裝廠生產人類有史以來所見最完美的滑輪組，但這些工廠也讓大量的熟手工匠失業。奧諾雷・布蘭的槍械師傅同業一直擔心的是，他們會失去很有賺頭的維修工作，但其實他們即將連打造槍械的工作都一併消失。工具機不僅工作表現勝過手動工具，它們還不需要操作的那雙手。

此外，工具機還有第二個讓人料想不到的效果：如果你可以用工具機生產出完美無缺的可替換零件，那你不僅可以達成在戰場上的簡易維修（如傑佛遜所見），還可以讓組裝生產的過程變得更簡化、更穩定。比奧蘭在文森堡做的「簡報」還早九年，亞當・斯密就在其著作《國富論》中寫了知名的別針工廠描述：每名工人會在前一名勞工已達成的基礎上再增添一道工序。[445]但隨著可替換零組件的出現，這樣一條生產線的速度可以更快、更穩定，更自動化。[446]

在大西洋的另一端，美國人終於開始從善如流，採納傑佛遜的建議。「奧蘭體系」的潛力最終在維吉尼亞哈波渡口（Harper's Ferry）的一座兵工廠得以實現，並按溫契斯特所說，自一八二〇年代開始生產「全世界第一款真正用機器做出來的生產線產品」。那產品正是一如奧諾雷・布蘭的夙願，一把從槍機、槍托到槍管，從頭到尾都符合他想像，可替換零件的槍。[447]

至此，史稱「美國製造體系」的時代揭開了序幕，繼而誕生艾薩克・勝家的縫紉機、塞盧斯・麥考密克（Cyrus McCormick）的收割機，還有一世紀之後，亨利・福特的T型車。福特是可替換零件的擁護者，而T型車的產線要是沒有由機器精密切割的可替換組件搭配，就只能是

「有夢最美」。[448]

至於可憐的奧諾雷・布蘭，他則成了一七八九年法國大革命的犧牲者。他位於城堡地窖中的工坊遭到暴民洗劫、在政壇的靠山被送上斷頭台。苟延殘喘的他陷於債務的深淵而無法自拔。布蘭催生出一場經濟革命，但因著另外一場性質迥然不同的革命，他終究只能跟自己的理想緣慳一面。[449]

# 23 無線射頻辨識系統

## RFID

RFID 依舊不失為一種 CP 值頗高的物體追蹤技術。即便許多 RFID 標籤只能做到一件事情，就是對著路過的 RFID 讀取器點頭說：「這裡這裡，我在這裡，這傢伙就是我。」這就足以讓電腦理解物理世界了：開門鎖、追蹤工具、零組件，甚至是藥品的位置；達成製程之自動化；加速小額付款。

這天是一九四五年八月四日，第二次世界大戰的歐洲篇章畫下句點。美俄開始思考起兩國未來的相處模式。在莫斯科的美國大使館，一群來自蘇聯的少年先鋒隊*的，嗯，少年，在兩大強權之間伸出了清新的友誼之手：他們獻上一枚頗具分量的手雕美國國徽給美國駐俄大使艾弗瑞爾・哈里曼（Averell Harriman），此物後來被美國人蔑稱為「那玩意」**。[450]

* 譯註：類似共青團的學生共產組織，但年紀更小，約九至十五歲。

** 譯註：The Thing，中文世界將其譯為「金唇」。

想當然耳，哈里曼的辦公室不會沒有檢查過這厚重的木頭飾品，生怕當中藏有竊聽器，但左看右看沒找到電線或電池，這東西還能把人怎麼著？哈里曼於是把「那玩意」放在最顯眼的位置，成為他書房牆上的掛飾，但沒想到這一掛，他的私人對話外流了整整七年。他怎麼想也沒想到這個裝置是二十世紀某位真正偉大發明家的傑作。

李昂．特雷門（Leon Theremin）在還沒發明以他的名字命名的特雷門琴*之前，就已經名聲在外了。他原本跟他的非裔美籍妻子拉維尼雅．威廉斯（Lavinia William）住在美國，然後在一九三八年回到蘇聯，照她的說法是被綁架。不論真相如何，他隨即就被送進拘留營並被迫上工，至於蘇聯要他做的，其中一項就是設計出各式各樣的竊聽工具，包括「那玩意」。[451]

後來，美國的無線電操作員在無意間聽到自家大使的私下對話在頻道上廣播，但這種廣播並無規律。掃描從大使館發出的無線電傳輸，找不到明顯的竊聽證據。於是又多花了些時間，美國才發現這當中的蹊蹺。原來竊聽器就裝在「那玩意」裡面，而且其構造簡單到不可思議，基本上就是一枚天線連到一個由銀質隔膜蓋住的間隙中，銀色隔膜的作用就是麥克風。裡頭沒有電池或任何電源，但「那玩意」也不需要就是了。啟動「那玩意」的，是由蘇聯自外部射向美國大使館的無線電波，被啟動的「那玩意」靠傳入訊號的能量把使館內的音訊廣播出去。外部發來的訊號一斷，使館內的那玩意就會變回啞巴。

頗似特雷門琴「只應天上有」的外星風格，「那玩意」也同樣充滿了科技感。但其實作為一種由無線電波驅動後回傳資訊的裝置，其背後的原理頗值得我們深究。

RFID（無線射頻辨識，Radio Frequency Identification的縮寫）標籤在現代經濟中無所不在。我的護照裡有。我的信用卡裡也有，由此我只要把信用卡往RFID讀卡機上一放就可以完成小額付款。圖書館的藏書——不光是我借來做為寫書參考的《無線射頻辨識入門》——通常都附有RFID標籤。航空公司也愈來愈常使用這種技術來追蹤行李；零售業者則會使用RFID標籤預防順手牽羊。[452]這些標籤有些有內建電源，但大部分就像特雷門的「那玩意」一樣，是由射入的訊號進行遠距供電。這使得RFID變得非常便宜，而便宜是永遠的賣點。[453]

二戰時的盟軍戰機也使用過某種RFID：雷達會以訊號射向飛機，接著機上一部頗具分量的「應答機」（transponder）就會以訊號回覆雷達：「我們是友軍，不要開火。」但隨著矽電路的尺寸愈縮愈小，我們已經負擔得起把辨識標籤貼在遠沒有戰機值錢的物件上了。

就像條碼一樣，RFID標籤可用來快速辨識物體。但不同於條碼需要以光條照射，RFID可以自動被掃瞄。某些RFID標籤可以隔著幾英尺讀取到；有些可以犧牲一點完整性或準確性以批量掃描。有些除了讀取還可以改寫，或遠距取消。而且RFID標籤能儲存的資料量遠多於不起眼的條碼，由此前者不僅能告訴你那是一條寬版M號的牛仔褲，還可以告訴你它是哪一天在

＊譯註：一九一九年由特雷門發明的一種插電樂器，算是類比式電子樂器的始祖。

哪裡的工廠生產。[454]

一九七〇年代，RFID標籤曾用來掌控火車車廂與乳牛——在乳牛的耳朵釘上塑膠製成的標籤。到了一九八〇年代，RFID標籤用來規劃汽車底盤在工廠組裝線上的路徑，這也成為日後許多閉路RFID應用的前身，其作用是在複雜製程中追蹤各種工具與原料。[455]一九八七年，挪威用RFID完成公路收費站的自動化；到了一九九一年，奧克拉荷馬州開始使用RFID收取過路費，且車輛無需減速。[456]二〇〇〇年代初期，特易購、沃爾瑪與美國國防部等大型法人開始要求供應商在出貨封包上附上標籤，這樣下去，終局看來就是萬物皆標籤。少數標籤狂甚至在體內植入RFID標籤，以方便他們手一揮就可以緊鎖門禁或搭乘捷運。[457]

一九九九年，凱文・艾許頓（Kevin Ashton）身為快速消費品業者寶僑（P&G）的高階主管，發明了一個足以精準掌握RFID熱潮所在的新詞。他說，RFID，可以帶我們走向屬於「物聯網」的世界。[458]RFID的話題性後來慢慢退燒，因為光鮮亮麗的消費性電子產品吸走了大眾的注意力：包括二〇〇七年問世的智慧手機，還有智慧手表、智慧恆溫器、智慧音箱，甚至是智慧車輛。這種種裝置都極其先進、滿載著強大的運算能力，但也所費不貲且需要可觀的電源供應。[459]

今天在討論物聯網的同時，我們通常提到的不是RFID，而是這些消費電子裝置。對某些人來說，物聯網一詞象徵的是一種吃飽了撐著的過度設計，不然請問你讓烤吐司機跟冰箱溝通個什麼勁兒。還有人指出物聯網的安全漏洞：連網的燈泡會洩露你的密碼，[460]全球定位系統手環會讓家長跟虎視眈眈的歹徒一起掌握孩子的行蹤[461]，甚至遠距遙控的情趣玩具都能讓人得知我們多數人會認為相當隱私的個人癖好。[462]

或許我們不應該那麼大驚小怪：在社會學家肖莎娜・祖博夫（Shoshana Zuboff）稱為「監控資本主義」的這個時代裡，隱私的侵害儼然已經是一門熱門的商業模式。[463]

但在這種種炒作與疑慮當中，不與人爭的RFID仍安分守己地盡著它的職責。而要是你問我，我認為它有朝一日將大放光芒。

凱文・艾許頓對物聯網的見解很簡單：電腦必須仰賴資料才能理解虛擬空間以外的物理世界，才能去追蹤、去組織、去改善一切。問題是人類沒有那麼閒。比起輸入資料，我們可以做的事情太多了，所以我們必須把物件做成會自動提供資料給電腦的形式，讓物理世界同時具有電腦可理解的數位身分。

很多人現在都是手機不離身——但人是人，東西是東西，物理世界裡的東西沒有手機。由此RFID依舊不失為一種CP值頗高的物體追蹤技術。即便許多RFID標籤只能做到一件事情，就是對著路過的RFID讀取器點頭說：「這裡這裡，我在這裡，這傢伙就是我。」這就足以讓電腦理解物理世界了：開門鎖、追蹤工具、零組件，甚至是藥品的位置；達成製程之自動化；加速小額付款。

RFID或許沒有智慧手表或自駕車的強大效能與彈性，但它夠便宜，沒有過大的體積：不用花大錢且可以用來為數千億個東西貼上標籤。還不用裝電池——覺得這沒什麼大不了的人，請記住李昂・特雷門的名字。

# 24 介面訊息處理器
## The Interface Message Processor

經濟學之父亞當．斯密地下有知，一定會對克拉克善於專業分工感到很驕傲，畢竟分工在某種程度上是亞當．斯密最重要的主張。現有的大型主機會繼續原本已經做得很順手的工作，新加入的迷你電腦則會經過改良以處理網路連結的問題且穩定不致當機。

鮑勃．泰勒（Bob Taylor）在五角大廈的核心區域上班：三樓，不遠處就有美國的國防部長，還有ARPA*的頭頭。ARPA早在一九五八年便已成立，但縮寫為NASA的太空總署很快就大致取代了它的地位。ARPA按照《航空週刊》（Aviation Week）的說法，是隻「吊在水果櫃子裡的死貓」。[464]

但即便被如此看衰，ARPA還是咬牙撐了下來，然後在一九六六年，鮑勃．泰勒跟ARPA終於要為一樣驚天動地的大事埋下伏筆。

* 譯註：高等研究計畫署，是DARPA，國防高等研究計畫署的前身。

泰勒的辦公室隔壁是一間終端室。在那宛若監獄的狹小空間裡有三部可進行遠端存取的終端機，搭配三個不同的鍵盤，併排在一起。每一部終端機都可以供泰勒發出指令給遠方的大型主機電腦：一部遠在美國西岸的加州大學柏克萊分校；一部在麻塞諸塞州劍橋的麻省理工學院，位於美國東岸的北方大約四百五十英里處；還有一部在聖塔莫尼卡，是屬於戰略空軍司令部的大型主機，代號是AN/FSQ 32XD1A，簡稱Q-32。

每一部巨大的電腦都需要不同的登入程序並使用不同的程式語言。如同歷史學者凱蒂・哈夫納（Katie Hafner）與馬修・里昂（Matthew Lyon）所說，就像是「在一個狗窩裡塞進好幾部電視，然後每一部專門監看一個頻道」。[465]

雖然泰勒可以經由他的終端機遠端存取這三部主機，但這三部主機並無法輕易地相互連結，就像其他靠ARPA預算養在全美各地的電腦也同樣做不到這一點。

在這些電腦之間不論是要分享資料、拆分複雜的運算，或甚至是傳遞訊息，都稱得上難上加難。這麼一來他們的目標就很明顯了，泰勒表示：「我們必須想辦法來把這些電腦都聯繫起來。」[466]

為了這個目標，泰勒找上ARPA的大老闆，查爾斯・赫茲菲爾德（Charles Herzfeld）。「我們已經知道該怎麼做了。」泰勒說。只不過到底誰真的知道該如何把這些分散美國各地的電腦主機成連成一個網路，還真不好說。赫茲菲爾德說：「這想法很好，就去做吧。我現在多給你一百萬美元的預算。加油。」這場會議只開了二十分鐘，鮑勃・泰勒的當務之急是搞清楚怎麼解決問題。[467]

麻省理工的勞倫斯・羅伯茲已經成功讓他的其中一部主機和在聖塔莫尼卡空軍司令部的Q-32分享資料：兩部超級電腦在電話上話家常。過程很慢、很不穩、雜訊很多。[468]鮑勃・泰勒、勞倫斯・羅伯茲與跟他們一起的網路前瞻者有著遠比這遠大的理想：一個任何一部電腦都可以連上去的網路。如羅伯茲在當時所說：「幾乎每一款你想像得到的電腦，其軟硬體都將在這個網路上有一席之地。」[469]

那是天大的好機會，也是非同小可的挑戰。

以現在的標準來看，當時的電腦又稀少、又昂貴、效能又弱，且普遍都是由使用它們的學者親手編程。究竟誰叫得動這些天之驕子放下自己的案子去為了別人的資料分享計畫寫碼啊？這跟叫法拉利的車主讓引擎怠轉來煎牛排，然後再把煎好的牛排拿去餵別人的狗一樣。

提出解決辦法的，是另外一位電腦領域的先驅，物理學家衛斯理・克拉克（Wesley Clark）。

克拉克一直在追蹤一款新式電腦的崛起——迷你電腦，這是一種廣設於全美各大學裡，比起可以擺滿一個房間的大型主機來講效能較低，但價格不貴的電腦。他建議在這個新網路中的每一個點上都安裝一部迷你電腦。在地的大型主機，像是笨重的聖塔莫尼卡Q-32，可以就近跟它身邊的迷你電腦連結。

迷你電腦接著便會負起責任去跟其他每一部在網上的迷你電腦連結，也會負責解決那個引人入勝的新問題，就是如何穩定地把資料封包在網路上傳來傳去，直到它們抵達目的地。所有的迷你電腦都以相同的方式運行，由此，你寫出的連網程式若其中一部能用，那它們就每一部都能用。

經濟學之父亞當・斯密地下有知，一定會對克拉克善於專業分工感到很驕傲，畢竟分工在某種程度上是亞當・斯密最重要的主張。

現有的大型主機會繼續原本已經做得很順手的工作，新加入的迷你電腦則會經過改良以處理網路連結的問題且穩定不致當機。反正ARPA會統統買單這點當然也絕對不是壞事。[470]

在英國職場情境喜劇《IT狂人》（The IT Crowd）的某一集中，身為電腦技客的主角群說服了他們對科技一竅不通的主管珍（Jen），他們讓珍相信他們「有」網路，因為網路就是個有燈會一閃一閃的盒子。他們表示只要珍保證不弄壞它，他們就願意把網路借給她。[471]

衛斯理・克拉克的設想之所以妙，就妙在對任何一部參與其中的電腦而言，網路就是這麼回事情。各據一方的大型主機都只須經由編程與在身旁的小黑盒子連結，盒子裡就是屬地的迷你電腦。只要你能跟迷你電腦通訊，就能跟它背後的整個網路通訊。[472]

那個小黑盒子其實並不小，而且顏色是軍艦灰。它們的真身是介面訊息處理器，簡稱

IMP。IMP是由哈尼威爾公司（Honeywell）的迷你電腦改裝，個頭有冰箱那麼大，每個重量超過四百公斤。[473]它們當年一部要價八萬美元，換算成今天的幣值超過五十萬美元。[474]

網路設計師要的是能安安靜靜待著，不太需要照看就能穩定運行的工作馬，而且還得冷熱不拘加百毒不侵，耐震動、耐電力突波，耐發霉、耐老鼠咬，還有一定要耐得住最恐怖的——拿著螺絲起子、好奇心十足的研究生。軍用級的哈尼威爾電腦看起來是很好的起點，只不過它們的裝甲外殼可能有點殺雞用牛刀。[475]

小黑盒子的原型機IMP 0在一九六九年問世。結果不能用。一名年輕的工程師一修就是幾個月，就靠一雙手在相距只有二十分之一英寸的針腳間把電路拆了又裝，裝了又拆。直到同年十月，IMP 1與IMP 2才分別在加州大學洛杉磯分校跟沿美國西岸往北三百五十英里的史丹佛研究中心就定位。

一九六九年十月二十九日，兩部大型主機電腦透過它們的IMP搭檔進行了第一次的通訊。那簡直就像《聖經》裡的創世記，「LO」——操作員想要輸入代表登入的「Login」，沒想到網路只撐了兩個字母就當了。[476]相當抖的一次開場，但ARPANET啟動的事實不受影響。

有了ARPANET開路，其他的網路應運而生，接下來的十年計畫就是把這些網路連結成網路的網路——或說得不繞舌一點：網際網路。最終IMP被更現代的裝置取代，那東西叫路由器。到了一九八〇年代尾聲，介面訊息處理器正式成為博物館的展品。[477]

但勞倫斯・羅伯茲預想中的世界，那個「幾乎每一款你想像得到的電腦軟硬體都將在網路上有一席之地」的世界，正慢慢成為現實。而IMP正是這個轉變的領路人。

# 25 全球定位系統

## GPS

GPS有個別名叫「隱形的公用事業」。想為其估出一個確切的財務價值已經幾乎不太可能：一如作家葛雷格．米爾納（Greg Milner）所言，問GPS的價值就跟你問「氧氣對人類的呼吸系統值多少錢？」一樣。要是GPS停擺遠久於五天，我們可能就得開始擔心起一大堆其他體系的抗壓性，重點是如果你還停留在GPS就只是定位服務的印象，那這些受影響的體系可能都會讓你覺得有點意想不到。

要是GPS突然不靈了，會發生什麼事？

首先，我們每個人都得開始把腦筋動起來，把眼睛張開來，才能順利從A地移動到B地。或許這也不見得是件壞事：因為過度信任導航而把車開到河裡或開下懸崖的案件會一下子少很多。很多人都有他們心目中最經典的GPS白癡之舉。例如：有一對想去卡布里（Capri）島看海的瑞典夫妻拼錯了這個義大利地名，等被帶到幾百英里外的卡爾皮（Carpi）才在那裡問：海呢？[478]

但這些烏龍畢竟是例外。正常來說，使用全球定位系統的裝置都是防迷路神器。要是GPS當機，路上恐怕會被放慢速度看路標或靠邊停車看地圖的駕駛給塞滿。要是你的通勤過程牽涉到火車，會查不到下一班列車何時進站。至少在英國，你得等工作人員來開車門，因為沒了GPS，火車不知道自己已經停進月台。打電話叫計程車，你會發現調度員分身乏術，因為她得打電話確認司機的下落。打開Uber的手機程式，嗯，你懂的。至於想玩「寶可夢Go」打發時間的，我只能說，做夢。

沒了GPS，緊急服務會開始心有餘而力不足：接線員無法透過手機訊號定位報案人，也沒辦法確認附近有無救護車或巡邏的警車。外送員無法運送我們網購的東西。海運開始塞港：貨櫃吊車需要GPS才能幫船隻卸貨。超市賣場的架上無法擺滿商品，因為「零時差」的物流體系將戛然而止。工廠也會因為原本該即時到位的原料放它們鴿子而停擺。農牧、營建、漁業跟測繪——這些也都包含在一份英國政府報告提到，會因為GPS失效五天而損失五十億英鎊的幾個產業之內。[479]

要是GPS停擺遠久於五天，我們可能就得開始擔心起一大堆其他體系的抗壓力，重點是如果你還停留在GPS就只是定位服務的印象，那這些受影響的體系可能都會讓你覺得有點意想不到。當然，GPS是定位服務沒錯，但它不只是定位服務，它還是個定時服務。GPS作為全球定位系統，其組成包含最少二十四顆人造衛星，且每顆衛星都攜帶同步到極為精準的時鐘。你的手機在使用GPS服務把你定位於地圖上時，會從各個衛星處接收訊號，並根據訊息發出的時間跟衛星所在的位置來進行計算。由此哪怕衛星上的時鐘誤差了千分之一秒，你在地圖上的位置都會錯上兩百英里。

所以如果你需要準到不能再準的時間資訊，找GPS就對了。就拿電話網路來講：你的通話會透過一種叫做「多工」（multiplexing）的技術跟其他人的通話共處於一個空間。通話資料會蓋上時間戳印，加擾，再在到達另一端之後解擾。在這個過程中，十萬分之一秒的誤差都會造成問題。[480]銀行收支、股市、電網、數位電視、雲端運算，全都仰賴不同位置的精準對時。GPS一旦罷工，我們想問的是：備用系統可以在什麼樣的比例與廣度上撐住各種社會體系多久？一個大家可能不太想聽到的答案是：恐怕沒有人能確定。[481]

這也難怪GPS有個別名叫「隱形的公用事業」。[482]想為其估出一個確切的財務價值已經幾乎不太可能：一如作家葛雷格·米爾納（Greg Milner）所言，問GPS的價值就跟你問「氧氣對人類的呼吸系統值多少錢？」一樣。[483]這麼一個因為有助於轟炸而在美軍中起家的發明能走到今天，實在是個很曲折的故事，事實上當年他們也不確定這東西有其必要：「我還不知道自己在哪裡嗎，我幹麼要一個該死的衛星跟我說我在哪？」早期一名GPS的支持者很常聽到同袍這麼說。[484]

第一枚GPS衛星發射是在一九七八年，但質疑的聲音一直到一九九〇年的波灣戰爭後才平息。隨著美軍當年代號「沙漠風暴」的行動進入真正的沙漠風暴，能見度在漫天旋轉的沙塵中降到只剩五公尺，GPS讓美國大兵得以標註地雷，找到水源，避免路線相撞。至此GPS可以救人一命已經無庸置疑，但美軍軍中卻沒有足夠的訊號接收器，於是不少士兵聯絡家人從美國自費寄送要價破千美元的商用版過去應急。[485]

考量到GPS賦予的作戰優勢，你可能會納悶美軍怎麼不會想將之視為其禁臠，反倒這麼歡迎大家都加入GPS愛用者的大家庭？答案是他們從來沒有樂見GPS的民用普及，他們只是攔不住而已。事實上美軍還真的嘗試阻攔過，這包括他們曾讓衛星發送出兩個訊號，準確的給自己用，降規模糊的供民用。但聰明的商業公司也不是省油的燈，他們找到辦法從模糊的訊號中抽絲剝繭出更準的焦點。而且GPS的商業價值也愈來愈顯而易見。二〇〇〇年，扛不住壓力的美國總統柯林頓終於全面將高等級的軍用訊號解禁。[486]

美國納稅人每年貢獻不下十億美元的稅金讓GPS得以運行，他們真的是佛心來著。但讓美國以外的世界這樣一直依賴美國納稅人的慷慨，真的是明智之舉嗎？但其實，GPS並不是世上僅有的全球導航衛星系統。現存的還有俄國版的GLONASS，只不過效果差了點。中國與歐盟都有很先進的衛星定位計畫，中國的叫北斗定位系統，歐盟的叫伽利略定位系統。日本與印度也在籌畫他們的版本。[487]

這些替代性的衛星可以幫助我們不受制於GPS特有的問題，但它們也可能在未來的衝突中變成軍事上的活靶，你可以想像一場太空戰爭把所有人的系統都打掛。其實這件事只要一場夠大的太陽風暴也做得到。[488]衛星導航也有陸上軍事基地系統版的替代品，其中最主要的一種叫做eLoran，但其覆蓋範圍並不及於全世界，而且各國對此系統的投入程度參差不齊。[489]eLoran的一大賣點在於其訊號比較強。GPS訊號走完兩萬公里的距離來到地表，其強度已經弱到不行，所以你想干擾它簡單，想欺騙它也不難，至少對巷子內的有心人不難。[490]領錢幹這種勾當的人才不會擔心世人某天一醒來才發現GPS徹底下線的末日場面，他們在意的是這麼做可以如何幫助恐怖分子或特定國家橫掃全世界，為此他們會不惜把不準確的訊號餵給特定區域內的GPS接收器。[491]工程教授陶德．亨佛瑞斯（Todd Humphreys）已經證明欺騙GPS可以讓無人機墜機，讓超級遊艇迷航。[492]他擔心攻擊者不論想燒毀電網、癱瘓行動電信、或是讓股市崩盤，都有一定的可行性。[493]

事實上我們很難確知矇騙GPS訊號可以造成多大的損害。但你可以去問問那些被拐到卡爾皮的瑞典觀光客：知道自己迷路是一回事；誤以為知道自己在哪裡，可又是完全不同的問題。

# 第五部 祕密與謊言

印刷技術最早可追溯至西元兩千年前，但古騰堡的成就在於將製備字體的流程建立成一個「系統」，藉由凸版製模的方式，可以快速生產大量活字。他的成功讓書籍不再是耗時費工的高價品，知識得以普及、思想得以傳播，更成為宗教革命的推手。

在工業革命之後的種種創新中，衛生棉的發展算是晚的。由於傳統對於月經的諸多誤解與禁忌，這項全世界有一半人需要的日常用品，一直以來都在噤若寒蟬的陰影下緩慢演進，遑論公開行銷、販售。直到一戰結束，過剩的醫材成為衛生棉的最佳材料，金百利克拉克的「靠得住」（Kotex）終於問世，但時至今日，還有很多女性囿於貧困，無法從月經的不便中解放。

閉路電視一開始是納粹德國為了遠端監控飛彈發射，這是人類歷史上第一次「私下」使用視訊源。如今閉路電視密度最高的地方在中國，不僅監控人民日常生活，更叩合社會信用體系嚴密管理。但就算不在中國，你我也可能因為如亞馬遜智慧音控助理「艾莉克莎」（Alexa），不知不覺成為企業竊取資料的目標。

有人說A片讓網路等科技得以迅速發展，因為這些新科技必須找上願意嘗鮮者的利基市場，一旦技術慢慢便宜可靠，它就會找到更大的市場，用途也會擴大許多。好比一九七〇年代卡式錄放影機問世初期乏人問津，過半數的錄影帶銷售都來自A片。如今隨著網路和串流興盛，比起直接賣A片賺錢，或許投資A片背後的演算法可能更有賺頭。

一九二〇年代美國頒布禁酒令，一夕之間讓其第五大產業淪為不法的勾當。對「理性犯罪者」而言，禁酒令是大發利市的代名詞，豐厚的利潤衍生大量暴力事件、和私酒因缺乏控管導致的低劣品質。經濟學家布魯斯．楊朵（Bruce Yandle）稱之為「私酒商與浸信會教徒」（bootleggers and Baptists）：許多法規往往意外地獲得衛道人士與唯利是圖之輩的聯袂支持。時至今日，大麻禁令的鬆綁似乎顯示這種趨勢已然改變。

在臉書上發文後對「讚」數感到焦慮，是許多現代人的通病，這種現象由於演算法不斷改變而變本加厲。但最初卻不受青睞。如今「按讚」已成社群媒體必備功能，更是投放廣告的重要判斷基準。針對目標客群的廣告行之有年，但依照演算法投放的精準廣告可能會導致他們利用隱私資料鎖定特定族群（反猶、黑人、青少年……等，甚至是個人）。抵抗這些「注意力商人」，對你我來說絕非易事。

# 26 活字印刷
## The Movable-Type Printing Press

古騰堡《聖經》真正的革命性不在其美麗或清晰，而在於經濟。由於古騰堡讓文字作品的量產變得可行，書價因此大跌。事實上，這麼說還不一定足以形容這是多大的變動。在古騰堡之前的幾百年間，一份手稿的價格居高不下，等於一般人大約六個月的薪水。古騰堡一出，書價很快就只等於大概六天的薪水，等到了一六〇〇年代初，買書只花你相當於六小時工時的薪水。

一四三八年的聖誕節當天，史特拉斯堡一位有頭有臉的市民安德里亞斯．德里岑（Andreas Dritzehn）命喪鼠疫。那年頭死於鼠疫並不稀奇，但德里岑的死觸發了一宗法庭訴訟，其影響至今都還十分耐人尋味。德里岑生前跟人合夥要做……嗯，做什麼不好說，但肯定包含小小的金屬凸鏡。這玩意兒在朝聖者之間很受歡迎，因為它們可吸收從聖物閃耀出來的聖光。但德里岑與合夥人或許還在生產另一樣比鏡子大很多的產品。且雖然他的收穫很可觀，但這項神祕生產計畫還是讓德里岑欠了一屁股債。494

在德里岑死後，他不好惹的兄弟一狀把他的合夥人告上法院。流傳至今的法庭文件提到「一種祕密工藝」，還提到「從壓印機中把東西移走……免得有人發現那是什麼」。德里岑的合夥人擺明了很擔心這種「祕密工藝」會被人學去。官司最後以和解告終，德里岑家的兄弟因為安德里亞斯的死得到了一筆補償，其合夥人裡最資深的那位仍繼續砸錢去追求他的「冒險與藝術」。這位資深合夥人尊姓大名？約翰尼斯．根斯弗萊施．祖爾．拉登．祖姆．古騰堡（Johannes Gensfleisch zur Laden zum Gutenberg）是也。[495]

約翰尼斯．古騰堡，自然是在研究印刷機。或說得更精確一點，是在研究一個能讓耐用金屬字體得以量產、能彈性重新排列、用來在幾天內印出數百冊書刊的完整系統。

關鍵字是系統。做出字母的形狀、以其壓印出字符的構思可以回溯到斐斯托斯圓盤（Phaistos Disc），這是一塊發現於克里特島上的黏土平板，距今將近四千年。接著是在西元七七〇年，日本的稱德天皇委派人印製了一百萬份佛經。*由於這份經文篇幅不大，單一塊銅版就足以印製整份文件。[496]

相對之下，因為有中國發明的紙張與歐洲的字母系統護體，約翰尼斯．古騰堡心中盤算的，是運用彈性大上許多的印刷機。

這樣的創意似已俯拾皆是，一個名叫瓦爾德渥葛（Waldvogel）的傢伙好像已經在鑽研類似的設計。無怪乎古騰堡會對自己的創見諱莫如深。

古騰堡構想的印刷系統的核心，是一種能量產金屬字體的手法。這點至為關鍵。單頁的文字需要大約三千個字母，如果每一個都要手雕，真的會雕到地老天荒。

古騰堡是一名金匠，深諳為硬幣精雕凸模之道。於是他與同僚費心地以硬質金屬刻出每一個字母的凸模，由此做出來的字體會凸出有如浮雕，這比刻出內凹的字母要來得簡單。接著這些凸模會被拿去壓出一塊上面有字母陷入其中的字模。這塊字模會被鉗子夾緊在手持模具中，倒入熔化的金屬，快速冷卻後得到的金屬活字就可以作為印刷之用。要是這些活字有所磨耗，古騰堡只要把字模或凸模拿出來，就可以不流幾滴汗地重做幾個新的。需要不一樣的字母？簡單，把手持模具裡的字模換一塊便是。

等活字牢牢地固定在一個框架中後，古騰堡就可以往上頭刷上他自創的油性墨水，把略溼

*譯註：稱德天皇諱野姬（七一八～七七〇），為聖武天皇次女，天平十年（七三八）立為皇太子，十一年（七四九）即位為孝謙天皇（七四九～七五八），後讓位於淳仁天皇（七五八～七六四），自稱孝謙上皇，剃髮為尼。天平寶字八年（七六四）太政大臣藤原仲麻呂武裝叛亂，孝謙上皇奪其官位，廢除縱容叛臣的淳仁天皇，並復位為天皇，史稱稱德天皇（七六四～七七〇）。稱德天皇派兵平叛時發願造百萬佛塔，每塔置陀羅尼經咒一枚，以求護國、驅惡。藤原兵敗被誅後，造塔工程隨即展開，而為與造塔同步進行，天皇決定以雕版印製經咒。佛塔於神護景雲四年（七七〇）全部竣工後，女皇下令將百萬佛塔及《陀羅尼經》咒分置奈良、攝津（今大阪）及近江（今靜岡）等京畿地區十大寺內，而稱德天皇也在同一年崩殂。她在六十七個月內合計動用三十多萬多人從事這一工作，為此幾乎調動全國的工匠，耗去大量錢糧，但也成就了日本印刷史上的空前創舉。

的紙張札實地壓在金屬活字上，然後就有美美的成果可以欣賞了。

其實說美算是客氣了！古騰堡先用他的機器試印一本二十八頁的學校課本，但很快他就一步登天挑起官方的形象工程：一本宏偉瑰麗的拉丁文版本《聖經》。[497] 恩尼亞．皮可洛米尼（Enea Silvio Piccolomini，後來成為教宗庇護二世）在一四五五年見到幾本古騰堡印的《聖經》，稱許古騰堡是「一名奇才」，並表示「那些活字清晰到讓眼鏡變得多餘，它們印出來的聖經也已全數售罄」。[498]

但在今人猶在讚嘆其美好之餘，古騰堡《聖經》真正的革命性不在其美麗或清晰，而在於經濟。由於古騰堡讓文字作品的量產變得可行，書價因此大跌。事實上，這麼說還不一定足以形容這是多大的變動。在古騰堡之前的幾百年間，一份手稿（手寫的書籍）的價格居高不下，等於一般人大約六個月的薪水。古騰堡一出，書價很快就只等於大概六天的薪水，等到了一六〇〇年代初，買書只花你相當於六小時工時的薪水。[499]

印刷品的產出開始一飛衝天。古騰堡印刷機只用了問世後的頭一百年，就印出比歐洲在之前所有手抄本數量都還多的書籍，而那還只是開頭而已。在一四〇〇年代初期，劍橋大學圖書館的藏書只有一百二十二本，本本都是寶。今日的劍橋大學圖書館裡有八百萬本藏書。[500]

印刷拓展了思想的範疇，提高我們今天所知意見領袖的地位與名聲。比方說印刷機於大約一四七〇年左右進駐義大利諸城市後，頂級教授的薪水從普通技工薪資的大概四倍跳到七、八倍。[501]

這在某種程度上也能算是人類史上的第一種量產製程。真要這麼算，那生產滑膛槍、自行車零件與帆船滑輪組的工具機都要叫印刷機一聲大哥。[502]

印刷這一行，在當時就種類而言算是一門新行業。那之前的幾百年來，像編織這類仰賴嫻熟手藝的行當都是由同業公會組織起來的，公會不僅控制著誰能吃這行飯，也控制了你的吃法。但印刷業者卻得以在同業公會的掌握外以營利型企業的姿態運作。[503]商人銀行（merchant banker）會提供打造印刷機與完成書籍排版所需要的可觀前置投資——想當個不欠債的印刷業者談何容易。同一批商人也會組織產品的經銷，畢竟當時還不存在所謂的書店。[504]

印刷這一行一點也不輕鬆。附插圖的《聖經》是早年印刷業者鍾愛的產品，製作成本可不小。許多印刷業者都沒能在業內的割喉戰中活下來。早期印刷業的中心威尼斯，在一四六九年有十二家印刷公司。三年後就一口氣少掉九家。[505]

最後，印刷業者終於想通了一件事：想要有利可圖，他們就得快一點生產出相對樸素的產品，把售價壓低，並拉長印刷期。文法書成了這種思路下很受歡迎的選擇，古騰堡試印活字版用的課本就屬於這類。同樣受到青睞的還有教宗贖罪券。這兩種產品都是穩定的營收來源。然後又有了言簡意賅的宗教論證，像是《九十五條論綱》*，也就是據傳一五一七年被作者馬丁．路德釘在德國威登堡諸聖堂（All Saint's Church in Wittenberg）門口，啟動宗教改革的那篇文章。

如歷史學者伊莉莎白．艾森斯坦（Elizabeth Eisenstein）所指出，像馬丁．路德這樣的神學教授跟天主教會進行宗教論辯，完全不是什麼需要大驚小怪的事情。同時教會門口原本就是傳統上宣傳各種事物的場所。不，真正不尋常的都不是這些，而是以路德為首的叛逆理念竟能這麼快被印出來、傳出去。威登堡成為單一產業的重鎮，印刷機遍布全城。[506]

馬丁．路德產出《新約聖經》的德語譯文，並被廣為翻印。他形容印刷是「神聖至極的恩典之舉，傳福音的大業得以受其推動向前」。

只不過可別以為這些印行流通的小冊子是上帝的恩典，就一定很優雅，事實上它們往往跟優雅八竿子打不著關係。翻開冊子，你會發現裡頭滿是醜惡的諷刺畫，像是把教宗描繪成狼頭人身的模樣。忠於天主教的人士也不甘示弱地以自身的反宣傳回應。宗教的口水戰餵飽了印刷業者的口袋，點燃了宗教改革，催生出基督新教，最終更導致三十年戰爭**的禍事。[507]

一款劃時代的革命性科技竟讓足以燎原的煽動性言論如虎添翼？這劇本誰想得到呢？雖然現代網路酸民會主張衝突帶來關注，關注帶來影響力，但任何一個活過十七世紀的德國人都會信誓旦旦地告訴他們，我們早了你們幾百年。[508]

那個啟動這一切的人呢？約翰尼斯．古騰堡按大英圖書館的說法是「千禧年代表人物」，若有誰想一臉正經地提名古騰堡以外的某人獲此殊榮，感覺還真不是那麼好想。問題是即便是千禧年代表人物如他，想從印刷機上榨出利益也是一個頭兩個大。[509]

一如後來許多追隨其腳步的印刷業者，古騰堡也很想印那些美則美矣但貴死人不償命的《聖經》。而若你還記得，古騰堡還有十七年來跟安德里亞斯・德里岑合夥所累積的債務在身。一四五五年，也就是未來教宗對他的作品讚不絕口的那一年，他又跟另外一名創業夥伴打了另外一場官司。這一回他輸掉了自家印刷機的所有權。早知道他繼續印文法書就好了。510

* 譯註：Ninety-Five Theses，或稱《關於贖罪券的意義及效果的見解》，為反對贖罪券的論證文。

** 譯註：一六一八至一六四八年，在神聖羅馬帝國境內以新教與公教衝突為名引發的諸侯混戰，為一場傷亡極其慘重的德意志內戰。

# 27 衛生棉 Menstrual Pads

金百利克拉克最後還是牙一咬推出了新產品，並敲定一個令人費解的英文名字 Kotex。其實，Kotex 結合了 cotton 與 texture 的雙重意義，意思是產品有著「棉花」的「質地」。這個新產品一下子就紅了。幾十年來，女人藉由在工廠與辦公室任職找到獨立性。女性當然可以一邊來月經一邊動腦筋，而且為此她們需要一種便利、用完就丟的產品來輔助她們。

「要是有誰能告訴我 Kotex 是什麼就好了。」一名困惑的美國青年在一九二〇年代的一場晚宴上說道。當然啦，沒有人搭理他。Kotex 是一個暗號，一個神祕的代稱，一個男人理應被蒙在鼓裡的祕密。Kotex 自始至今在美國都是十分受歡迎的衛生棉品牌。但我自首，我之前完全沒有聽過。511

對《不能說的祕密（暫譯）》（Under Wraps）的作者莎拉·佛斯特拉爾（Sharra Vostral）而言，我沒聽過「靠得住」是很正常的事情。照她所言，衛生棉、衛生棉條、月亮杯等女性生理用品的基本使命，就是隱姓埋名：一名女性究竟是不是正月經來潮，純粹不是這個世界該知道的事情。早年有一款衛生棉條品牌會叫做fibs，不是沒有原因的，畢竟那一根根的棉條對這世界來說，就是一個個「無傷大雅的小謊」。[512]

不是每個人都認同這個品牌名稱裡的俏皮意涵。一名女性對市調人員抱怨：「『無傷大雅的謊言』還是謊言，頂多好聽一點。既然還是謊言，就代表著糟糕、不可告人、藏汙納垢。品牌取這種爛名字，搞得我去店裡買個衛生棉條得說我要買些『無傷大雅的小謊』，不說還不行。」[513]

但話說回來，女性對月經一事噤若寒蟬，其來有自。世間的眾多禁忌都是以月經為中心。《舊約聖經》裡不少段落提到月經，都說那是一種玷汙，提到月經布，就說那令人憎惡。[514]

這樣的觀念相當之頑強。一八六八年，美國醫學會的副會長表示女性醫師在月事來時的「虛弱之際」擔不了大任。事隔五年，身兼醫師的美國性學教育者艾德華・克拉克（Edward Clark）主張遇上經期，女生應該在教室外休息，因為要她們邊排經邊思考事情實在是強人所難。作家伊莉莎・達菲（Eliza Duffey）尖銳地回應，說克拉克醫師怎麼不反對女性在經期來時操持繁重的家務。難道他只是單純要否定女生的受教權？搞不好還真是如此。[515]

我們不難想像女性寧可對月經的細節保密，即便那代表她們得土法煉鋼。棉條這種東西在世界各處已經有幾千年的歷史：羅馬版用的是羊毛、印尼版用的是蔬菜纖維、日本版用的是紙、非洲版用的是草、埃及版用的是紙莎草，夏威夷用的是蕨類。[516]女性把碎布做成衛生棉，而且往往會在清洗後反覆使用。但如今我們已知衛生棉反覆使用存在感染或甚至子宮頸癌的風險。[517]

那麼在十九世紀末，正當其他領域的土製產品慢慢交棒給工廠生產的製品之際，為什麼女性生理用品沒有一起與時俱進呢？

當中的挑戰在於：遇上這樣一個全社會說好不提的產品，你要如何廣告跟行銷呢？拋棄式衛生棉第一次有紀錄的行銷，可追溯到一八九〇年。一八九六年，嬌生公司在美國生產並行銷了他們的「李斯特巾」（Lister's Towels）；一八九五年，來自德商赫曼公司（Hartmann）的「小衛生巾」（Hygienic towelettes）在倫敦的哈洛德百貨中打起廣告。[518]但這些產品都沒有掀起太大的波瀾。當年大部分女性都選擇用平日好入手的材料自製衛生巾，有人圖的是便宜，有人是覺得那樣舒服，也有人是怕尷尬。[519]

不過就在這種大環境下，衛生棉產業在一戰期間迎來關鍵的技術突破。紙廠金百利克拉克使用一種叫做「纖維棉」的新材料來製作繃帶。纖維棉的原料是紙漿，造價遠低於棉花，吸收力卻強上許多。隨著一戰畫下句點，開始尋找新市場的金百利克拉克收到護理師來信解釋她們拿纖維棉不只是當繃帶用。[520]

很顯然這是一個商機，但也是一個看似有著風險的商機：這產品難道不會太過禁忌而無法打廣告嗎？搞不好有人想買都不敢買？金百利克拉克最後還是牙一咬推出了新產品，並敲定一個令人費解的英文名字Kotex。其實，Kotex結合了cotton與texture的雙重意義，意思是產品有著「棉花」的「質地」，不過更重要的是，這能讓晚餐派對上的年輕男人被蒙在鼓裡，搞不清這個字代表什麼意義。[521]

這個新產品一下子就紅了。幾十年來，女人藉由在工廠與辦公室任職找到獨立性。不論艾德華．克拉克醫師怎麼認定，她們當然可以一邊來月經一邊動腦筋，而且為此她們需要一種便利、用完就丟的產品來輔助她們。於是就在一片不看好的聲音中，金百利克拉克的新產品「中了」。

一九二七年，第一次有人對新興科技在女性生理產品市場中的應用進行詳實的研究，當時是莉莉安．吉爾布雷斯（Lillian Gilbreth）這名先驅把心理學、工程學等科學概念與行銷、人體工學與設計等商業考量都拉進研究範疇中。她注意到現代女性有在外頭跑來跑去的需求。她強調女性需要一種包裝低調的產品，打開的時候不能發出爆裂聲或沙沙的摩擦聲，而且這產品還得讓女性「不論衣服穿得多緊身多輕薄都完全隱形」。[522]循著這種思路，她協助嬌生公司設計的產品還有另一項很貼心的服務，就是可以讓人買得神不知鬼不覺，主要是嬌生提供一種券可以由消費者遞給店員，券上頭印著的字眼是：「一盒摩黛絲，謝謝。」

但如果說這產品本身的設計是要讓人買得低調、用得祕密，那他們的行銷倒是在短時間內就高調到毫無祕密。熱絡的需求鼓舞著廠商，讓他們開始用廣告轟炸消費者，頂多是在訊息的傳達上隱晦一些。男性在一九二〇年代的感受若是如陷五里霧中，那他們在一九三〇年代的感受就是四面楚歌。

後來獲頒諾貝爾文學獎的威廉·福克納（William Faulkner）曾抱怨過：「我跟這個『靠得住年代』好像脫節得太厲害了，搞得我什麼靈感都沒了。」一個大作家要多玻璃心，才能把自己的創作瓶頸怪到靠得住的廣告頭上，但這也多少反映了原本不能說的新技術跟新產品是如何堂而皇之地進駐主流文化。

纖維棉在一九三〇年代功成身退，交棒給一九三三年獲得專利並以Tampax之名行銷的商品化衛生棉。[523]隨後，月亮杯也在一九三七年初登場，為其登記專利的是一名叫李歐娜·查默斯（Leona Watson Chalmers）的女性。[524]

接下來世界又陷入了混戰。二戰期間，女性生理產品開始在行銷中被定位成一種能協助她們參與戰爭的工具。靠得住的一則廣告中能看到一名少女原本應該在拖地，但她的掃把與拖把都被棄置在一旁。

「誰會想到妳竟然是個將拖把與髒碗盤一丟就擅離職守之人，要知道媽媽對妳的期望有多高？只有像妳這樣的女孩可以肩負起『家務』，媽媽大軍才能騰出手來包繃帶、賣戰爭債券、操作軍工鑽床。」[525]

當時間來到戰後的一九五〇年代，廣告概念又回歸到悠閒的女性身穿「軟絲斜紋」洋裝在藝廊裡晃蕩。

這年頭光在美國，女性每年花在生理用品上的金額就高達三十億美元，[526]並已長年成為文化對話的一環。從西方的角度觀之，怕尷尬什麼的舊觀念著實可笑。二十一世紀的廣告已經開始把舊時代的哏拿來開玩笑，像是無菌實驗室裡的藍色液體，與女性身穿白色熱褲騎白馬的畫面。[527]

但在世界上的許多其他地方，這可不是什麼笑料。就以阿魯納恰拉姆·穆魯根南特姆（Arunachalam Muruganantham）為例。他是出身印度南部的輟學生，在一九九八年突然為自己的妻子感到不值。他覺得他太太應該享有衛生、平價的護墊，而不應該繼續用他說「我連拿去擦摩托車都嫌髒」的髒布。[528]

他起心動念後開始做實驗，開始嘗試生產一種簡單的衛生棉製造機，有了這部機器，全印度的女性就可以同時獲得工作機會與便宜的衛生棉。但他的太太為此離家出走，他守寡的老母親也是。因為他的所作所為實在太丟人現眼。

穆魯根南特姆現已靠著他的發明揚名立萬，而且，是的，他太太香緹回到了他身邊。但他歷經的挫折說明在世界許多角落，女性的月事仍殘留多麼頑強的汙名。

事實上正是因著這種汙名，聯合國教科文組織的資料才會顯示在撒哈拉以南的非洲有十分之一的少女會在月經來時缺課。[529]艾德華・克拉克醫師可能對此會深表欣慰，但這不是開玩笑的事情：課業一旦跟不上，有些女孩就會索性輟學。[530]

不過我們也不該把所有的問題都推給月事的汙名，欠缺乾淨的用水與可上鎖的洗手間也是麻煩。還有，就是當然啦，阿魯納恰拉姆・穆魯根南特姆之前嘗試要解決的問題：年輕女性負擔不起被某些人不當一回事的生理用品。威廉・福克納或許與靠得住世代感覺疏離，但在將近一世紀後，許多女性仍在苦苦等待屬於她們的靠得住時代來臨。

# 28 閉路電視 CCTV

像亞馬遜 Echo 與 Google Home 這種裝置之所以快速崛起，靠的是人工智慧技術的進步，閉路監視器如雨後春筍般出現也是出於同一個原因。現有的演算法讓監視器如虎添翼，因為人工智慧可以判讀車牌，人臉辨識也愈來愈厲害。對這樣的新現實感到有些坐立難安是合理的嗎？這在一定程度上，要看我們信不信任在鏡頭背後監視我們的主體。

佩訥明德（Peenemünde）是德國北部位於佩訥河與波羅的海交會處的一片沙洲。一九四二年十月，一群德國工程師就坐在這裡的控制室看著一部電視螢幕，上頭顯示著二點五公里外一款武器原型機在發射台上的實況特寫畫面。他們進行倒數。然後在另外一面有著廣角視野的螢幕上，他們看到武器直衝天際。[531]這是一場成功的試射，而工程師所目睹的是一種會形塑人類未來的東西，只不過這個未來可能跟他們想像的不太一樣。

這個代號 V-2 的武器（V 代表德文的 Vergeltungswaffen，意思是復仇兵器）理應為希特勒贏下二戰的勝利，畢竟它是世上第一枚以火箭推進的彈道導彈，可以超音速飛行，所以你還不知道有炸彈要來，它已經炸完了。但真正的關鍵的一點，是V-2以當時的技術無法精確攔截：V-2火箭彈造成數以千計的傷亡，但並不足以扭轉二戰的大勢。[532]

居於開發V-2火箭幕後的青年才俊，是一名叫做華納．馮．布朗（Wernher von Braun）的工程師，他後來向美國人投降，並幫助美國打贏美蘇的太空競賽。要是你跟他說他的V-2火箭試飛會有朝一日成為人類登月的第一步，他應該會覺得剛好而已。那本來就是他進行各種努力的動機。[533]

但馮．布朗可能想不到一件事情，那就是他也順便在那次試飛中見證了另一樣影響人類深遠的科技誕生，即縮寫為CCTV的閉路電視。

工程師在試飛控制室中看到的畫面，代表著人類歷史上第一次有視訊源用於私下實況監控，「私下」就是指這些訊號只存在於閉合的迴路中。奴工對駐紮於佩訥明德的高階軍官而言死不足惜，但他們在自己的眼中可是千金之軀，也因此他們邀來電視工程師華特．布魯赫（Walter Bruch）幫他們想個辦法，他們要的是能夠隔著一段安全距離監看火箭的升空。這層顧慮算是相當周到，因為那天測試的火箭還真的炸了，布魯赫的一部攝影機當場捐軀。[534]

布魯赫當年的心血結晶如今究竟有多受歡迎，並不是很好判定。幾年前的一項估計推斷，全世界有兩億四千五百萬部監視錄影器，約當於每三十個人就有一部。[535]另一項估計認為，中國光憑一己之力就可以在不久後達到這個數量的兩倍。[536]顯而易見的是這市場正在快速擴大，且其全球龍頭是一家由中國政府控股的國營企業「海康威視」。[537]

中國為何要這麼多閉路電視？我舉個例子給你聽。想像一下這個情境：你在中國襄陽市，正要過一條很繁忙的馬路。應該要等綠燈，但你在趕時間，所以決定衝過去，並開始在車陣中穿梭。幾天之後你可能會看到自己的照片、姓名與居民身分證號碼出現在同一個十字路口的巨大電子布告欄上，揭發你是個闖紅燈的行人。[538]

但中國政府這麼做不光是要讓你在人前難看：他們的監視錄影器會把視訊餵給官方規劃的「社會信用」體系。[539]這套國家級的系統究竟如何運作，細節還不是很清楚，但在各種測試中，中國正同時使用公私部門的資料來評價一個人是不是個好公民，並給予一個分數。[540]會讓你被扣分的行為包括開車不謹慎、遲繳帳單、散播假消息。[541]社會信用分數高，可以換得公共自行車免費騎等種種好處；分數低，你可能連火車都搭不了。[542]這個體系的宗旨在於鼓勵合宜的行為，或如一份官方文件頗為咬文嚼字地說明這體系是要讓「守信者暢行天下，失信者寸步難行」。[543]

說不定這會讓你想起一本在華特．布魯赫開監視錄影器之先河七年後出版的小說。在《一九八四》裡，作者喬治．歐威爾幻想出一種無事不被監控的生活，監控不僅存在於公共空間，也存在私人的家中。任何人，只要你稍微還有點身分，都要配一個「電幕」，好讓老大哥可以透過電幕看著你。但在故事裡暗示這些裝置原本是大家自願購買的：當雙面人查靈頓先生（Mr.

Charrington）必須給溫斯頓（Winston）一個可信的理由，以解釋客房裡怎麼沒有電幕的時候，他說那些電幕「太貴了」，而且「我以前從來不覺得自己需要那些東西」。[544]

我不得不說我最近也有過很類似的對話。當時我跟人聊的是世上有些大公司想要賣聲控智慧音箱給我，好讓我可以問音箱裡的語音智慧助理天氣怎麼樣，或者對著音箱說「亞莉克莎*，開暖氣」，或自動監控我冰箱裡有什麼、沒有什麼。漫畫家札克．維納史密斯（Zack Weinersmith）總結了智慧音箱的價值主張：[545]

「我可以放個裝置在你家，無時無刻把你說跟做的每一件事都聽進耳裡，儲存資訊，從中獲利，然後還不准你本身去存取這些個資嗎？」

「那你打算付我多少錢？你這要求可不會便宜哦。」

「不，是你要付我們錢。」

「什麼……那謝謝再聯絡。」

「這裝置可以自動判斷你的零食庫存低下，然後用無人機在半小時內幫你載過來。」

「是哦，那快給我送來！」

像亞馬遜Echo與Google Home這種裝置之所以快速崛起，靠的是人工智慧技術的進步，閉路監視器如雨後春筍般出現也是出於同一個原因。以往的監視器都需要人眼跟人腦過濾，但人一天看不了多少影片。現有的演算法讓監視器如虎添翼，因為人工智慧可以判讀車牌，人臉辨識也愈來愈厲害。如果說軟體可以監看、監聽、解讀各種意義，那監視器的產能就只取決於一件事情：處理器的運算能力。

對這樣的新現實感到有些坐立難安是合理的嗎？還是我們應該放輕鬆一點，好好享受無人機幫我們載過來的零食？

這在一定程度上，要看我們信不信任在鏡頭背後監視我們的主體。亞馬遜與谷歌急於說服我們的是，他們沒有附耳到我們所有的對話上：裝置本身夠聰明，所以他們會在你說出「亞莉克莎」或「OK，Google」等關鍵字時才被「喚醒」，也才會把聽到的東西上傳到雲端，由更強大的伺服器去判讀我們想要什麼。[546]

然後我們還得信任這些裝置本身不會被駭、不會被罪犯或行事處於灰色地帶的政府單位窺探。但話說回來，不是每個人都介意國家把我們日常生活中的一舉一動摸得一清二楚。一名中國女性在接受澳洲廣播公司訪問時說：「如果如我們的政府所言，公共領域的每個角落都安裝監視器，那我會覺得很有安全感。」[547]但此外還有一個很尷尬的問題是，這種科技實際上的效能

＊譯註：Alexa，亞馬遜公司出品的智慧音箱，其「語音智慧助理」之名。

如何。表面上，中國湘北襄陽城的十字路口已經實現了人臉辨識的自動化，但其實不然：演算法還沒有例無虛發到這種程度。公務員仍得手動過濾拍下的影片。[548]

嚇阻效果還是有的，任意穿越馬路的行人變少了。那正是「圓形全景監獄」的設計精神所在：一旦你覺得有人可能在看著你，你的一舉一動就會像個被監視的人。這一點喬治・歐威爾懂，蓋世太保也懂：只要眼前的人有可能是線民，你就會謹言慎行。某種念頭如果讓你懼於表達，也許最好的辦法是根本不要有那種念頭。

所以說，閉路監視器或許距離技術成熟還有很長的路要走，但對於那些只是想藉其改變我們的行為與思想的人而言，技術障礙或許只是一個假議題。

# 29

# A片

## Pornography

A片確實有利可圖，但要從A片中賺錢最好的辦法，似乎是去投資那些把A片推了一把，以及被A片推了一把的科技。在過去是巴黎的攝影沙龍、是做卡式錄放影機的公司，還有做高速數據機的廠商；在今天則是心靈技客那些能推薦內容且讓人黏在螢幕前的演算法。

凱蒂玩偶：網路真的真的很棒。
脆奇玩偶：還不是為了看A片！
凱蒂玩偶：我的連線速度超快，完全不用等。
脆奇玩偶：還不是為了看A片！

百老匯玩偶音樂劇《Q大道》（Avenue Q）的插曲〈網路是看A片用的〉（The Internet is for Porn），一開始就是這麼唱的。[549]清純的幼稚園老師凱特玩偶（Kate Monster）正在大讚網路超好用，想在上面購物或祝人生日快樂都超方便，但她陰沉的鄰居脆奇玩偶（Trekkie Monster）卻堅持認為大家吹捧網路是為了一些門關起來進行的活動。

脆奇玩偶說的有錯嗎？嗯，是不能說錯，但，不，也不能說對。看似可靠的統計顯示每七筆網路搜尋就有一筆是為了A片。[550]這個比例不能算低，但這當然也就表示每七筆網路搜尋就有六筆不是為了A片。Pornhub是最多人光顧的A片網站，其人氣大致不下於Netflix（網飛）與LinkedIn（領英）等級的媒體。Pornhub這樣的流量表現已經很不錯了，但也只夠在世界上排到第二十八名。[551]

不過《Q大道》首演是在二〇〇三年，這按照網路的標準已經是上個世代了，所以也許脆奇玩偶當時這麼說是有幾分道理的。

一項科技剛出來的時候，往往都會比較貴，比較不穩。這些新科技必須找願意嘗鮮者的利基市場，而這些人的習慣也將協助推動新科技的發展。一旦技術慢慢便宜可靠，它就會找到更大的市場，用途也會擴大許多。有種理論說，A片在網路等一干科技的發展中就扮演了這樣的角色。這理論成立嗎？

從藝術露出第一道曙光以來，性就在舞台上軋了一角。史前洞穴壁畫的繪者跟現代愛塗鴉的小學男生可以說是系出同門，因為他們都喜歡畫屁股、胸部、女性的陰部，還有大到讓人發笑的陽具。[552]描繪男女交媾的雕刻可以上溯到至少一萬一千年前在猶地亞（Judea）的山羊牧人。

大約四千年前，美索不達米亞的一名藝術家懷著愛意創作出一面陶土板，上頭有個女人一邊用麥管啜飲啤酒，一邊與人性交。[553] 兩千年後，祕魯北部的莫切文化（Moche）頗樂於用陶瓷這種媒介描繪肛交。[554] 印度的《慾經》也可以回溯到大約同一個時期。[555] 例子還多的是，我就先列舉到這裡。[556]

但人類用藝術與工藝描繪性愛，並不代表性愛就是這些藝術與工藝技術背後的推動力。我們沒有理由這樣反推。

第一種我們足夠了解到可以測試此理論的傳播科技，或許就是古騰堡的印刷機。結果是這種理論出現了漏洞：當然那種讓人看了心癢的A書不是沒有人印，但出版市場的大宗仍舊是宗教書籍。[557]

時間快轉到十九世紀，比起紙本書看似更能扛起該理論的候選人是攝影。走在時代尖端的巴黎攝影沙龍大張旗鼓，做起一門生意叫，嗯，「藝術研究」，一個有關當局花了點時間才慢慢接受的委婉講法。但顧客倒是挺願意花錢贊助這門科技：有段時間買張大尺度照片比直接召妓還貴。[558]

等到藝術表現上又出現一個重大的技術突破——我是說電影，英文裡的「色情」已經覆蓋了一層現代意義。Pornography這個單字的字源是古希臘文裡的porni-（娼妓）加上graphein（書寫），而如今的色情指的是，嗯，「我見到就能認出來的東西」，至少這是美國法官波特．史都華（Potter Stewart）的名言。[559]但色情並沒有扮演電影產業起飛的推手，理由也很簡單。電影很燒錢，需要大批的影迷來回收成本，那就代表你的電影需要公開放映。雖說小電影也有市場，但人多半想在不受打擾的家中觀賞這種電影，要在大庭廣眾的電影院裡看，大多數人還是會感覺彆扭。[560]

一九六〇年代出現了解決方案，就是西洋鏡的攤位。這是一種封閉的空間，裡面放映異色電影，想往下看就得接著投錢。這樣的攤位，一個禮拜下來可以進帳數千美元。[561]但說起在隱私權上的真正突破，還得歸功於卡式錄放影機的發明，也就是VCR。在《情色引擎（暫譯）》（The Erotic Engine）一書中，作者帕特秦・巴斯（Patchen Barss）認為就是靠著VCR的問世，A片才「得以在經濟與科技上闖出一片天」。[562]

一開始，卡式錄放影機並不好賣：這東西不但貴，卡匣還分兩種互不相容的規格，VHS是大帶、Betamax是小帶。試問有誰敢砸大錢在有一半機率不久之後就會變成廢鐵的機器上？嗯，當然都是那些說什麼也想在家觀賞成人電影的朋友啦。在一九七〇年代晚期，過半數的錄影帶銷售都來自A片。短短幾年內，VCR就已經變成一種相當庶民的科技，全家想看點老少咸宜的電影也完全負擔得起。市場擴大了，A片在其中的占比則縮水了。[563]

類似的故事也發生在有線電視上，還有，沒錯，網際網路上。老讀者可能還記得小時候要上網，都得先好生哄著撥接式的數據機建立連線，然後內心淌著血，讓一個現在只要彈指間就下載完的檔案，花掉自己大把的長途電話費。是什麼東西能讓凡夫俗子這樣努力不懈呢？你多半已經猜到了。一九九〇年，一項針對使用者網路*的討論群組所進行的研究宣稱，每六幅被分享的影像中就有五幅是色情圖片。[564]幾年之後，針對網路聊天室進行的研究發現有類似比例的活動與性脫不了干係。[565]

所以在當年，脆奇玩偶的發言並不算太離譜。而且，如他對凱特玩偶所說的，對A片的渴望協助推動了對更快連線速度的追求。具體而言，這包括更高規格的數據機和更大的網路頻寬，同時也激發其他領域的創新：網路成人影片供應商，不但是視訊檔案壓縮技術與使用者友善付款系統等網路科技上的先行者，同時在聯盟行銷**等商業模式上多有突破。[566]這些新觀念都慢慢開枝散葉，在其他領域找到更大的應用空間，且隨著網路的量體愈來愈大，這些科技與商業模式都愈來愈與A片脫鉤，愈來愈成為一種中性的存在。

這年頭，網路的發展讓專業的A片廠商日子愈來愈難過。就像現在的報紙愈來愈少人訂，音樂錄影帶也愈來愈少人買，反正網路上一堆免費的新聞跟MV。Pornhub等成人網站的免費會員大放送也讓A片的銷路愈來愈差。這當中很多的免費A片都是盜版，但要讓所有非法上傳的

* 譯註：Usenet，一種連接美國各大學的網路。

** 譯註：afflicate marketing，又稱夥伴計畫，由廠商提供窗口，配合行銷的網紅若能成功推介產品便得以分潤。

內容下架只能說難上加難。[567]成人影片製作人的辛苦由強・朗森（Jon Ronson）記錄在他名為「蝴蝶效應」（The Butterfly Effect）的podcast上。[568]其中一個新興的利基在於產出「客製化」的A片，像是有些男性會願意付錢看美女鄙夷地搞爛他的集郵收藏。[569]內容創造者的「失」，就成了聚合消費者平台的「得」，畢竟後者賺的就是廣告跟高級會員的錢。當前成人影片產業的大哥大是一家叫做心靈技客（Mindgeek）的公司。心靈技客除了是Pornhub的母公司外，旗下還有另外七個成人網站都在全球排名前十。[570]

在《Q大道》中，脆奇玩偶整天好像無所事事都在瀏覽A片，所以其他角色在他自爆是個身價數百萬的富翁時都嚇了一跳。他的解釋是：「在瞬息萬變的市場中，最是穩當的投資只有……A片！」[571]

就像之前說過的，脆奇玩偶幾乎是對的，但又不完全對。A片確實有利可圖，但要從A片中賺錢最好的辦法，似乎是去投資那些把A片推了一把，以及被A片推了一把的科技。在過去是巴黎的攝影沙龍、是做卡式錄放影機的公司，還有做高速數據機的廠商；在今天則是心靈技客那些能推薦內容且讓人黏在螢幕前的演算法。有朝一日，脆奇玩偶會改唱什麼樣的歌詞呢？「機器人是很棒，但還不就是一種會動的A片！」，說不定？[572]可以確定的是，性衝動作為一種科技的推進器，不會到此為止而已。

# 30 禁酒令 Prohibition

「理性的犯罪者」會在合理的價格下提供遭禁的商品。至於這價格消費者買不買單，則取決於經濟學家所謂的需求彈性。但事實證明酒精的需求沒什麼彈性：酒再貴，許多人還是得喝。禁酒令是理性犯罪者的福音。

經濟學家長年有一種公關危機。大家都覺得我們厚顏無恥地美化數據，覺得我們不知道哪來的自信在亂預測各種東西，覺得我們在供酒的派對上是最無聊的一群，大概是這樣。或許我們今天會被嫌成這樣，都要怪一個世紀前有個可能是當時全世界最有名的經濟學家，他的名字叫做爾文．費雪（Irving Fisher）。

一九二九年十月，有人曾經很烏鴉嘴地宣稱股市已經達到「永世不墜的高原」，那個人就是費雪；短短九天後，史稱黑色星期一的股市大崩盤揭開了經濟大蕭條的序幕。[573]關於派對的問題，我們只能說費雪是個很大方的主人。有回一名晚宴賓客寫道：「在我享用一道又一道佳餚的同時，他所謂的晚餐只是蔬菜跟一顆生蛋。」費雪是極注重身材的養生魔人，由此包括肉、咖啡跟巧克力他都絕口不碰。[574]

費雪滴酒不沾不在話下，但他其實覺得大家都不應該喝酒，而且那似乎還是當時經濟學家之間的共識。費雪宣稱他找不到任何一個經濟學者願意在禁酒令的辯論中擔任反方。[575]

禁酒令是美國歷史上一次命運多舛的政策嘗試，其目標是讓酒精產銷從合法變成非法。此事始於一九二〇年，在當時是個非比尋常的變革，一夕之間，美國第五大產業就淪為不法的勾當。[576]費雪預言這一法令會「青史留名，為世界開創出一個新時代，也將成為這個國家永遠的驕傲」。[577]

但事實證明禁酒令就跟那句「永世不墜的高原」一樣，都超級打臉的：歷史學者一般都把禁酒令當成一場鬧劇。[578]該令普遍不被當一回事的程度，從酒精消費只減少大約兩成可見一斑。[579]小羅斯福總統在一九三三年上任後的頭幾把火，就包括結束禁酒令，讓啤酒重新合法。欣喜若狂的群眾還為此跑到白宮大門口歡呼。[580]

禁酒令的頒布，大致可以追溯到宗教性的理由，外加一些或許與階級有關的傲慢。[581]但經濟學家對酒精還抱持一項疑慮：生產效率。清醒的國家比起有群酒鬼的國家，前者肯定更有競爭力吧？費雪擔心的則包含工人的曠職與「藍色星期一」，也就是週末大喝特喝之後的宿醉。[582]

費雪似乎一點也不介意在數字上發揮點想像力。比方說他宣稱禁酒令對美國經濟有六十億美元的價值。這難道是經過嚴謹研究後的結論嗎？非也，一名困惑的批評者表示：費雪顯然本著幾個個人的報告，說空腹喝杯烈酒會讓他們的生產效率下降百分之二，直接假設工人會習慣性在上工前五杯黃湯下肚，二乘五等於十，那就代表美國的工業產出蒙受一成的損失。[583]我想，我說這樣的數字疑點重重，應該不過分吧。

要是能穿越到半世紀後蓋瑞・貝克（Gary Becker）對「理性犯罪」的見解，經濟學家對禁酒令的失敗可能就不會那麼吃驚了。[584]貝克解釋：讓某件事情變成非法，只會讓理性者在這麼做的各種成本與效益以外再多考慮一項成本：萬一失風的法律制裁乘上被抓的機率。貝克不拿這理論當理論，他是認真的：我第一次跟他見面時，他就把車子停成一種就算被開單也不奇怪的樣子。「我不覺得他們抓得那麼勤。」他一邊跟我說，一邊喜不自勝地跟我說他完成了一宗理性犯罪。[585]貝克說「理性的犯罪者」會在合理的價格下提供遭禁的商品。至於這價格消費者買不買單，則取決於經濟學家所謂的需求彈性。假設今天政府把綠花椰菜給禁了，黑市商人會在窮鄉僻壤種起綠花椰菜來高價賣給暗巷裡的消費者嗎？不太可能，因為綠花椰需求具有相當高的彈性，價格貴了，我們大多數人只會改吃白花椰或人白菜。

但事實證明酒精的需求沒什麼彈性：酒再貴，許多人還是得喝。禁酒令是理性犯罪者的福音，像艾爾・卡彭（Al Capone）為他私酒生意辯護的口氣就十足像個企業家：「我只是把社會大眾想要的給他們而已。我從來不需要派出咄咄逼人的推銷員。為什麼，因為我的產品根本就供不應求啊。」[586]

任何一名理性犯罪者都會想要降低他們被抓的風險，賄賂官員就是一個辦法。費城在一九二八年的一次徹查揪出一票警員累積了五十到八十倍於其年薪的積蓄，但理由卻交代不清；其中一人想用他在牌桌上手氣好蒙混過關。[587]

黑市中人的行事動機也有所改變。反正你的競爭對手不能把你告上法院，那你何不不擇手段地追求地區性的獨占？群眾暴力似乎在禁酒令頒布後驟升，這種印象絕對是撤銷禁酒令的一項原因。[588]既然禁品的每一筆出貨都是鋌而走險，幹麼不讓產品濃重一點以節省空間呢？在禁酒期間，啤酒的消費量相對於烈酒下降；禁酒令取消後，這個趨勢就反轉了。[589]

還有，何不降低品質來削減成本呢？反正如果生產的是「月光」*，自然不用在商標上列出成分。禁酒令對勞工生產力的影響未有定論，但一名雇主抱怨過：「勞工喝的那些酒，量大就算了，品質還那麼爛，搞得他們酒一灌得兩、三天才恢復得過來」。[590]結果禁酒令不但沒有消滅藍色星期一，反而將之拉長成藍色星期二或星期三。

美國不是唯一一個嘗試禁酒的國家，同道中人還包括冰島、芬蘭與丹麥的法羅群島，但今日還嚴格禁酒的國家大都有著伊斯蘭信仰。[591]還有些國家算是有限度地禁酒。像在菲律賓，你不能在投票日買酒，[592]而在泰國，你不能在佛教的節日買酒，機場免稅店除外。[593]美國至今仍有俗稱「乾郡」（dry counties）的行政區禁酒，[594]同時地方上也還有所謂的「藍色法律」**禁止在主日賣酒。[595]

這些法律啟發了經濟學家布魯斯・楊朵（Bruce Yandle）發明一個新詞，這新詞現已在一個叫做「公共選擇理論」的經濟學分支中變得眾人皆知，就是「私酒商與浸信會教徒」（bootleggers and Baptists）。[596]以此為名的理論說的是：許多法規往往意外地獲得衛道人士與唯利是圖之輩的聯袂支持。

想想大麻禁令，支持的都是哪些人？「浸信會信徒」在此指的是那些覺得大麻就是錯的人；「私酒商人」則包括那些能從禁令中獲取暴利的理性犯罪者，還有每一個能從反毒法律中獲取經濟利益之人，像是領薪水執行這些法律的行政官僚。[597]

不過近年來，這個反差聯盟有式微的跡象：大麻從加州到加拿大，從奧地利到烏拉圭，都已經完成合法化或除罪化。[598]相關的政策辯論在其他國家也如火如荼地進行中：如果橫豎要把成本加諸大麻廠商，我們究竟是應該立法禁止讓他們賣起來麻煩，還是應該合法向他們收稅？

在英國，自由市場智庫經濟事務研究所（Institute for Economic Affairs）分析了需求彈性的數據：他們認為百分之三十的稅率可以幾近剷除掉黑市，為政府籌得近七億英鎊的稅收，並催

* 譯註：黑話，指高濃度的非法烈酒。

** 譯註：禁止在週日從事因宗教性理由被視為不道德的行為之法律，包括在安息日工作與飲酒，所以又叫「週日法」。清教徒最早是在藍色紙上寫下這些規定，因而得名。

生出更安全的毒品，一如禁酒令的終結也一併終結了劣酒的風險。[599]

今天你想找到經濟學家在辯論中擔任反對大麻禁令的一方，問題不大：光是呼籲停止「對毒品作戰」的諾貝爾獎得主就有五名，他們說我們需要的是「讓證據說話，並且有嚴謹經濟學分析背書的政策」。[600]

很自然地，這所謂的證據也包含生產力：若干研究發現大麻會損及人體的正常運行；有些研究什麼也沒發現；一份算是異數的研究甚至認為來根大麻菸，可以短期衝高勞工每小時的產出。[601]真想知道爾文・費雪對此會做何感想。

# 31 讚 Like

社會性肯定是種會讓人上癮的東西，而臉書上的按讚在各種社會性肯定當中更屬於經過提煉，高純度的上品。智慧手機在現今學者的眼裡就像是吃角子老虎機。手機會觸發我們腦中跟玩拉霸相同的獎勵路徑：更多的讚、更多的通知，或是老派的電郵來函，你永遠不知道拉桿拉下去會得到什麼獎品。

莉亞．波爾曼（Leah Perlman）是畫漫畫的，她會用漫畫分享她對「情商」與「自愛」等主題的看法。等開始把作品發布到臉書上，她發現朋友評價她的作品「療癒且溫馨」。[602] 但後來臉書改變了演算法，也就是決定讓什麼內容曝光在你眼前的標準。如果社群媒體是你人生很大的一塊，那演算法的變動就會讓你深受震撼：你會突然發現自己貼文的觸及率愈來愈慘。

那正是莉亞的遭遇。她的網路漫畫愈來愈沒人按讚。她在接受Vice.com訪問時說她有一種吸不到氧氣的感覺。她不時會把整副靈魂往漫畫裡塞，然後眼睜睜看著作品只有二十個人按讚。[603]

我們不難同理這種心情。社會性肯定是種會讓人上癮的東西，而臉書上的按讚在各種社會性肯定當中更屬於經過提煉，高純度的上品。智慧手機在現今學者的眼裡就像是吃角子老虎機。手機會觸發我們腦中跟玩拉霸相同的獎勵路徑：更多的讚、更多的通知，或是老派的電郵來函，你永遠不知道拉桿拉下去會得到什麼獎品。[604]

面對按讚數的驟降，莉亞開始在臉書上買廣告，也就是她開始付錢給臉書來換取更多人能看到她的漫畫。她只是想要得到關注；但她恥於承認自己的決定。[605]二〇一六年，她雇用了一名社交媒體經理（小編）代她處理臉書事宜。她不想面對那種焦慮。[606]

莉亞的尷尬裡有著深深的諷刺。在成為漫畫家之前，莉亞是臉書的開發工程師。更重要的是臉書的按讚功能正是在二〇〇七年七月，由她跟她的團隊所發明。

臉書的讚現已無所不在，主要是內容創作者會邀請你向臉友昭示你對某篇貼文的肯定。從YouTube到推特，類似的功能已經席捲網路。對平台來講，按讚功能的好處不言可喻，滑鼠輕輕一點，使用者就可以取得參與感，比打字留評論方便多了。只不過這個點子也不是一開始就得到賞識：臉書執行長馬克．祖克伯曾再三對這提案打回票。這個功能的用字也歷經一番論戰，差一點我們現在按的不是「讚」，而是「棒」（awesome）。[607]還有就是標幟：向上的大拇指在大多數文化中都代表肯定，但在某些國家那代表一種有點粗魯且不太友善的意涵。[608]

最終在二〇〇九年二月，按讚功能正式上路。莉亞．波爾曼還記得其風行的速度有多快。幾乎是一瞬間，五十則評論就變成了一百五十個讚。更多的參與感，更多的狀態更新、更多的內容上傳。「效果好到一個不行。」[609]

同一時間在劍橋大學，米哈爾．柯辛斯基（Michal Kosinski）正在攻讀計量心理學的博士，這門學科研究的是心理側寫的測量。他的同學寫了一個臉書應用程式測試「五大」人格特質：開放性、盡責性、外向性、親和性、神經質。參與測試，代表你同意學者觀看你的臉書檔案，你的年齡、性別、性傾向等個資在當中都一覽無遺。這成了一個爆紅的測試。資料組暴漲到數百萬人，他們的每一次按讚都逃不過學者的法眼。[610]

柯辛斯基意識到他坐在一座潛在的洞見寶山之上。比方說他發現原來男同性戀按讚ＭＡＣ這個彩妝品牌的比例要比直男高一點點。這只是一個資料點；柯辛斯基無從靠一個讚就判斷出你是否是同性戀。但看到的讚愈多，他就愈能準確地猜出你的種種屬性，例如性向、宗教信仰、政治傾向等等。柯辛斯基的結論是靠七十個讚，他就能比你的朋友更認識你；靠三百個讚，他就能比你另一半更了解你。[611]

臉書自此限制有哪些資料可以被分享給像柯辛斯基這樣的程式開發者。[612]但還是有一個組織可以看到你所有的讚跟種種資料：臉書自己。[613]而且臉書還有財力可以雇用全世界最聰明的機器學習開發者梳理出結論。

臉書拿你的靈魂窗口要幹什用呢？兩件事。第一，臉書可以把客製化的新聞餵給你，好爭取你掛在臉書上久一點，不論那代表讓你看更多的貓影片、勵志哏，拿川普的混事去激你，或是用川普對手的混事去激你。這當然不是我們樂見的做法：這讓對川普看法不同的兩派人無法進行理性的對話。

第二，臉書可以藉此幫助廣告主鎖定你。畢竟廣告的效果愈好，愈有助於臉書的荷包。針對性的廣告不是什麼新玩意兒。早在網路與社群媒體出現之前，若你想在春田市開自行車店，會把廣告刊在《春田公報》（Springfield Gazette）或《自行車週刊》（Cycling Weekly）上，而不會將之刊載在《紐約時報》或《家政》雜誌（Good Housekeeping）上。當然這還算不上很有效率的針對性廣告：《春田公報》的讀者不會一大票都是自行車運動的愛好者，《自行車週刊》的訂閱者不會都住在春田市附近。但你能做的也就是這樣而已了。

你可以說臉書只是升級了這個古老的過程，所以沒什麼好擔心的。你就是想把廣告秀給按讚過自行車運動的春田市市民看，那又有什麼錯？誰又能說什麼？至少臉書都是舉這種例子去捍衛外界對「相關性廣告」概念的質疑。[614]但臉書對個資還有其他讓我們更反胃的潛在用法。比方說，要是臉書打出一個租屋廣告但不讓非裔美國人看到呢？公益調查新聞網ProPublica納悶這樣是否也行；答案是還真的可以。被抓包的臉書只說了句唉呦不好意思，我們不是故意的，那是「技術失誤」來著。[615]

或者，要是臉書幫著廣告主找出自稱「痛恨猶太人」的使用者呢？ProPublica同樣證明這一點的可行性；臉書又是唉呦不好意思，下不為例。[616]這種事讓我們憂心忡忡，是因為不是所有廣告主做的都是腳踏車這種無害的生意，你還可以花錢散播閱聽人難以在正確語境下理解或確認的政治訊息。劍橋分析公司（Cambridge Analytica）宣稱臉書藉此在二〇一六年的總統大選中推了川普一把，具體的做法就包括利用按讚功能的力量鎖定個別選民[617]，嚇壞了柯辛斯基這名首先提出這種可能性的學者。[618]

要是臉書幫助不擇手段的商家鎖定感情用事的青少年，趁他們最脆弱的時候把自家商品推銷給他們呢？二〇一七年，《澳洲人報》（The Australian）報導臉書在一份外流的文件中自詡他們就有這種能力。[619]事發後臉書說唉呦不好意思，是他們「監管不周」，且他們「並未提供工具供企業鎖定特定情緒狀態的使用者」。[620]希望他們真的沒有，畢竟臉書之前已經承認過他們會用悲傷或開心的新聞操控人的情緒。[621]

事實上，臉書控制人心的潛力應該可以確定是相當有限。專家在細究過劍橋分析公司的事件後，頗為質疑臉書左右選舉的真實能力。[622]而且看他們鎖定了個半天，分析師仍回報臉書廣告的平均點擊率連百分之一都不到。[623]

或許我們更該擔心的是臉書無疑具有的廣告餵食能力，畢竟他們就是很擅長吸走我們大量的注意力，把我們黏在螢幕前。我們要怎麼在社群媒體的美麗新世界中管理好自己滑手機的衝動呢？或許我們可以培養情商，破解演算法對我們的操弄，要是社會性肯定真的於我們如氧氣，更多的自愛可能就是答案。要是我看到有好的漫畫在講自愛，我一定毫不猶豫地按讚。

# 第六部

# 眾志成城

木薯在熱帶國家是重要的熱量來源，但具有毒性，需經過複雜的製備流程才能安全食用。但是誰發現去除毒性的方式呢？文化經由嘗試錯誤的過程進行演化，不論是建造北極的冰屋、狩獵羚羊、生火、製作長弓，還是處理木薯，我們的學習都不是透過對基本原則的理解與掌握，而是經由單純的模仿。

士兵的退休金可以至少回溯到古羅馬，但第一宗由國家主導的全民退休金制度，於一八九〇年誕生於德國。退休金問題本質上是人口問題，時至今日，隨著人口老化和少子化，想滿足這些人的期待，儼然已經成為一種挑戰。儘管各國政府努力修改制度和推行新政策，但仍不足以解決根本性的人口問題。

現今通用的QWERTY鍵盤，源自於一八八〇年代，從美國的打字機市場爭霸戰中勝出的雷明頓公司提供課程，讓一代又一代的打字員受此訓練，也因此更多廠商投入製作這種配置的鍵盤。這種「鎖定效應」除了發生在鍵盤配置，也包含諸如微軟Office和視窗系統、臉書、IG的大量使用者，從而削弱市場競爭的動力。

五千年前人類開始馴養蜜蜂以取得蜂蜜，但一開始的方式在取蜜時只能殺死蜜蜂。一八五二年，羅倫佐．L．朗斯特羅斯（Lorenzo L. Langstroth）取得專利，就是我們今日熟知的朗氏蜂箱。這個傑作是設計與效率上的奇蹟，養蜂因此得以產業化。但另一方面，生態系結構因此改變，野生蜂群的大量消失，對生態多樣性造成威脅。

水壩是可追溯至數千年前的水利工程，在水源匱乏，降雨又不平均的地區，這似乎是唯一的解方，還可以同時作為發電之用。但建造不良的水壩因崩塌造成的災禍數以千計，也可能對生態造成影響，甚至擴大地區之間的貧富差距。由於水壩經常涉及跨境資源，也容易造成鄰國之間的緊張關係。

# 32 處理木薯
## Cassava Processing

有毒植物到處都有，而且它們往往只要煮過就能安全食用。但誰能習得處理它們的縝密功夫呢？演化生物學家說：誰也不能。這種知識是一種文化。我們的文化經由嘗試錯誤的過程進行演化，跟生物上的物種進行演化有著異曲同工之妙。既然跟生物學上的演化一樣，那就代表文化的演化假以時日也可以產生令人刮目相看的精妙成果。

一九八一年在莫三比克的大城楠普拉（Nampula），一名年輕的瑞典醫師漢斯・羅斯林（Hans Rosling）感到十分不解：為了雙腿癱瘓跑來他診所的人一天比一天多？難道是小兒麻痺捲土重來了嗎？不對，那些症狀跟教科書裡寫的都不一樣。他從困惑變成緊張。在莫三比克陷入內戰的此時，難道有人用了化學武器嗎？他趕忙把老婆小孩送到安全的地方，自己留下來繼續調查。[624]

這個謎團的真相不僅解釋了當地人雙腿癱瘓的原因，還讓我們釐清經濟學中的一大問題：人類到底為什麼非得形成經濟體不可？

關於莫三比克我們先擱著，稍後再談，先談談在澳洲「大後方」的一場探險。一八六〇年，勞勃．柏克（Robert Burke）與威廉．威爾斯（William Wills）領著第一支歐洲遠征隊穿越了澳洲內陸，結果柏克、威爾斯與他們的同伴約翰．金恩（John King）在回程時口糧吃完。他們被困在名為庫柏溪（Cooper's Creek）的河邊，無法帶著足夠的水穿越一片沙漠前往最近的殖民哨站，這座哨站位於名字不太吉利的「無望山」（Mount Hopeless）。[625]

威廉．威爾斯寫道：「我們離開不了這條溪。兩頭駱駝都死了，我們的補給也沒了。我們盡可能把日子過好，希望能像那些黑人一樣，但這樣的生活實在很不好過。」[626]

威爾斯口中的黑人，是當地的楊德魯汪德哈（Yandruwandha）原住民，他們在讓柏克、威爾斯與金恩吃足苦頭的環境中似乎過得挺好。楊德魯汪德哈人拿了些糕餅給探險者，那些糕餅的成分裡有壓碎的植物種莢，來自類似苜蓿的蕨類，當地人稱之為拿度（nardoo）。但後來柏克跟原住民鬧翻，並且很不智地開槍驅離了他們。[627]

但也許柏克、威爾斯與金恩已經取得了足夠的求生知識能在異地存活？他們找到新鮮的拿度，並決定自己試做原住民的糕餅。剛開始一切都很順利。拿度糕滿足了他們的口腹之慾，但他們的身體卻反而更虛弱了。威爾斯在筆下提到拿度：「跟我怎樣就是不對盤……它讓我解出的糞便不是普通的多……」

不到一星期，他跟柏克便一命嗚呼。[628]

原來，準備安全可食用的拿度牽涉很複雜的流程。拿度富含一種酵素叫做硫胺素酶（thiaminase）。硫胺素酶會分解人體內的維生素$B_1$供應，導致人無法使用從食物中攝取到的營養。柏克、威爾斯與金恩會肚子飽飽地感到身體虛弱，就是這個原因。[629]楊德魯汪德哈人會烤過拿度的孢子，再摻水把種莢磨成粉，最後將拿度糕用灰燼的餘熱烤過。這每一個步驟都可以降低硫胺素酶的毒性，而且都不是瞄一眼就能學會的功夫。[630]奄奄一息的約翰．金恩只能任由楊德魯汪德哈人擺布，他們也本著惻隱之心照顧他，讓他撐過了歐洲同胞來援前的幾個月。

拿度是一種相當奇葩的食材。相對之下木薯（塊根）可就普通多了，須知木薯在許多熱帶國家都是重要的熱量來源，特別是非洲農人非常賴此維生。[631]但其實木薯跟拿度一樣也有毒性，同樣需要經過繁瑣複雜的流程才能安全食用。未經處理的木薯根部會釋出氫氰酸，這跟希特勒的第三帝國在死亡集中營裡使用的毒氣齊克隆B（Zyklon B）本質上是一樣的東西。[632]

木薯特別難搞的地方在於，雖然部分加工可以降低其苦味與急性氰化物中毒的危險，但只有很花時間的全套流程，才能保證你不會慢性中毒並罹患康佐病（Konzo），其症狀包括雙腿突然麻痺。[633]

最終是流行病學家茱莉．克里夫（Julie Cliff）查明這一切。原來漢斯．羅斯林在莫三比克的病人得的就是康佐病。[634]他們三餐吃的木薯並沒有經過完整的處理，由於他們飢腸轆轆且營養不良，根本等不了讓木薯變安全所需要的時間。[635]

有毒植物到處都有，而且它們往往只要煮過就能安全食用。但誰能習得木薯或拿度需要的縝密處理功夫呢？

喬瑟夫・亨里奇（Joseph Henrich）以演化生物學家的角度給出了答案：誰也不能。這種知識是一種文化。我們的文化經由嘗試錯誤的過程進行演化，跟生物上的物種進行演化有著異曲同工之妙。

既然跟生物學上的演化一樣，那就代表文化的演化假以時日也可以產生出令人刮目相看的精妙成果。有人誤打誤撞發現了可以讓食用木薯時不那麼危險的步驟，並流傳出去，然後又有人發現別的步驟。經年累月，繁複的程序會一一演化出來，而且一個比一個的去毒效果更加顯著。

在亞馬遜河流域，人類吃木薯已經有幾千年的歷史，各個部落已經學會令其徹底失去毒性的眾多步驟：刮、搓、洗、煮沸、再放個兩天，然後再烘烤。問他們為什麼這麼做，他們不會提到什麼氫氰酸，只會說「這是我們的文化」。

木薯晚至十七世紀才被引進非洲，而且來的時候並沒有附上使用手冊。[636] 氰化物中毒仍是偶爾會發生的問題；許多人抄捷徑是因為文化的學習尚未健全。[637]

亨里奇寫道：「文化的演化往往比我們聰明許多。」[638]

不論是建造北極的冰屋、狩獵羚羊、生火、製作長弓，還是處理木薯，我們的學習都不是透過對基本原則的理解與掌握，而是經由單純的模仿。

有項研究讓受試者挑戰把砝碼放在輪輻上，以最大化輪子滾下斜坡的速度。每個人的嘗試與努力都會傳承給下一個受試者。由於每個受試者都可以受益於之前的實驗結果，因此愈後面的受試者會表現得愈好。但當被問起時，他們都不會表現出自己知道為什麼某些輪子滾得比其他輪子快的模樣。[639]

其他研究則顯示出英文裡的 ape 除了指猿猴，還有模仿的意思，是很諷刺的誤用：唯一具有模仿本能的猿猴，就是我們人類。測試顯示兩歲半的黑猩猩與人類擁有近似的心智能力，但當要進行的挑戰是模仿他人時便非如此。路都還走不好的小朋友都比同齡的黑猩猩擅長模仿不知道多少倍。[640]

而且人類會以一種在黑猩猩身上見不到的儀式性進行模仿。當示範者在解決問題後做出一些畫蛇添足的動作，黑猩猩普遍會去掉多餘的動作，但人類無論幼童與成年人，都會照單全收地把示範的動作統統做一遍，包含那些無意義的舉措。心理學家稱之為「過度模仿」。[641]

乍看之下，此類中的黑猩猩才是聰明的一方。但如果你今天是在處理木薯，過度模仿才是毫無疑問的正解。

如果亨里奇是對的，那人類文明的基礎就不是個體生猛的天縱英才，而是一種人與人之間高度發達的相互學習能力。[642]我們世世代代的祖先都透過嘗試錯誤累積有用的觀念，好方便新一代人模仿。是啦，我們現在有了科學方法，但我們說什麼都不該看不起那種救了約翰·金恩一命的集體智慧，人家可是造就了文明，又給了我們經濟。

# 33 退休金

## Pensions

當人還在為第一間房存頭期款，或還在為了小家庭的家計奮鬥之際，你很難希望他能感覺到進行老後規劃的必要性與急迫性。行為經濟學家倒也提出了一些頗具巧思的解決辦法，像是自動將人納入職場退休金方案，還有針對未來的加薪排定更多的儲蓄。這些「推一把」的小動作效果相當顯著，我們可以選擇退出，但事實上這些消極的作為能讓我們存到錢。

「我習慣殺老女人……她們全都死了，就在那條大河邊……我以前不等她們死透就開始埋葬她們……（所以）女人一般都很怕我。」

原來如此。說這話的人是來自巴拉圭東部一個原住民族部落，屬於阿契族（Aché）的男性，與他對談的則是人類學家金姆・希爾（Kim Hill）與瑪格達里娜・胡爾塔多（Magdalena Hurtado）。阿契族的男性解釋說，部落中的祖母輩會幫忙分擔庶務與育幼工作，但當她們的年紀老到一點用處都沒有了的時候，你就是不能心軟。常用的辦法是拿一把斧頭往她們的頭上砍。如果是老公公，阿契族則替他們規定了另外一條出路，那就是把他們趕走，叫他們無論如何都別回來。[643]

我們對自己的長者有什麼義務呢？這是與人類歷史等長的問題，也是答案見仁見智到極致的問題，至少我們看現存的傳統社會確實是這麼一回事。也是人類學家的賈德．戴蒙（Jared Diamond）說，阿契族的習俗一點也算不上異數。在巴布亞新幾內亞的夸隆人（Kualong）之間，一個女人死了丈夫，她兒子就有莊嚴的任務要親手勒斃母親。在北極，楚科奇人（Chukchi）會以美好來世的承諾鼓勵老人自戕。[644]

但也有許多部落採取很不一樣的做法：他們採行老人政治，也就是老人負責說，年輕人則照做。甚至某些部落中，還有成年人要咀嚼好食物來餵食老邁無牙雙親的傳統。[645]

這當中真正看起像共通點的，就是人要一直勞動到身體完全不聽使喚。[646]還好當今的世界已經不是如此了。我們許多人現在都期待活到一個年紀，然後開始從國家或原本的雇主處領錢，這錢不是當下工作的報酬，而是對過往付出的一種肯定。這種奇妙的人生階段叫做退休，而這時領的錢就理所當然地，叫做「退休金」。

士兵的退休金可以至少回溯到古羅馬。事實上退休金的英文pension就來自對應payment（付款）的拉丁文字源。但這種制度要一直等到十九世紀，才開始擴散到軍隊以外。[647]第一宗由國家主導的全民退休金制度，於一八九〇年誕生於德國。[648]

時至今日，老有所養仍遠遠不是普世人權。全球將近三分之一的老年人口沒有退休金，[649]剩下的大約三分之二有歸有，但金額也不足以讓他們高枕無憂。只不過在許多國家，一代代人還是都懷著他們可以靠某種供養安享天年的夢想，在慢慢變老。

想滿足這些人的期待，儼然已經成為一種挑戰。多年以來，制定經濟政策的學者不斷提出警訊，他們擔心退休金體系正歷經溫水煮青蛙的危機。[650]退休金問題本質上是人口問題。半個世紀前在號稱富國俱樂部的經濟合作發展組織（OECD）中，一般的六十五歲女性平均餘命大約十五年。而到了今天，她可以期待比這再多五年。[651]在此同時，家戶規模已經從平均二點七個孩子縮水到一點七個孩子：未來的勞工供應正在乾涸之中。[652]

這種種發展代表許多意義，壞的好的都有。但單對退休金來講，局面可以說相當嚴峻：需要受供養的退休者將愈來愈多，繳稅養人的勞工將愈來愈少。在一九六〇年代，全世界是十二名勞工養一個老人；今天是不到八名勞工養一個老人；到了二〇五〇年，這個數字會腰斬成四。[653]

不論是公家或私人的退休金體系，如今看來都不便宜，為此雇主拚了命在讓退休金的條件縮水。四十年前，多數美國勞工都享有所謂「確定給付制」的退休金方案，意思是你退休時能領到多少錢，事前就已經確定了，與其他因素無關。現在還有這種好康的人只剩十分之一不到。[654]

退休金方案的新主流，叫做「確定提撥制」，意思是事前確定的東西不再是退休金的金額，而變成雇主會定期提撥到你退休金池中的錢。理論上，確定提撥制不見得會比確定給付制領得少，但現實中往往不但會，而且還差非常多。

雇主會拋棄確定給付制，理由很好懂：資方想守住退休金的承諾，財務負擔會非常重。就以打過內戰的老兵約翰・詹威（John Janeway）為例，他的軍旅退休金方案包含他百年後的遺囑年金給付，而詹威又好死不死在八十一歲那年和一名十八歲的小姑娘結婚，結果就是這名一九〇九年出生的遺孀葛楚・詹威（Gertrude Janeway）直到二〇〇三年與世長辭之前都在領美軍的錢，與南北戰爭結束相隔將近一百四十年。[655]

政府的政策智囊也提前看到了問題所在：一大群勞工眼看屆退，但他們在職場上的退休金提撥卻可能達不到他們的期待。這就是何以各國政府都在設法說服個人為了老後多存一點。[656]但要年輕人為了看似遙遠的退休存錢，談何容易。一項研究顯示以五十歲為界，不到五十歲會將退休當成自身主要理財目標的人，只勉強有五十歲以上者的一半。[657]這也難怪，當人還在為第一間房存頭期款，或還在為了小家庭的家計奮鬥之際，你很難希望他能感覺到進行老後規劃的必要性與急迫性。確實，任誰都很難想像自己變成老人的模樣。這種心理上的障礙一如動畫《辛普森家庭》裡的爸爸荷馬（Homer Simpson）所說：「那是未來荷馬要擔心的問題。哇咧，我一點也不羨慕那傢伙。」[658]

行為經濟學家倒也提出了一些頗具巧思的解決辦法，像是自動將人納入職場退休金方案，還有針對未來的加薪排定更多的儲蓄。這些「推一把」的小動作效果相當顯著，我們可以選擇退出，但事實上這些消極的作為能讓我們存到錢。[659]

但這些招數還是不足以解決根本性的人口問題。再多的儲蓄都改變不了我們需要現役勞工創造財富來供養退休者的事實。年輕人不論是繳稅、從退休房東的手中租房，還是在大股東是退休基金的公司上班，都是在創造財富。

有人認為我們需要徹底改變面對老年的態度。有人說我們應該讓「退休」的概念退休。[660]或許，如同我們的祖先，我們也要開始工作到不能做為止。

但古老社會的習俗差異恐怕還是得讓我們三思一下，因為這些習俗的演化似乎都是出於某種不留情面到令人感覺冷血的取捨。長者可以等著溫馨的食物被咀嚼好餵過來，還是只能等著在大河邊被一斧頭劈過來，似乎是要看他們能夠提供給部落的利益比較大，還是他們接受供養的成本比較高。在阿契人的部落中，家有一老的成本壓過了效益，這要麼是因為阿契人經常跑來跑去，要麼是因為他們經常缺乏糧食。[661]

現代社會相對富裕，也大都採行定居生活，客觀上我們負擔得起退休金的成本上漲，就看我們主觀上願不願意。但古今社會的差異還不僅於此。耆老曾經是我們賴以儲存知識與指點年輕人的利器，但如今的知識折舊超快——有了學校教育跟維基百科，誰還需要阿公阿嬤？

我們可能希望自己早已過了那個在潛意識裡對老人家的尊重與否來自划不划算的年代。但無論如何，若我們真心相信老得有尊嚴是天賦人權，或許我們還是必須不厭其煩地大聲宣傳。

# 34 QWERTY鍵盤
## QWERTY

對於經濟史學者而言，QWERTY 鍵盤是經濟學上極其經典的「鎖定效應」案例。這已經不光是打字機的事了。這關係到的是微軟 Office 軟體與視窗作業系統，是亞馬遜對網購者與網路商家間虛擬零售鏈結的控制力，是臉書在社群媒體界的霸主地位。要是你所有的朋友都在臉書或臉書旗下的 IG 與 WhatsApp 上，你難道不會跟使用 QWERTY 鍵盤的打字員一樣被牢牢鎖住嗎？你個人想不想跳槽不是重點，重點是你一個人成不了大事。

想在 QWERTY 鍵盤上打出 QWERTY，並不容易。我得用左手的小拇指按住 shift 鍵，然後讓其他手指像螃蟹一樣橫著走在鍵盤的上排，一一打出 Q-W-E-R-T-Y。這種組合有其獨特的尷尬。而我們能從中了解到的一件事是：字母在鍵盤上的位置不是怎麼擺都行。不同的擺法有的好，有的差。

不少人認為 QWERTY 的擺法算是差的，這一派人認為這種擺法的低速與尷尬其實是刻意的設計。是說此話當真？還有為什麼偏偏是經濟學家對這個問題吵成一團？原來鍵盤上的字母並不是隨便配置都可以的。

不過我們先來釐清：為什麼會有人變態到想讓人打字變慢。在一九八〇年代初，我說服我母親從高架上取下她的機械式打字機，我打的如意算盤是這部神蹟般的機器可以帶我超越我醜不啦嘰的筆跡。

我會砰地一聲敲在鍵盤上（對小孩而言頗為吃力），而這麼一敲下去，某根支桿就會從鍵盤後方躍起，這根像迷你高爾夫球桿的東西會狠狠撞在色帶上，把帶子上的墨跡擠到紙張上。在支桿（嚴謹的說法是印字桿）另外一頭，會有兩個一組左右相反的浮雕字母。我用頑皮小孩的嘗試錯誤方式，發現要是我一次同時按好幾個鍵，這幾支印字桿就會同時朝紙上的同一個位置飛過去，就像好幾名高爾夫選手同時打一顆球似的。這對九歲小男生來講超好玩，但對專業的打字員來說，這樣做出來的結果並不合格。

而且專業打字員還真的會遇到這種問題。稱職的打字員每分鐘可以打出六十個英文單字，相當於每秒得在同一個位置上敲五到六個字母，照這種速度，打字員真的有必要放慢一點速度，以配合打字機的極限。這就是QWERTY的設計概念。

但話又說回來，要是QWERTY真的是設計來拖慢打字速度，那何以英文最常用的一組字母T-H會當鄰居，而且就住在食指旁邊呢？這心機可就重了。

QWERTY鍵盤之父克里斯多福·蕭爾斯（Christopher Latham Sholes）是出身威斯康辛的一

名印刷業者，他在一八六八年賣出第一部打字機給芝加哥波特電報學院的艾德華・波特（Edward Payson Porter），這當中就有真相的線索。QWERTY的鍵盤布局是設計來方便電報操作員轉錄摩斯密碼的。這就是何以，比方說，Z會在S跟E旁邊，須知Z跟S、E在美國摩斯密碼中是非常相像的。電報收信員得讓手指盤旋在大半個同一區域等待上下文釐清真相究竟是那個。[662]

這麼說來，QWERTY鍵盤又不是設計來讓人放慢打字速度的了。但它也不是設計來方便你跟我的。既然如此我們幹麼還繼續用它？

簡單講就是QWERTY鍵盤在一八八〇年代打贏了一場市場爭霸戰。蕭爾斯的設計受到打字機兼槍枝廠商雷明頓父子公司（E. Remington and Sons）的採用，該公司決定鍵盤配置並開始販售這款打字機，定價一百二十五美元，大概相當於現在的三千美金，也相當於當時打字員不知道幾個月的薪水。[663]

當時市面上的打字機可不只一種，蕭爾斯曾經被形容為是「第五十二個發明打字機的傢伙」，但QWERTY鍵盤笑到了最後。雷明頓公司眼光獨到地提供QWERTY的使用課程，等到一八九三年與四大對手合併後，對方也都改採QWERTY的設計，使之成為眾所周知的「通用鍵盤配置」。[664]

這場一八八〇年代的美國打字機市場爭霸戰雖然為時不長，卻決定了如今iPad上的鍵盤樣貌。當年沒人閒著沒事顧及我們這些後世子孫的福祉，但他們的行動卻控制了我們。這類事情冥冥中就是有種力量在推動。

這一點其實還滿可惜的，因為其實不是沒有更符合邏輯的鍵盤設計：其中值得一提的有由奧古斯特．德弗札克（August Dvorak）設計並於一九三二年登記專利的德弗札克鍵盤。這種鍵盤照顧到慣用手（左右撇子的版本都有），且把常用的按鍵集中在一塊。美國海軍在一九四〇年代進行過一項研究，證明德弗札克鍵盤要優越很多：訓練打字員使用德弗札克鍵盤的成本可以有數倍的回收。

既然如此，我們為什麼沒有改用德弗札克鍵盤呢？問題就在於全面轉換的工程浩大。QWERTY早在奧古斯都．德弗札克出生之前多年就已經是通用配置，多數打字員都是接受相應的訓練。任何一個老闆要大手筆投資打字機都無可厚非地會想使用最多人用的機種。規模經濟在此發揮了作用：QWERTY打字機的製造成本愈來愈便宜，賣價也愈來愈親民。沒有人學的不是QWERTY鍵盤；沒有哪間辦公室裡用的不是QWERTY鍵盤。德弗札克鍵盤從來沒有任何勝算。

這下子我們就可以慢慢看出何以這個問題值得探討了。對於經濟史大家保羅．大衛（Paul David）而言，QWERTY是經濟學上極其經典的「鎖定效應」案例。保羅．大衛認為我們一天到晚都被鎖進像QWERTY這樣的標準規格中。

這已經不光是打字機的事了。這關係到的是微軟Office軟體與視窗作業系統，是亞馬遜對網購者與網路商家間虛擬零售鏈結的控制力，是臉書在社群媒體界的霸主地位。要是你所有的朋友都在臉書或臉書旗下的IG與WhatsApp上，你難道不會跟QWERTY打字員一樣被牢牢鎖住嗎？你個人想不想跳槽不是重點，重點是你一個人成不了大事。

所以這當中牽涉極高的利害關係：鎖定效應是市場獨占的好朋友，是市場競爭的敵人，許多這類效應都需要有關當局的強力反制。

但這場爭辯其實有兩派意見。也許這些稱霸的標準或規格並不是靠鎖定效應登上大位，而是因為替代方案不如我們想像的有競爭力。就以前述關於德弗札克鍵盤優越性的著名海軍研究為例。兩名經濟學家史丹・利博維茨（Stan Liebowitz）與史提芬・馬戈利斯（Stephen Margolis）挖出了該份研究，並下了一個結論是該研究有嚴重的缺陷。同時他們還眉頭一挑地發現，這項研究的監督是海軍軍中首屈一指的工時學專家兼海軍少校……奧古斯都・德弗札克。[665]

利博維茨與馬戈利斯並未否認德弗札克鍵盤的設計比較好。畢竟世界上最快的字母－數字打字員確實都使用德弗札克鍵盤。他們只是不認為就因為社會大眾無法串連跳槽，導致眾人想改用德弗札克鍵盤而不可得。這年頭我們大都能在方便轉換鍵盤格式的裝置上像小雞啄米似地打出電郵。微軟視窗、蘋果iOS與安卓作業系統都提供德弗札克鍵盤。你想用就用，不需要說服你身邊的同事、你認識的大老闆，還是祕書訓練班跟你一起跳船。你想用什麼就用什麼，根本不會有人管。

但即便如此，我們多數人還是繼續用著QWERTY。門鎖已經解開，但我們也懶得逃了。

鎖定效應似乎鞏固著如今世上一些最強大、最值錢公司的地盤，包括蘋果、臉書與微軟。也許這些門鎖就跟曾經的QWERTY標準一樣看似堅不可摧、牢不可破。也或者它們可以由不耐煩的消費者一撬便開：畢竟也沒多久之前，大家還在擔心我們會被微軟的社群媒體服務MySpace鎖定，而今MySpace安在哉。[666]今日經濟世界中一個真正的大哉問是：圍繞著科技標準的鎖頭究竟是銅牆鐵壁……還是不堪一擊。

# 35 朗氏蜂箱 The Langstroth Hive

另一個角度看，造成蜜蜂消失問題的罪魁禍首與始作俑者，正是長期逐利、操控自然的現代經濟。在單一作物的農業改變了生態系的結構之前，我們根本不需要把朗氏蜂箱拖到各個鄉間去替農作物授粉，在地的野生昆蟲搞定一切可是免費的。

很多人可能不知道，但經濟學者對蜜蜂情有獨鍾，至少對蜜蜂所代表的概念非常熱中。例如英國皇家經濟學會（The Royal Economic Society）的標誌就是一隻蜜蜂。一七三二年由荷蘭裔倫敦人伯納・曼德維爾（Bernard Mandeville）發表的原始經濟學名著《蜂的寓言》（The Fable of the Bees）就以蜜蜂作為經濟體的隱喻，其中還預言了分工與看不見的手等現代經濟概念。[667]

當日後的諾貝爾經濟學獎得主詹姆斯・米德（James Meade）想為經濟學理論中某個有難度的概念找例子時，他也同樣找上蜜蜂來探索靈感。

這個有難度、不太直觀的概念，就是經濟學家口中的「正向外部性」。你可以將之想成與污染正好相反，是一種自由市場生產不及，可能需要政府補貼的好東西。

對詹姆斯・米德而言，正向外部性的經典案例是蘋果與蜜蜂之間的關係。米德在一九五二年寫道，我們可以想像一下有個區域裡包含幾座果園，還有一些養殖蜜蜂。如果果農種了蘋果樹，蜂農就能受益，因為果樹開花就代表有更多花蜜能採。但果農本身則享受不到這種「正向外部性」的好處，所以他們並不會把果樹種到能讓眾人皆大歡喜的量。這根據米德所說：「導致此事實的原因非常簡單，那就是果農沒辦法拿蜜蜂的『食物』向蜂農收費。」[668]

閉上雙眼，你就能看見米德舉的例子在腦海中活生生地上演：初夏的薄霧、蘋果樹的涼爽樹蔭、小蜜蜂採蜜。難怪這例子會一傳就是幾百年。這意象很鮮活，讓人很有感，但，錯得離譜。蘋果花幾乎不產蜜，而且詹姆斯・米德對蜜蜂不了解的地方可能不止如此。

要更根本性地了解米德的錯誤，我們得惡補一下人類與蜜蜂的簡史。很久很久以前，人是不養蜂的。我們不當蜂農，我們只會扮演蜂蜜獵人，去野蜂的蜂巢盜蜜。洞穴壁畫上都畫過這樣的主題。[669]

接著，養蜂在至少五千年前登上了歷史的舞台。[670]古代的希臘人、埃及人、羅馬人都鍾情於這種馴養蜜蜂得來的蜂蜜，到了中世紀，蜂農開始用籃子蜂箱：這種古典編織蜂箱的外觀看似由下而上一圈圈慢慢變小的乾草堆。

籃子蜂箱的問題在於，要是想收成蜂蜜，就得除掉蜜蜂。蜂農一般的做法是用硫磺煙毒死蜜蜂，把牠們甩掉，刮取蜂蜜，然後再傷腦筋要去哪裡找新的蜂群。慢慢地大家開始擔心起種暴殄天物的行為，也開始覺得我們不該糟蹋這種賜我們以甜蜜又幫農作物受粉的益蟲。蜂權運動開始在一八三〇年代的美國興起，當時他們喊出「留蜂一命」的口號。

建造更好的蜂箱符合各方的利益，特別是蜜蜂的利益。在一八五二年，美國專利局授予第9300A號專利給美國一名叫做羅倫佐・L・朗斯特羅斯（Lorenzo L. Langstroth）的神職人員，專利物是有著可動式巢框設計的蜂箱，也就是今天我們簡稱的朗氏蜂箱。[671]

朗氏蜂箱是一種頂端有個開口的木箱，箱內向下懸著一片片巢框，框與框之間隔著神奇的十六分之五英寸（零點八公分），過猶不及，蜜蜂都會開始畫蛇添足建造給蜂農添麻煩的結構。在箱底的女王蜂（亦稱蜂后）會處於限制其行動的「隔王板」內，這是一種讓蜂后過不去但工蜂可來去自如的網板。這麼一來女王蜂產下的幼蟲就會被隔離在蜂巢框以外。蜂巢可以輕易抽出並以離心機收成蜂蜜，蜂蜜的甩出、過濾與採集將一氣呵成。朗氏蜂箱是設計與效率上的奇蹟，是養蜂得以產業化的前提。[672]

也就是這種產業化，讓詹姆斯・米德無法了解。蜜蜂是一種馴化十分徹底的動物。有了朗氏蜂箱，蜜蜂的養殖獲得了機動性。果農完全可以透過某種財務協議，讓蜂農把蜂箱置於果樹叢中。話說在詹姆斯・米德舉出這個知名例子的二十年之後，另一名經濟學家張五常也對蜜蜂產生興趣，並做了一件或許我們經濟學家應該做但不常做的事情：他致電有血有肉的真人，詢問實際上發生了什麼事情。[673]搞了半天，是蘋果果農付錢給蜂農，以換取蜜蜂提供授粉的服務。

若蘋果換成其他作物，則養蜂人確實會付錢給農場主以取得採蜜的權利，也就是米德說應該存在但無法存在的市場；例如薄荷不需要蜜蜂協助授粉，但卻可以產出上等的蜂蜜。

所以蘋果與蜜蜂並不是正向外部性的好例子，因為兩者確實在市場中發生互動，而且這個市場還非常大。現階段，這個市場的重心是加州的杏仁產業。杏仁的種植面積在加州將近一百萬英畝，農家營收高達五十億美元，這還只是用產地價格計算出的業績。[674]杏仁需要蜜蜂。每公頃需要五個蜂群，每群的租金行情落在一百八十五美元上下。[675]每年春天，捆好的朗氏蜂箱會準時裝到卡車後面，每車四百個蜂箱就這樣被載到加州各地的杏仁樹栽種地，而且還要趁蜜蜂晚上睡覺的時候趕路。

這個數量相當驚人：美國共計兩百萬個商用蜂箱中的百分之八十五進行遷徙，內含數百億隻蜜蜂。[676]大型蜂農的經營規模約在一萬個蜂箱左右，[677]從加州他們可以向北移動到華盛頓州的櫻桃果園，接著往東前往南北達科他州的向日葵田，然後再到賓州的南瓜田，或是緬因州的藍莓產地。[678]米德對養蜂是某種鄉村田園詩的想像可以說錯得相當離譜。蜜蜂是一種產業化幾乎近完全的昆蟲，授粉服務則已經徹底商業化。

而這就造成了一道難題。野蜂種群數量在全球各地的急遽下降讓生態學者憂心忡忡。沒有人確知這箇中的緣由：可能的戰犯包括寄生蟲、殺蟲劑、與神祕的「蜂群崩潰症候群」，也就是蜜蜂會說不見就不見，獨留蜂后在巢內自生自滅。養殖的蜜蜂也面臨同樣的壓力，所以你或許會預期看到簡單的經濟學原理登場：蜜蜂的供應減少導致授粉服務的價格上漲。

但經濟學者觀察到的狀況完全不是這樣。蜂群崩潰症候群似乎對任何蜜蜂市場內的任何實務計量都只有微乎其微的影響。農家並未明顯增加授粉的費用；人為培養的新蜂后價格也幾乎紋風不動。養蜂專業戶似乎找到各種辦法保持他們賴以維生的蜂群規模：培育跟交易蜂后、拆分蜂群並購入蜜蜂的「補充包」。這就是何以蜂蜜的產量不減，杏仁、蘋果、藍莓也供應無虞，至少目前一切還歌舞昇平。[679]

我們應該讚許經濟動機為人類保育了至少一部分的蜜蜂種群嗎？嗯，或許吧。但從另一個角度看，造成蜜蜂消失問題的罪魁禍首與始作俑者，正是長期逐利、操控自然的現代經濟。在單一作物的農業改變了生態系的結構之前，我們根本不需要把朗氏蜂箱拖到各個鄉間去替農作物授粉，在地的野生昆蟲搞定一切可是免費的。

如果我們想要決定一個正向外部性的範例、一個自由市場所提供讓人類社會欲罷不能的好東西，或許應該放眼的是幫助野生蜜蜂與昆蟲繁榮興盛的土地利用方式。野花草皮*，或許。也確實有政府已經在補貼這些土地利用發想，就像詹姆斯．米德曾建議過的那樣。[680]

---

* 譯註：Wildflower meadows，相對於傳統的單一綠色草皮，野花草皮也是人工的產品，但具有粗放、美觀與有益於生態等多種好處。

# 36 水壩 Dams

所有水壩建設的共通點，都是會有贏家跟輸家，輸贏兩方的張力必須善加處理。唯二榮獲諾貝爾獎肯定的女性經濟學家研究的都是水壩。伊莉諾．歐斯壯揭示尼泊爾的水壩如何動搖上下游社區針對共享水源與分攤勞動所協調出的傳統交易。艾絲特．杜芙洛則發現在印度的大型水壩一方面透過灌溉讓部分社區受益，但一方面又讓其他社區更加窮困。

距離埃及開羅不遠處，巍然矗立著一座異教徒大壩（Sadd el-Kafara），其長度超過一百公尺，高十四公尺，本體是數萬噸的土石，並可以容納將近五十萬立方公尺的儲水。這些數據以現代水利工程的標準來看都還滿普通的，問題是異教徒大壩不是現代水利工程，它已經快五千歲了。[681]

此外它還是個極其失敗的案例：考古學家認為這水壩幾乎是一啟用就決堤。其中心點全毀，便是因為洪水從結構體底端外溢，且急速掏空水壩位於下游處如沙堡般不堪一擊的表面。我們不知道這水壩是誰下令建造，但我們不難想像此舉讓他們的聲望有著跟水壩相同的下場。

但我們也實在不好責怪古代埃及人想嘗試。水源匱乏，降雨又不平均。一場突如其來的暴風雨可以帶來珍貴的資源，而且完全是分文不取的恩賜，名副其實的天降甘霖，他們怎麼能任其「放水流」，坐視大雨就這樣匯入地中海。他們當然要蓋座水壩，讓水可以儲存下來以備不時之需。

面對不平均的降雨量想來這麼「人定勝天」一下的，可不只古埃及。世上大部分人口都居住在水資源具有季節性，日愈來愈難以逆料的地區。我們在已開發國家中習以為常的全年穩定供水，往往靠的就是水壩與水庫共組的體系。

在這種系統付之闕如的地方，日子可是相當難過。肯亞在一九九〇年代晚期先是受乾旱之害損失一成以上的經濟產出，接著又飽受洪水的蹂躪造成更大規模的經濟損失。[682]既然有了水壩就有機會調節洪旱，幾千年來的人類會不斷嘗試頁的不太奇怪。

水壩的額外好處是，還可以與水力發電站共構，讓人類得以利用儲水的勢能推動渦輪，產生乾淨無汙染的電力。水力發電是比核能、太陽能、風能／潮汐能都更大的電力來源，在許多地方更是可以「一打三」也沒問題。[683]所以水壩這東西真是個萬人迷，有什麼可挑剔？

關於這個問題，中國華中地區的湖南省百姓可以回答你。他們住在當地板橋水壩的下游處，板橋水壩建於一九五〇年代，且隨即就開始有龜裂的跡象。在經過補強後，它被冠上「鐵水壩」的名銜，並號稱絕對不會崩塌。結果在一九七五年八月，它崩了。當地父老形容那場禍事宛若「河龍來襲」，數公尺高的巨浪最終寬達十二公里。數以萬計的居民罹難，甚至有估計認為死了快二十五萬人。

這場慘劇被中國官方下了許多年的封口令。[684]比起這場災難，車諾比核災根本是小巫見大巫。但儘管如此，中國政府也沒有放棄原地重建（板橋潰壩事件只是死傷慘重才為人所知，其實從一九四九到一九八〇年間，共產中國出包的水壩還有另外三千座）。[685]

即便是在富國，也有一些最恐怖的人禍得算到水壩的頭上。大型水壩可以在滿水位時重逾一千億噸，足以造成地震；小個頭的水庫也能引發致命的坍方。[686]一九五九年，法國馬爾帕塞（Malpasset）拱壩破裂，原因是其曲面水泥外牆某一邊的土地在水壓下滑移，總計造成四百二十三死。四年之後，義大利新建的瓦伊昂（Vaiont）大壩遭到其後方土石流淹沒，主要是其緩緩上升的水庫水位引發了坍方。外溢的儲水造成近兩千人死於非命。[687]

水壩在二戰與韓戰期間都是軍事攻擊的目標，但由於攻擊水壩對平民造成的傷害過大，因此現已被視為是戰爭罪，其理由不可謂不充分。[688]再說，水壩也不是非得被摧毀才能當成武器使用。位於巴西與巴拉圭邊界的伊泰普（Itaipu）水壩，正坐落在阿根廷首都布宜諾斯艾利斯的上游。只要閘門全開，布宜諾斯艾利斯就會成為一片汪洋。[689]

現代水壩之所以在人心目中帶有一點反派的色彩，不是因著它可能造成的災難，而是因為它可能對上下游生態造成的傷害。

水壩造成的生態禍害一直以來都是埃及的亞斯文高壩（High Aswan dam）為代表案例。亞斯文高壩阻斷了尼羅河，創造出一道全長五百公尺的水庫。《經濟學人》條列出這項水利建築洋洋灑灑的罪狀：「布袋蓮的爆炸性生長、血吸蟲病的疫情、灌溉渠道的汙染，此外還導致內陸土壤的沉積，那些土方原本可以用來補充從埃及到黎巴嫩的海岸線侵蝕。」[690] 這些罪狀甚至還沒提到努比亞神廟遺址要麼被淹沒、要麼被遷徙到高地、要麼被整個移動到馬德里、紐約與義大利杜林等地的博物館裡。何況流離失所的何不光是廟宇：超過十萬人被迫離鄉背井。[691]

但也有某些專家認為雖然得付出這樣的成本，但亞斯文高壩是個仍是個極其成功的計畫。這座水壩成功地讓埃及與蘇丹都獲得穩定的灌溉用水，這可不是件小事。它在兩年內就成功回收成本，並守護埃及度過一九八〇年代一場可能的災難性旱災，外加一九八八年可能的災難性洪災。

所有水壩建設的共通點，都是會有贏家跟輸家，輸贏兩方的張力必須善加處理。唯二榮獲諾貝爾獎肯定的女性經濟學家研究的都是水壩。伊莉諾・歐斯壯（Elinor Ostrom）揭示尼泊爾的水壩如何動搖上下游社區針對共享水源與分攤勞動所協調出的傳統交易。[692] 艾絲特・杜芙洛（Esther Duflo）則發現在印度的大型水壩一方面透過灌溉讓部分社區受益，但一方面又讓其他社區更加窮困。[693]

水壩的輸家往往生活在其他國家，這也讓這種張力變得國際化：陸地的面積有將近一半被跨越國境的河流占據。[694]最新的案例是衣索比亞的復興（Renaissance）大壩，該壩預計在二〇二二年完工後會成為非洲有史以來最大規模的水利工程。*復興大壩位於亞斯文高壩的上游，且有可能限縮尼羅河流向埃及的水量。埃及對此並不是很樂意。[695]

只不過補償輸家並不是政客筆記上的優先事項。他們真正感興趣的往往是水壩的象徵意義。這我想並不難懂。崩潰的水壩如異教徒水壩與板橋水壩都訴說著人為的嚴重誤判。從早期蘇聯的聶伯河水壩（Dneprostroi）到現代中國的三峽大壩，規模都足以跟伊泰普水壩競逐世界第一大壩頭銜——政治領袖要的是成功的水壩見證他們雄才大略的遠見。

有些人認為亞斯文高壩洗刷不清的惡名是源自冷戰期間的政治宣傳。當時任埃及總統的納賽爾（Nasser）向美國要錢建水壩而不可得之後，他便找上蘇聯，而且還把蘇伊士運河國有化以籌措財源，進而導致一九五六年的蘇伊士運河危機。**所以說西方政治領袖不想讓納賽爾太有面子，也是剛好而已。[696]

水壩會以極其複雜的方式重塑所在地的經濟。許多水壩就整體而言或許是值得的，前提是輸家也能平等地分得建壩的好處。但只要是水壩被視為國力象徵的一天，這種剪不斷理還亂的現實就往往不會被當局放在眼裡。一九四八年，印度獨立後首任總理賈瓦哈拉爾．尼赫魯（Jawaharlal Nehru）曾為了巨大的希拉庫德（Hirakud）水壩與當地被迫遷的民眾對話，他可能一不小心說出了真心話：「反正你們受苦是受定了，那就順便替國家做點事吧。」不好說有沒有人被這話安慰到。697

* 譯註：該水壩已經自二〇二二年七月起開始蓄水，預計蓄完要五到十五年。

** 譯註：蘇伊士運河危機又稱第二次以阿戰爭，交戰雙方分別為埃及與英、法和以色列聯軍，其中英法需要蘇伊士運河進行貿易，以色列則需要能繼續使用蘇伊士運河。此事件導致戰後曾殖民過埃及的英國威望受到嚴重打擊，世界正式進入美蘇兩強爭霸的時代。

# 第七部——地球只有一個

人類的祖先可能是在掌握了野火的用途幾十萬年後，才發現怎麼用燧石製造火花。近年來大家逐漸了解，既然野火必然會發生，正確的做法是平時在掌控下燒掉枯枝，減少大型野火蔓延的可能性。但在此同時愈來愈多人把家蓋在荒郊野外附近，反而讓生命暴露在更危險的環境之下。

由於石油的效能遠高於煤炭，人類對其依賴日深，現代經濟可以說完全泡在石油裡，油價起伏牽一髮動全身。但儘管石油確實有利可圖，許多產油國卻因產業過於單一和牽涉到的龐大利益，陷入彷彿詛咒般的境地，因大量消耗石油導致的氣候變遷，也讓整個世界烏雲罩頂。

原產於南美洲的橡膠，在十九世紀初期才真正引起歐洲人的注意，天然橡膠對氣溫變化相當敏感，直到固特異（Goodyear）在鍥而不捨的努力下，終於發現以硫磺加熱可以解決這個問題，橡膠自此成為工業經濟的核心。大量的橡膠需求先是導致南美奴工遭受苛刻虐待，後又因大量耗水，在環保議題上引起爭議。

「植物獵人」福鈞（Robert Fortune）經常到世界各地採集珍稀植物。他之所以能完成這些任務，除了他的膽大心細，還得歸功於「華德箱」。這箱子就像是個迷你溫室，玻璃外殼保持日照和溼度、阻擋汙染。香蕉之所以能傳遍世界、茶葉之所以能不再被中國壟斷，甚至奎寧得以發明，都要靠華德箱才能完成。

賽璐玢是第一代用以包裝食材的化學材料，但不多久就被聚氯乙烯取代，更輕巧的包材不斷問世，卻因複合材質難以回收造成垃圾問題。但，塑膠真的那麼十惡不赦嗎？它的保鮮功能延長了食材的壽命，反倒是講求環保的「環保袋」可能對環境造成更大的傷害。

為了環保理由進行回收是相當晚近才有的觀念。免洗餐具和拋棄式容器曾經在一九五〇年代的美國成為從家事中解放的象徵，但七〇年代就出現呼籲減少汙染的管告。歐美有不少關於回收的責任與成本轉嫁給消費者是否合理的討論，對回收政策相對完善的台灣而言，或許可思考其他國家面對相關問題的看法。

如果沒有侏儒小麥，全世界人口可能早得面臨因大規模饑荒而餓死的命運。諾曼・布勞格窮盡多年心力在墨西哥培育出侏儒小麥，一九六〇年代起他四處奔走推廣，在二〇〇〇年時，開發中國家的小麥產量已成長三倍。儘管如今糧食問題仍揮之不去，但新興的基因剪輯技術或許又能為農業帶來另一個布勞格。

真正將太陽能用來發電大約是十九世紀末期的事，但成本相當高昂。直到一九五〇年代誤打誤撞發現矽對太陽的反應，才有較明顯的發展。由於產能愈來愈快，隨著產出翻倍，成本就能下降兩成，如今太陽能發電的成本在某些地方甚至已經低於石油，成為能源市場的強勢競爭者。

# 37 火 Fire

試想一下經濟活動在我們的祖先馴服火焰之前是什麼模樣。首先金屬製品或用金屬工具製成的產品可以不用想了，金屬的生命始於熔爐。玻璃也是。接著可以刪掉所有需要燃燒化石燃料來進行運輸跟使用電力的產品，以及所有需要火產生熱能來產生出原料的產品，這包括塑膠，包括使用化肥種植的作物。不會有磚塊或陶瓷，因為這兩者都需要窯燒。這樣東扣西扣能剩下的就不多了。生鮮的有機食材用銳利的石器加以切割嗎？這要叫做經濟活動好像勉強了些。

「峽谷宛若煙囪，風勢與大火用等同一千輛貨運列車的吼聲掃過其中。煙霧與熱浪強烈到人難以呼吸……整個世界對身在那片山間的我們來講，彷彿已經陷入一片火海。許多人覺得那真的是世界末日來了。」[698]

那天是一九一〇年的八月二十日，森林巡警艾德・普拉斯基（Ed Pulaski）身陷史稱「大爆燃」（Big Blowup）的森林大火中。普拉斯基意識到他的任務已經不再是拯救北愛達荷州的森林，而是拯救消防員。他策馬在火場中四處奔波，最終拉了四十五名打火弟兄。

樹木開始在四周大火的進逼與厚重的風壓下一棵棵倒下，煙霧瀰漫的黑幕讓人幾乎什麼都看不見。要不是我對山徑熟門熟路，我們恐怕根本沒命逃出來，因為我們已經陷入怒火狂鞭的重重包圍。我唯一的希望就是趕抵一處我確信離我們不遠的舊礦坑避難。我們衝了過去，途中一名弟兄死於樹木倒落。我們算是勉強趕到了礦坑，因為我們前腳剛踩進洞中，火焰後腳就掃過我們的來時路。[699]

普拉斯基昏了過去。隔天早上，他睜開眼但看不到東西。他雙手都被燒傷。但他活了下來，跟有五名弟兄罹難的全隊一起成為倖存者。這場「大爆燃」造成八十六死，並吞噬了足以建造八十萬棟房屋的木材。[700]同樣被一把火灼傷的還有美國的國家尊嚴：美國國家森林局立誓日後有野火將盡速澆滅。[701]

這是個不智的決定。不智在哪容我們稍後再議，但這種心情是可以理解的：火真的很可怕。不過火也對現代經濟而言至為關鍵。而且火的故事可以回溯到很久之前。

但話又說回來，在地球史的前九成時間中，都沒有火的戲份。當然火山爆發很多，但熔岩並沒有著火，因為火是一種化學反應，是燃燒的過程。[702]創造出火焰燃燒需要的氧氣與燃料，靠的是生命。化石證據顯示可燃的植物生命在大約四億年前演化出來，而且會定期冒煙燒起來，至於點燃它們的偶爾是火山，但更多時候是雷擊。近年來的衛星觀察顯示，打雷比我們想像的要頻繁得多，每天約八百萬次，由此直到今天，雷擊都還是野火最主要的罪魁禍首，什麼計畫不周的烤肉或有人菸蒂亂丟都只能瞠乎其後。[703]

火是地景的塑造者，並在這過程中順便推了演化一把。火在大約三千萬年前促成了草地的擴散；要是沒有火，這些草地恐怕就會回復成灌木叢或林地，而草地咸認在人族*的出現中扮演了要角，我們就是從人族演化而來。[704]

試想一下經濟活動在我們的祖先馴服火焰之前是什麼模樣。首先金屬製品或用金屬工具製成的產品可以不用想了，金屬的生命始於熔爐。玻璃也是。接著可以刪掉所有需要燃燒化石燃料來進行運輸跟使用電力的產品，以及所有需要火的熱能來產出原料的產品，這包括塑膠，包括使用化肥種植的作物，須知氮肥的生產需要使用哈伯—博施法（Haber-Bosch）提供氨原料。不會有磚塊或陶瓷，因為這兩者都需要窯燒。這樣東扣西扣能剩下的就不多了。生鮮的有機食材用銳利的石器加以切割嗎？這要叫做經濟活動好像勉強了些。

人類祖先究竟是在何時用什麼辦法學會操控火，是個有些爭論的問題，但可以確定的是，

* 譯註：hominin，靈長目人科人亞科中的一支。

迪士尼《森林王子》動畫裡想像中的著名場景：紅毛猩猩路易王（King Louis）求狼孩毛克利（Mowgli）告訴他「人類紅火」的祕密，肯定沒有發生過。[705]事實上，黑猩猩似乎滿清楚野火會燎原。[706]其他物種則據報曉得火所創造出的狩獵機會。[707]某些猛禽甚至被目擊過拾起燃燒的樹枝，將之棄置在某處來點燃新火，最後朝著逃命的動物撲過去。[708]

看起來很有可能我們的祖先也是先掌握了野火的用途幾十萬年後，才發現可以怎麼用燧石製造出火花。[709]或許他們是加入燃燒緩慢的動物糞便來維繫野火不滅。[710]毫無疑問地，他們曾使用野火來達到狩獵、保暖、驅趕掠食者等目的。[711]他們肯定用火煮食過；靈長類學專家理查·蘭翰（Richard Wrangham）認為，由於熟食提供的能量更多，才讓人類演化出更大的腦容量。[712]另一方面人類學家約翰·高列特（John Gowlett）將火連結到「社交大腦」假說：人類演化出更大的腦部是為了處理日益升高的社交壓力；晚上圍在火邊，肯定將更多的社交時間（與壓力）加諸於我們的祖先。[713]

且不論這些臆測當中有幾分真實性，經濟發展已經帶著我們把火焰限制在各種特定的密室中——從工廠，到內燃機，再到你家廚房裡的烤箱都是。歷史學者史蒂芬·皮恩（Stephen Pyne）稱之為「火的變身」。[714]而在火還沒完成變身的地方，問題就出現了：在開發中國家，數以百萬人間接死於在室內以明火煮食造成的空氣汙染。[715]但皮恩主張「火的變身」增加了我們對野火的恐懼感。隨著氣候變遷，我們可以預期野火會愈來愈多。雖然衛星觀測有助於我們增加對野火的認識，但天候模式與植被分布的變動也讓野火變得更難捉摸。[716]

在艾德．普拉斯基的英雄事蹟過了五十年後，人類才慢慢形成一個共識：一看到野火就撲上去打滅並非最佳解。這當中的玄機就在於你不可能控制住所有的野火，而失控的野火一來，你會希望剩下能給它燒的東西愈少愈好，免得火勢一發不可收拾，這就要靠平日在人為掌控下的野火去消耗那些枯枝，正所謂小病不斷大病不來。

但在此同時，人的自以為是又跑來攪局：我們有愈來愈多人把家蓋在荒郊野外的裡面或旁邊，而從加州到澳洲，那些地方冒火都是遲早的事情。當專家建議我們應該放手讓火燒一燒的同時，你不難想像這些住在附近的人會不太熱中於配合。[717] 一如作者安德魯．史考特（Andrew Scott）在《燃燒的行星（暫譯）》（Burning Planet）一書中所說：「人類科學近年來對於火的了解日深，但這些新知並沒有轉化為公眾的意識。」

某些經濟學家認為野火只是現代「文明通病」中的一例：小問題處理得愈來愈稱手，讓我們累積出安全感，這種安全感又很諷刺地讓我們暴露在大問題的風險中。財經記者葉偉平（Greg Ip）曾用這套理論分析二〇〇七到二〇〇八年的金融海嘯。執政者太過善於收拾茶壺裡的危機，結果導致民眾過度放心並開始不必要的風險，像是把自家的牧場賭在次級房貸上。而當茶壺限制不住的危機來臨時，那些愚蠢的賭注就將全世界都燃成了一片火海。[718]

# 38 石油
## Oil

現代經濟可以說完全泡在石油當中。石油提供全球逾三分之一的能源，超過煤炭，也超過核能、水力發電、再生能源加起來再乘以二。石油偕天然氣共同提供人類四分之一的電力。此外石油也是大部分塑膠製品的原料。

訊息已經發出去了。艾德溫．德雷克（Edwin Drake）最後的金主終於耐性用罄。訊息內容如下：把債清一清，死了這條心，回家去吧。[719]

德雷克一直想找到「岩油」這種偶爾會在賓州西部地表冒泡的棕色原油。他打算將之精煉成煤油，用來點燈，取代一天比一天貴的鯨油。此外還有一些用途次要的副產品，像是汽油，但如果找不到買家，他可以直接倒掉。

金主的訊息已經發出去了，但德雷克還沒有收到，他的鑽頭就已經打碎了地下一處儲油層，裡頭滿是處於壓力下的原油。原油從地下六十九英尺處開始上升。那天是一八五九年八月二十七日。從那天起，鯨類獲得了救贖，世界則將為之一變。

就在數年後的南方幾英里處，出現了一些情勢即將改變的徵兆。《紐約時報》報導，當賓州皮托爾（Pithole）一八六四年挖出石油的時候，「方圓六英里內居民不到五十人」。又過了幾年，皮托爾已經匯集了至少一萬居民、五十家旅館、一間繁忙程度在全美名列前茅的郵局、兩間電報局、還有數十家娼館。」[720]

幾個幸運兒發了財，但真正的經濟體必須具備一定的複雜性，且必須自成系統。皮托爾兩者皆無。所以僅僅又過了一年，皮托爾就沒落了，那裡的木造建築被燒毀或拆除，城鎮所有的功能都遷到十英里外的下一個挖掘點，這裡成為大家滿懷著遐想命名的油城（Oil City）。[721]

皮托爾的石油熱潮沒能延續，但我們對於這種燃料的渴望已經沒有回頭路可走。現代經濟可以說完全泡在石油當中。石油提供全球逾三分之一的能源，超過煤炭，也超過核能、水力發電、再生能源加起來再乘以二。石油偕天然氣共同提供人類四分之一的電力。[722]此外石油也是大部分塑膠製品的原料。

然後人類又有了運輸需求。艾德溫．德雷克可能納悶過汽油有誰會買，但內燃機的出現即將成為這個問題的答案。到了一九〇四年，標準石油公司已經控制了美國九成以上的煉油市場，此時石油的重要性已經大到美國政府不能坐視不管，於是美國政府把標準石油拆解成埃克森、美孚、雪佛龍、美國石油等公司的前身。[723]從汽車到卡車，從貨船到噴射機，由石油衍生出的燃料仍舊在推動著我們跟各種東西。[724]

這也難怪油價在某種程度上是全世界最要緊的單一價格。一九七三年，當一部分阿拉伯國家下達對若干富國的石油禁售令後，油價在短短六個月中從每桶三美元驟升至十二美元。全球性經濟衰退隨之而來。這並不是孤例：美國經濟分別在一九七八、一九九〇與二〇〇一年三次因為油價上漲而出現衰退。部分經濟學家相信，即便咸認二〇〇八年的全球衰退是單純的金融性危機，破紀錄的高油價也難辭其咎。石油價格的動向，很大程度上決定了經濟的走向。[725]

我們要問：為什麼我們會任由自己依賴石油到這種自虐的程度？丹尼爾．尤金（Daniel Yergin）在其所著的權威石油史《石油世紀》（The Prize）中開門見山，提到溫斯頓．邱吉爾面對的一個兩難。一九一一年被拔擢為第一海軍大臣（海軍部長）統領皇家海軍後，他必須做出抉擇：大英帝國面對德國擴張主義的挑戰該如何驅動其麾下的新戰艦？是要用安全無虞且供應充足的威爾斯煤礦，還是要用遠自波斯（伊朗）輸入的石油？怎麼會有人想用來源這麼不可靠的能源呢？答案是燒油的戰艦加速快，巡航速度快，負責處理燃料的人力需求低，而且可以騰出更大空間給火砲與彈藥。簡單講，石油就是比煤炭強的燃料。邱吉爾在一九一二年四月的「命運一躍」*，反映出我們一路仰賴石油，並讓其塑造全球地緣政治的相同邏輯。[726]

在邱吉爾做成決定後，英國財政部購入英波石油公司過半的股權，使其成為英國石油公司（BP）的前身。一九五一年，伊朗政府將英波石油國有化。[727]「那是我們的公司」，英國人抗議。「那是我們的石油」，伊朗人回嗆。同樣的爭議，會在後續幾十年反覆於世界各地上演。

當然不是每個國家都這麼命運多舛。沙烏地阿拉伯就因為石油而富到流油，其國有企業沙烏地阿拉伯國家石油公司（Aramco）市值高於蘋果、高於谷歌，也高於亞馬遜。[728]但不會有人誤認沙烏地阿拉伯是像日本或德國那樣多元化的複雜經濟體。[**]它更像皮托爾的油鎮，只是規模大非常多。除了沙烏地阿拉伯，其他地方從伊拉克到伊朗，再從委內瑞拉到奈及利亞，沒幾個國家因為發現了大量石油而過起好日子。經濟學家稱之為「石油的詛咒」。[729]

一九六〇年代初期，任委內瑞拉石油部長的艾爾方佐（Juan Pablo Pérez Alfonzo）對此有更生動的描述。他在一九七五年有此一說：「那是惡魔的糞便，我們滅頂在惡魔的糞便中。」[730]

為什麼坐擁一堆石油會是個問題呢？這麼說吧，一旦某國開採了這些石油，其貨幣的匯價就會上漲，貨幣升值讓石油以外的所有產品都「很好買」，進口起來毫無壓力，但若想要國產化卻會其貴無比。這意味著你想培養國內產業會困難重重，產油國於是將變成製造業或先進服務業的荒漠。而在同一時間，政客只會想方設法獨占石油生意，親自或透過盟友獨攬石油利益，進而讓獨裁政權在產油國四處開花。石油確實有利可圖，至少對某些人如此，但舉國的經

---

* 譯按：用石油取代煤礦作為艦隊動力的決定。

** 作者註：麻省理工學院的《經濟複雜性觀察站》（Observatory of Economic Complexity）將沙烏地阿拉伯列為複雜性排名全球第三十二的經濟體，若以人均所得排名則是全球第十四富國。卡達是個比較極端的案例：它是世界第一富國，但經濟複雜度只能排到第六十六名。

濟體質卻會淪為既單薄又脆弱。若是在皮托爾，大家至少可以油枯了就屁股拍一拍鳥獸散，但身為產油國的百姓可沒辦法說走就走。

這就是我們會想用某樣東西來取代石油的其中一個理由。至於另外一個理由，自然就是氣候變遷了。但迄今為止，石油還是很頑固地不肯交棒給電池。這是因為四處趴趴走的交通機具都必須把能源帶在身上，燃料自然是愈輕愈好。一公斤汽油內含的能量相當於六十公斤的電池，[731]邊用還會很識相地邊消失不見。電池，唉，不管有電沒電都是一樣重。所幸電動車終於慢慢有所突破，至於電動巨無霸噴射機則還需要再努力。

曾經有段時間，我們感覺石油似乎就要被挖完了，當時的專有名詞稱之為「產油高峰」（peak oil）。結果油價愈推愈高，人類也急著要轉型到潔淨的再生經濟。如今看來我們若真想要過潔淨的再生生活也不是不行，但就是要拿出更大的決心。

原油市場現已隨水力壓裂（簡稱壓裂，fracking）開採方法的快速崛起而改頭換面，所謂壓裂就是用高壓將水、沙子、特定化學物質打入地下，藉此讓岩層裂開來釋出石油與天然氣。比起傳統的石油探勘與生產，壓裂更像是一種製造業：標準化、靠著生產力猛增大賺其財、而且製程的開啟與否全看價格對或不對。從一九八〇到二〇一五年，發現石油的速度是其消耗速度的兩倍。[732]

看來，我們都還在惡魔的糞便裡載浮載沉，而且一段時間內還只會愈陷愈深。

# 39 硫化技術 Vulcanisation

全球大約四分之三的橡膠收成後會被製成較重型車輛的輪胎。隨著人類的汽車、卡車與飛機愈造愈多，我們需要用來裹住輪胎的橡膠也只會愈來愈多。這多少會衍生出一些問題。橡膠樹很吃水：環保界擔心水資源的匱乏，也擔心生物多樣性受到的衝擊，主要是亞洲熱帶雨林得騰出更多位子給橡膠樹園。

黑白照片上的男人以木質平台上的邊緣為制高點，俯瞰著兩個物體。一開始很難看出那些東西是什麼。背景處有棕櫚樹；另外兩個人，其中一個把手臂抱在胸前，另一個手按在腰側，一臉嚴肅地看著他們的共同友人，又或許是在看著攝影師，很難確定。

那名攝影師叫做艾莉絲・哈里斯（Alice Seeley Harris）；那年是一九〇四年；至於地點則是在當時的剛果自由邦，位於巴林加（Baringa）的一處傳教前哨站。木台上的男人叫尼薩拉（Nsala）。按照他對艾莉絲所說，他的妻小都剛遭到殺害。並且他還邊說邊打開一束葉子，表示裡面包著證據：攻擊者所留下，他五歲女兒波阿莉（Boali）僅存的遺骸。

艾莉絲拍的這張尼薩拉看著女兒斷手斷腳的照片，在傳回歐洲後引發一片譁然。而這只不過是她用柯達相機拍下，慘絕人寰的一小部分照片而已。[733]手被切斷的兒童、脖子被鍊條捆住的女人……被令人頭皮發麻的河馬皮皮鞭「奇柯提」（chicotte）抽出人命是很常見的事情。[734]印成手冊並在公眾聚會中展出後，艾莉絲那些令人毛骨悚然的照片成就了世界上第一場人權運動攝影展。[735]這些照片促成輿論壓力，最終迫使比利時的利奧波德國王（King Leopold）鬆手，剛果這個因為康拉德的小說《黑暗之心》而聞名的殖民地才得以喘一口氣。正如小說主角庫爾茲（Kurtz）曾在故事裡驚呼：「有夠恐怖的！」[736]

問題是，利奧波德治下的剛果為什麼會這麼恐怖？

先回到七十年前：紐約，一八三四年。一名赤貧、體弱多病，但異常樂天的年輕人查爾斯．固特異敲了羅克斯貝里印度橡膠公司（Roxbury India Rubber Company）的大門。固特異之前才因為家中的五金事業破產而被關進債務人監獄，坐牢抵債。但如今他確信自己可以靠發明解決財務問題。他最新想到的點子是，開發給充氣式橡膠救生圈用的改良式氣閥。

意想不到的消息在門後等待著固特異。橡膠公司的經理雖然很欣賞他的新氣閥，但也坦承公司已經在倒閉邊緣。對於踏入橡膠生意的決定，他悔不當初。[737]

但他不孤單就是了。放眼全美，到處都有投資人把錢砸入這種可伸縮又耐彎折，不漏氣又可防水的全新神奇材料，但事到如今一切都沒照他們的想像前進。

事實上，橡膠算不上真正的新材料。南美洲的居民早就知道這種東西，歐洲人也在一四九〇年代就通報過這種東西：原住民靠「割開會跑出牛乳」的樹木做出了「一種類似蠟的東西」。[738]那種牛乳就是乳膠，來自內外樹皮之間。

少量橡膠輾轉傳入歐洲，但主要被視為一種奇珍異品。在一七〇〇年代，一名法國探險家為法文帶回異族語言中的一個名字caoutchouc，意思是「會哭泣的樹木」。但真正引進我們現在常用的rubber一詞的人，則是科學家喬瑟夫．普萊斯利（Joseph Priestley），主要是他注意到這玩意兒可以把鉛筆從紙上擦去，擦的英文就是rub。

到了一八二〇年代，橡膠開始引起嚴正的注意。愈來愈多橡膠從巴西輸入，並被製成大衣、帽子、鞋子，還有那些充氣式救生圈。有年夏天分外炎熱，實業家啞然看著他們的庫存毫不留情地融化成一堆臭氣沖天的糨糊。[739]

固特異從中看到了商機。誰能想出辦法讓橡膠耐熱，還有耐寒——因為低溫時的橡膠會變脆——誰就能等著發財。他相信自己註定要做到這兩點。確實，他沒有化學方面的背景，也沒有資金，但誰說這樣他就應該放棄？

就此年復一年，固特異拖著妻子克拉莉莎（Clarissa）跟他們人丁愈來愈興旺的一家子從一個鎮換到另一個鎮，租下一個又一個不利於健康的住處，典當他們愈來愈見底的家當。期間他們債台高築，動不動就被拉去坐牢抵債，但即便如此，他們總能在最後關頭找到某個遠親掏出荷包，或是說服某名投資人，讓他們相信突破已經近在眼前。遇到克拉莉莎沒在餵小孩的空檔，固特異就會拿她的平底鍋，來把橡膠與任何一種他能想到的東西混在一起：鎂、生石灰、碳黑。有回他搞得廚房裡滿滿的都是硝酸煙霧，並為此臥病在床好幾個禮拜。[740]

就這樣到了最後，他終於找到答案：用硫磺加熱橡膠。這個過程就稱為硫化。很慘的是對於吃苦吃了很久的克拉莉莎而言，這導致她丈夫又借了更多錢打官司，為的是保護他的專利權：他到死時還有二十萬美元的債務缺口。但查爾斯的堅持確實讓橡膠進駐工業經濟的核心：帶子、管子、墊片上都看得到橡膠；密封、絕緣、吸震也都用得上橡膠。[741]

在一八八〇年代，一名旅居冰島的蘇格蘭人為橡膠提供了殺手級的應用：充氣輪胎。登祿普（John Boyd Dunlop）是一名獸醫；他會拿兒子的三輪車當實驗品進行各種嘗試，想要找到某種辦法讓騎乘的過程有所緩衝。腳踏車廠很快就慧眼看上充氣輪胎的優勢，還是初生之犢的汽車產業也英雄所見略同。橡膠需求一飛衝天。歐洲殖民強權開始大面積在亞洲開墾農園種植巴西橡膠樹（Hevea brasiliensis），俗稱橡膠樹。[742]

但這些新建的橡膠樹園需要時間成長，數百種其他植物也生產產量不一而足的乳膠，就連不起眼的蒲公英都行。[743]在剛果的雨林中有樹藤可以開採來滿足當下的需求。[744]

如何用最快的速度取得最大量的橡膠呢？在不擇手段的前提下，這個問題的答案出奇地簡單：派出武裝分子到村中綁架女人跟小孩，威脅男丁若不帶回足量的橡膠，就砍掉婦孺的一隻手，或是將其滅門。[745]

這樣的陋習自尼薩拉在巴林加認識艾莉絲・哈里斯之後有所改善。如今全球過半的橡膠已經不來自流淚的樹木，而是來自噴發的石油。[746]生產合成橡膠的嘗試始於天然橡膠慢慢風行的期間，並在二次大戰時正式起飛，主要是當時在亞洲的天然橡膠供應因戰事而斷鏈，於是美國政府開始敦促產業界開發替代品。[747]合成橡膠往往比較便宜，偶爾品質更佳，而且也能用作腳踏車的輪胎。[748]

但如果是針對特定用途，還是少不了得來上一點巴西橡膠樹。[749]全球大約四分之三的橡膠收成後會被製成較重型車輛的輪胎。[750]隨著人類的汽車、卡車與飛機愈造愈多，我們需要用來裹住輪胎的橡膠也只會愈來愈多。這多少會衍生出一些問題。橡膠樹很吃水：環保界擔心水資源的匱乏，也擔心生物多樣性受到的衝擊，主要是亞洲熱帶雨林得騰出更多位子給橡膠樹園。

同樣的狀況在非洲也屢見不鮮。從巴林加出發向西並稍微偏北前進，穿越一千公里的雨林，你會來到喀麥隆的梅永梅薩拉（Meyomessala），那附近就有全世界最大的橡膠加工公司（過半的股份由中國政府持有），開墾以千公頃計的土地種植橡膠樹。該公司說符合道德的取材是他們的堅持，但當地村民說他們並未因為失去的土地而獲得應當的補償。[751]

所以橡膠仍舊在製造爭議，但至少如今爭議中被砍的是樹木而不是人手。我想，這也算是一種進步吧。

# 40 華德箱 The Wardian Case

或許華德箱最重大的影響不是從更邊陲的遠方把植物帶到歐洲，而是讓更多人得以從歐洲前往更邊陲的異地。華德箱讓金雞納樹（cinchona）從南美洲運到印度與斯里蘭卡。人從金雞納樹的樹皮做出奎寧，奎寧可以抵禦瘧疾。有了奎寧護體，歐洲人就比較不怕前往熱帶冒險了；某些歷史學者認為要是沒有奎寧，非洲或許就不會被殖民。

對於中國僕役只帶少得可憐的植物標本回船上，福鈞（Robert Fortune）「甚感不悅」，認為很顯然那傢伙並沒有跋涉進入山丘地帶探險，只是稍微離開岸邊。福鈞想當然耳地認定僕役就是在偷懶：「就跟大部分中國人一樣……他這種傾向相當明顯。」僕役表達抗議，因他聽山民說那一帶的華南丘陵地相當危險。福鈞怒斥僕役胡說，這對主僕於是相偕前往一探究竟。

船長表示要派一些船員去當保鑣。免了，福鈞說。遲疑開始緩緩爬進他的內心，主要是看著他大步邁向丘陵的百姓，「紛紛嘗試勸我打消這個主意，還恐嚇我說我這一去肯定會遭到泉州人的攻擊，輕則被劫，重則性命不保。」然後他注意到在地人都有武裝；那是自衛防身用的，他的僕役解釋。嗯，可如今一切都太遲了：「我決心咬牙把此行走下去。」一開始一切都很順利。外國面孔在這裡算得上別開生面，福鈞的出現引來一堆人聚集，但他們「普遍相當明理」；他裝滿了他的標本箱，同時間「三、四百名中國人，不分男女老幼對他們投以驚異的眼光」。但說時遲那時快，福鈞隨即遭到神不知鬼不覺的扒竊，而他的僕人「嚇得滿臉蒼白」，被持刀匪徒團團圍住。「可憐我費心蒐集來的植物飛散得到處都是。」

這次風波似乎並未影響到年輕蘇格蘭人的信心。這趟旅程的後來，有人警告他打算航向的某個區域有海盜橫行。福鈞高呼：「胡扯！沒有海盜會襲擊我們。」我想後來發生的事應該不難猜。

但福鈞總歸是順利返回上海，並從那裡「送出八個玻璃密封箱的活體植物到英格蘭」。他在四百頁探險回憶錄的結論中心滿意足地表示「秋牡丹（*Anemone japonica*）如今在奇司威克（Chiswick）的協會花園裡盛開」。[752]

福鈞的身分是一名植物獵人，雇主是奇斯威克的那些人：倫敦園藝學會，也就是如今的皇家園藝學會。那些玻璃密封箱則讓狩獵植物的難度大幅降低。它們被稱為華德箱，是在一八三〇年代研發出來。發明者華德（Nathaniel Bagshaw Ward）除了是倫敦東區的醫師，也是蕨類愛好者，可是倫敦嚴重的空汙讓他怎麼也種不出這種他熱愛的植物。[753]

華德箱的發明一點也不複雜，而且如今回頭去看還挺直觀的。玻璃、木材、補土、油漆，基本上就是個密封的迷你溫室。它讓光線照得進來，把煤煙與煙霧擋在外面。它還把水分保持住，讓人省去澆花的功夫。這不是什麼科技成就，只是一顆好發問的腦袋而得出的結果。普遍的成見都是植物需要空氣流通，華德問的是：萬一它們其實不需要呢？

他的蕨類就活得好好的。於是華德很快就意識到他搞不好已經解決了一個困擾植物獵人許久的問題：如何在長途旅行中讓植物活下去。把花草放在甲板下方，它們會因為接觸不到光照而枯萎。把它們放在甲板上，它們受不了海水噴濺的鹽分。[754]用水一開始窘迫，船員往往寧願渴到植物也不願渴到自己。[755]

華德安排了一場實驗：他送了兩箱植物到澳洲。幾個月後，船長在來信中表達「熱切的祝賀」：多數蕨類都「活得好好的」，而草類則「一副要把箱子頂蓋推開的模樣」。該船帶著華德的箱子回返，裡頭裝著滿滿的澳洲植物，同樣毫無疲態。[756]

華德寫了一本書：《關於植物在祕方玻璃箱中的成長》（On the Growth of Plants in Closely Glazed Cases）。他確信他的發明可以影響遠播，而事實也證明了他是對的，只不過影響的方式跟他預期的不太相同。華德想像隨著「中上階層」購入他的箱子在家培育植物，將能為窮人創造出「一個健全的新興產業」：從鄉間採購植物來轉售。另外他覺得人類跟蕨類一樣，都可以因為脫離倫敦的空氣汙染而受益，由此他設想著有大型的密封式溫室可以供苦於麻疹或疲憊的人在當中恢復。

他沒想到的，是自己的箱子竟然即將重塑舉世的農業、政治與貿易樣態。但也許他應該要想到才是，因為植物狩獵的重點從來不只在多年生草本物種。「現代植物狩獵之父」喬瑟夫·班克斯爵士（Sir Joseph Banks）非常清楚把作物在殖民地前哨間遷移所內含的經濟潛力。[757]

一七〇〇年代末，他把倫敦的植物園邱園（Kew Gardens）改造成某種帝國植物清算所。此外也是因為班克斯，威廉·布萊艦長（Captain William Bligh）才會乘著他的皇家海軍豐饒號（Bounty）踏上那趟命運曲折的旅程，苦吞史上有名的叛變（艦長被船員罷免）。布萊原本是要把麵包樹送到西印度群島。班克斯的如意算盤則是麵包樹可以成為奴隸的廉價口糧來源。[758]

靠著華德箱，移植植物的過程蓄勢待發。在這之前，一名商業進口商說他們都有二十株植物會有十九株死在海上的心理準備。但他們發現華德竟能讓二十株裡的十九株都活下來。[759]

就以華蕉（Cavendish banana）為例，它就是靠華德箱才得以傳遍世界。華蕉就是你今天去店裡能買到的那種香蕉，英文名字裡的卡文迪許來自威廉·卡文迪許（William Cavendish），他是倫敦園藝學會的會長。[760]

華德箱摧毀了巴西的橡膠產業。隨著橡膠價格水漲船高，英國外交部派出一名敢於冒險犯難的年輕業餘植物學家去亞馬遜地區偷渡出一些橡膠種籽。這些種籽在邱園發了芽，而後幼株又被運到東亞。事實證明巴西不是殖民地農園的對手。[761]

此外華德箱還協助打破中國對於茶葉市場的掌控。華德在英國打贏第一次鴉片戰爭的同一年出版他的著作：當中國人決定停止接受用印度產的鴉片交換茶葉後，英國人派出砲艇來改變他們的主意。背後的原因說了你一定能懂：茶稅占英國政府的歲入將近十分之一。[762]

是說這麼一來，實務上代表英國統治著次大陸的東印度公司也決定他們需要一個雨天備案：在印度種更多茶。如莎拉．羅斯（Sarah Rose）在《植物獵人的茶盜之旅：改變中英帝國財富版圖的茶葉貿易史》（For All The Tea in China）一書中所寫：「印度的喜馬拉雅山脈跟中國最頂級的茶葉產區有異曲同工之妙。」[763]

那就意味著他們需要把茶樹偷渡出中國。這件工作有一名不二人選。福鈞已經在他的第一趟冒險中得知若你剃了頭、綁個辮子，然後穿上中國人的衣服，就可以掩人耳目到幾近是隱形人的程度。他寫道：「整體而言，我相信我扮中國佬扮得挺像的。」[764]經過適當的喬裝，他最終為其新雇主運出將近兩萬棵茶樹。[765]

但或許華德箱最重大的影響不是從更邊陲的遠方把植物帶到歐洲，而是讓更多人得以從歐洲前往更邊陲的異地。華德箱讓金雞納樹（cinchona）從南美洲運到印度與斯里蘭卡。[766]人從金雞納樹的樹皮做出奎寧，奎寧可以抵禦瘧疾。有了奎寧護體，歐洲人就比較不怕前往熱帶冒險了；某些歷史學者認為要是沒有奎寧，非洲或許就不會被殖民。[767]畢竟不是每個旅行者都樂天地昧於風險，就像福鈞。

# 41 賽璐玢 Cellophane

一旦開始深究塑膠包裝，這種反直覺的結論就會一個個冒出來。有些包裝是非常愚蠢的浪費。但熱縮膜的小黃瓜真的傻嗎？包膜的小黃瓜可以保鮮達十四天，不這麼做就只能撐三天。你認為哪一邊比較糟糕呢：一點五公克的塑膠包裝，還是讓小黃瓜撐不到被食用就變質？突然間環保好像不再那麼理所當然。

妳是極品！妳是聖雄甘地。
妳是極品！妳是拿破崙白蘭地。

這是美國歌手柯爾．波特（Cole Porter）的作品，成於一九三四年。而你知道他接下來又在歌詞中用上了什麼來比喻他愛慕的對象嗎？美麗的夏日？最好是。

妳是西班牙夏夜的紫色光氛……

妳是賽璐玢。[768]

讚美情人當然是要用最新發明的透明塑膠包材啊，不然呢！當然二十一世紀的我們現在不會這麼做，但那可不光是因為沒那麼悅耳的「妳是低密度聚乙烯」押不了韻而已。

塑膠包材有著包藏禍心的惡名在外。當英國的《衛報》邀請讀者分享他們最討厭而莫須有的包裝時，評論如潮水般湧入：小黃瓜外面的熱縮膜、蘋果外的硬塑膠殼、甜瓜切片的小袋子、香蕉外面的大袋子。[769]自然之母不是已經在香蕉外面設計了一層包裝嗎？人為包裝怎麼看怎麼浪費。

這種浪費的一目了然稍後再談，現在我們先把包裝的故事推回一個相對純真的年代，一個還沒有人擔心土裡的塑膠、海裡的塑膠、食物鏈裡的塑膠的年代。[770]一切的起點是一九〇四年，在法國孚日（Vosges）的高級餐廳裡，有位年長的顧客不慎將紅酒灑到嶄新的桌布上。當時坐在附近的是叫做雅克．布蘭德伯格（Jacques Brandenberger）的瑞士化學家。他在一家法國紡織公司任職，就在看著服務生更換桌布的同時，他腦中閃過一個念頭：要是能做出一擦就乾淨的桌布呢？[771]

他做不到：他嘗試把纖維素噴到桌布上，但纖維素只是像透明紙張一樣從桌布上脫落。但那些透明紙張會有市場嗎？第一次世界大戰時他還真找到了一個：防毒面罩的眼罩。他把這項發明稱做賽璐玢。一九二三年，他把相關權利賣給美國的杜邦公司。[772]早期的應用包括包巧克力、香水跟花卉；[773]或許就是這些浪漫的氣息啟發了柯爾．波特，他才會將之寫進歌詞裡。

但杜邦遇到了一個問題，有些客人對這東西不是很滿意。他們聽說賽璐玢防水，這是真的，但防水不等於防溼氣。溼氣讓糖果黏在包裝上，讓刀在包裝裡生鏽，讓需要保溼的雪茄乾掉。[774]為此杜邦雇用了一名二十七歲的化學工程師威廉．查爾奇（William Hale Charch），希望他能幫公司解決這個問題。而他也不負期望，一年不到就想出了辦法：他在賽璐玢表面加上極薄的幾種塗層，當中有硝化纖維、蠟、一種塑化劑，還有一種摻合劑。[775]

這麼一改，銷售一飛衝天。而且這次的改良可以說正是時候：一九三〇年代，超級市場開始轉型，消費者不再排隊跟店員說他們需要哪些食材；他們會自行去架上選購。由此一目了然的包裝一炮而紅。[776]一項研究發現，賽璐玢包裝能讓同樣的餅乾銷售提升超過百分之五十。[777]確實，做這項研究的是杜邦公司自己，但零售商之間也不乏這樣的建議。《進步雜貨商》雜誌裡一篇標題不太進步的文章宣稱：「她用來買肉的不是手，而是眼睛。」[778]

事實上，肉販的櫃台是超市裡最難轉換成自助式銷售的一站，問題出在肉只要一切下去就很快會變色。實際測試顯示，一旦將消費者從排隊行列中解放出來，不用再去跟切肉的老闆你一言我一語，自助式的服務可以讓銷售金額上升三成。有了這麼強的動機，自然會發想出解決方案：粉紅色澤的照明、抗氧化的肉品添加劑，乃至於不可或缺的改良版賽璐玢，這種新的賽璐玢可以讓適量的氧氣通過。到了一九四九年，杜邦打起這樣的廣告：「讓消費者用跟買其他食物一樣討人喜歡的方式買肉：自助選購。肉品事先切好塊、秤好重、標好價，以賽璐玢包裝好陳列在店內。」[779]

但賽璐玢不久就會失寵，主要是它競爭不過陶氏化學（Dow Chemical）的聚氯乙烯（PVC）等產品。一如賽璐玢，聚氯乙烯也是在無意中發現，然後首先應用於戰爭中，這一次是在二戰中讓戰鬥機能夠抵禦天候。另外也跟賽璐玢一樣，聚氯乙烯又經過了大量的研發才用於食物上：聚氯乙烯原本是深綠色的，而且聞起來很噁心。陶氏化學解決了問題之後，便讓聚氯乙烯以Saran wrap（莎綸膜）的產品名稱上市，如今更常見的品名則是cling wrap或slingfilm，也就是大家琅琅上口的保鮮膜。[780]

在聚氯乙烯出現多次的健康疑慮後，現代的保鮮膜通常是用低密度聚乙烯（LDPE）製成，雖然後者有個缺點是沒辦法「巴」得那麼緊，有點對不起英文名稱cling wrap裡cling（黏附）的部分。[781]如今在世界各地禁用的拋棄式超市塑膠袋，其實也是用低密度聚乙烯做的。[782]「那高密度聚氯乙烯又是幹麼的？」大家的疑問我聽到了。高密度聚氯乙烯（HDPE）用在牛奶瓶上。但發泡飲料的容器就不是了，汽水之類的飲料要用聚對苯二甲酸乙二酯，也就是PET，俗稱寶特瓶。[783]要是你頭還沒暈的話，現代很多塑膠包裝其實是多層結構，材質除了上述的傳統原料之外還包括雙軸延伸聚丙烯薄膜（BOPP）或乙烯—乙酸乙烯酯共聚物（EVA）。[784]

包裝專家說包材質料分這麼細是有原因的：不同的原料有不同的性質，所以多層結構可以用更薄、更輕盈的包材提供同樣的包裝效果。只是這些複合包材較難回收。這當中的取捨很難估量。但考量到那些較重但可再利用的包材實際上被回收的比例，你可能會發現較輕但不能回收的包材其實比較能達成垃圾減量的效果。[785]

一旦開始深究塑膠包裝，這種反直覺的結論就會一個個冒出來。有些包裝是非常愚蠢的浪費。但熱縮膜的小黃瓜真的傻嗎？包膜的小黃瓜可以保鮮達十四天，不這麼做就只能撐三天。[786]你認為哪一邊比較糟糕呢：一點五公克的塑膠包裝，還是讓小黃瓜撐不到被食用就變質？突然間環保好像不再那麼理所當然。

塑膠袋可以讓香蕉不會那麼快變黑，也可以讓馬鈴薯不會那麼快變綠；藤上的葡萄因為包了袋而不會直接掉在地面。[787]大約十年前，英國一間超市實驗過將所有蔬果拿出包裝，結果他們的浪費率反而翻倍。[788]我們最不樂見的就是超市在我們看不見的地方用塑膠包材，然後在要拿出來給我們看之前把包材拿掉。塑膠都浪費掉了，保鮮的效果也沒達到。

事實上浪費不僅發生在蔬果在架上的保鮮期，也會發生在食物前往貨架的路上。另外一家超市因為被罵販賣用塑膠盤包裝的蘋果，嘗試將把整個紙箱的蘋果直接搬來零賣，但由於太多蘋果在運送過程中就碰壞了，所以平均起來每賣出一顆蘋果的包材用量不減反增。[789]根據公部門的一份報告，英國僅百分之三的食材在抵達商店前遭到浪費。這個數據在開發中國家可以高達百分之五十，而這當中有一部分的差別，就在於食材包裝的良窳。[790]隨著愈來愈多人住在遠離食物產地的都市裡，包裝好壞的影響也愈來愈不容小覷。

即便是被避之唯恐不及的拋棄式購物袋，或許也不完全是我們想像中的大壞蛋。你在超市買到的那種堅固而可以重複使用的環保購物袋，其材質大多是聚丙烯無紡布，也就是俗稱的不織布。它們確實對環境比較友善，但有個前提是你得至少每週使用它一次並維持一年。這是丹麥政府在一份報告中衡估了生產與處理各種袋子的不同環境衝擊後，所做成的結論。[791]如果你的環保購物袋是有機棉材質，那大可把你的優越感收起來：學者評估有機棉袋需要使用兩萬次，才對得起它們的存在。[792]那相當於你天天都去購物，連買超過半世紀。

社會大眾想要什麼，市場自會告訴我們。一九四〇年代的美國消費者想要方便且預切好的肉品，於是那雙看不見的手就把讓這種產品成真的科技送了上來。但我們希望減少浪費的欲望不見得會能形塑出正確的市場力量，因為這個問題相當複雜，而我們在結帳處的選擇可能一個不小心弄巧成拙。所以我們只能用更迂迴的路徑送出那樣的訊息，讓這訊息通過政府與壓力團體，並希望這些單位，以及用心良善的產業運作，可以思考出一些真正合理的答案。[793]

但有件事是可以確定的：這個答案不會是零包裝。而會是在給過我們抗溼氣賽璐玢的那種研發實驗室裡，被夢想出來的更先進包裝。所以或許繞了半天，對賽璐玢滿懷浪漫想像的柯爾．波特，根本是先知來著。

# 42 回收 Recycling

行為經濟學者發現：當消費者發現東西可以回收後，他們只會在消費上更肆無忌憚。如果回收工作不需要任何成本，那這些人這麼想也無可厚非；但問題是，回收不是免費的。經濟學家麥可．芒格發展出類似的論述：你不能把廢棄物處理丟給自由市場處理，跟社會大眾收取回收的真實成本，這就等於在引誘他們非法亂丟垃圾。

揚帆從香港出發沿珠江而上，途經深圳，你會來到東莞這個工業城市。然後你會在這裡看到很可能是世界第一大的紙廠，其面積超過三百個足球場。[794]擁有這間紙廠的是玖龍紙業這家回收業者，創辦人張茵曾被《富比士》雜誌評為全球女性創業家中的首富。[795]

玖龍是——或者說曾經是——以量而言，中國最大的美國商品進口商。[796]玖龍自美國進口什麼東西呢？答案是廢紙，裡面通常夾雜著無用垃圾的一大堆廢紙。玖龍的商業模式跟許許多多中國公司一樣，都是建立在美國跟各國民眾放進他們回收桶裡的東西之上。玖龍把這些外國的回收物進口到中國，然後把不應該出現在裡頭的東西挑掉。[797]剔除雜質是很關鍵的流程：廢棄物要是被汙染得太嚴重，就沒辦法回收了。

這同時也是項很難自動化的流程。或許有朝一日，機器人可以像皮克斯動畫電影《瓦力》裡的主角瓦力一樣，靈巧地在我們的垃圾中進行篩選，但至少截至目前，這一切都還是得交給人類。而就是因為這一點，富國才會開始把他們的廢棄物出口到勞工窮到願意低薪上工，好讓回收公司有利可圖的地方。[798]

從一九八〇年代開始直到最近，這種系統都運作得很順利。這段期間，中國快速增長的經濟會出口大量製造業產品到國外，卸完貨的船隻與其空手返航，裝載廢棄物回中國進行回收的成本一點也不高，[799]這就讓張茵女士這樣的企業家有了致富的機會。

隨著中國慢慢富起來，中國政府決定他們不想再當各國分類程度最低的垃圾傾倒場。二〇一七年，中國宣布了一項新的「國門利劍政策」（National Sword）。這項限制進口廢棄物的政策相當嚴厲，因此很多專家都不認為中國會真正實施。但就在二〇一七年的跨年前一天，政策上路了：突然之間，中國只接受經過良好分類的廢棄物，這代表廢棄物中不該有的雜質不得超過百分之零點五。這是一次幅度極大的調整，進口廢棄物的汙染率曾經高達這個新標準的四十倍。[800]自此，輸往中國的廢棄物量一蹶不振。[801]

各國政府與回收公司趕忙展開因應。他們應該改找其他窮國接受他們未經好好分類的垃圾嗎？還是他們應該調高稅率來雇用高薪勞工，好對其進行更妥善的分類？還是有其他方法？

讓我們用一點回收簡史來回溯這項難題的本源。在此我想區分一下回收跟再利用。「減量、再利用、回收」的三字真言會按這個順序排列，不是沒有原因的。就以玻璃瓶為例：如果你可以直接沖洗好並重新填充進飲料，那又何必把它們壓碎或熔掉來做新的。

再利用的例子可以回溯到現代意義的紙張之前，回到莎草紙的時代：古希臘人給了我們一個字palimpsest，直譯就是「（把羊皮紙）刮乾淨好再次使用」。[802]至於回收，羅馬人會把舊銅像熔掉好雕塑新的。[803]一千年前，日本會把紙張重新處理成紙漿來製造更多新紙。[804]幾百年來都有人類都靠著撿拾垃圾勉強度日，像是他們撿到的碎布就可以賣給紙廠。[805]但這些行為都是為了省錢或賺錢；原物料當年都珍貴到不可能丟棄。為了環保理由進行回收是相當晚近才有的觀念。

要知道人的態度是如何產生轉變，我們可以看看一九五五年八月份的《時代》雜誌。當時有一篇文章的標題是〈拋棄式的生活〉，但這裡的「拋棄式」一詞並非意在嘲諷，反而帶著一種歡欣鼓舞的口氣。文章的副標是「用完即丟的物品讓家務負擔大減」。一幅圖畫顯示滿臉笑意的一家人在往垃圾桶裡丟滿紙盤、塑膠刀叉與種種免洗用品，文章內容則告訴我們這些餐具「會花上我們四十個小時洗乾淨，只不過再沒有主婦需要這麼辛苦了」。有了Disposa-pan牌的免洗鋁箔平底鍋，或是拋棄式的烤肉爐，外加全套方便的石棉立架可以用，那下廚完何苦還要去洗碗呢？[806]

一場名為「哭泣的印地安人」的電視廣告運動出力扭轉了這種風向，至少在美國是如此。[807]首發於一九七一年的這則廣告描述了一名美國原住民划著獨木舟沿著被垃圾汙染的河川而下；然後他往公路旁一站，看著路過的駕駛把一袋速食吃完的垃圾丟出到他的腳邊。「有些人對曾經代表這個國家的自然之美懷著深刻而恆久的尊敬。有些人則沒有。汙染是人開始的，也可以由人喊停。」接著原住民男人轉頭看向鏡頭，臉頰滑下了一滴眼淚。[808]

但這則廣告並非全如其表面看上去的那樣，首先是那名印地安人後來被爆出是第二代的義大利移民。[809]不過更重要的是，這廣告幕後的金主是一個由飲料與包裝大廠所支持的組織。在此同時，押金方案開始普遍起來：你買瓶汽水，喝完把瓶子還回去，就可以拿回一點現金。這種模式的邏輯是廠商有責任為消費者返還廢棄物提供提供財務動機與物流支援。[810]

哭泣印地安人則傳遞了一個不一樣的訊息。返還廢棄物變成誰的責任？消費者。押金方案開始退潮。回收廢棄物的物流體系成了地方政府的業務。[811]歷史學家菲尼斯·杜納韋（Finis Dunaway）認為把「偌大的系統性問題轉變成個人的責任」是種性質惡劣的發展；這讓回收工作的重點從實事求是的追求效率，變成讓人自我感覺良好。[812]

這看法似乎呼應了波士頓大學諸多行為經濟學者的看法，主要是他們發現：當消費者發現東西可以回收後，他們只會在消費上更肆無忌憚。[813]如果回收工作不需要任何成本，那這些人這麼想也無可厚非；但問題是，回收不是免費的。

經濟學家麥可・芒格（Michael Munger）發展出類似的論述。你不能把廢棄物處理丟給自由市場處理，跟社會大眾收取回收的真實成本，這就等於在引誘他們非法亂丟垃圾。補貼是我們唯一的選擇。但補貼又會催生出《時代》雜誌裡所描繪的那種行為：一般人負責丟東西，整個社會承擔成本。但此外我們還有什麼方式讓人主動回收呢？一個辦法是道德勸說，比方說找個印地安人哭給他們看。

但這又會造成另外一個問題，芒格在替放任自由主義智庫卡托研究所（Cato Institute）執筆的一篇社論中如是說。針對每一種廢棄物，無論是玻璃瓶或塑膠咖啡杯，我們該做的是冷靜去比較回收與其他選擇的成本效益。設計完善的垃圾掩埋場如今已無甚危險性，而且其散發出的甲烷還可以供人類用來發電。[814]現代垃圾焚化爐可以是算得上潔淨的電力來源。[815]相較於此，若我們把回收變成一種道德上的美德，那要做到什麼程度呢？

這就讓我們又回到中國「國門利劍政策」擱在我們面前的難題。有人說各國都應該縮小回收計畫的規模，只收大家都同意回收有其價值的東西，像是瓦楞紙板或鋁罐。[816]這也是一種讓分類變簡單的辦法。

但這感覺是種開倒車的行為。台灣人不就把他們的垃圾分類得挺好，我們其他人有什麼不行？[817]或許我們需要的是系統性的答案：也許有關當局可以鼓勵瓶罐押金方案等新的商業模式，好讓廠商重新思考回收自家產品的動機與後勤。事實上這些討論已經處於進行式，他們打出一個很時尚的口號叫「循環經濟」。[818]

又或者科技將成為我們的救贖。英國一家新創公司說他們可以將難回收的混合塑膠變回原料石油。[819]澳洲一家賣場最近推出了一種人工智慧垃圾桶，可以感知你放進去的是什麼東西，並據此加以分類；它甚至長得跟瓦力有點像。[820]走在科技尖端的分類機構，會使用雷射與磁鐵跟噴氣機等工具來區分回收物。[821]

這些機器都還不是中國廉價勞工的對手，但或許把廉價人力的路給封了，正是產業能做出必要創新的必要刺激。

# 43 侏儒小麥 Dwarf Wheat

人口並沒有停止成長，人類幫助食物產出的技術進步已然減緩，而問題卻日漸堆積如山——氣候變遷、水源短缺、化肥與殺蟲劑的汙染。而且這些都是因為綠色革命而變得更嚴重的問題。有人甚至說是綠色革命讓使人口不斷增長的貧窮成為一種永久的現象：肥料與灌溉都需要錢，而且是許多小農拿不出來的錢。

在一九〇〇年代初期，新婚夫婦凱西與凱比．瓊斯（Cathy and Cappy Jones）離開了康乃狄克州，前往墨西哥西北部的亞基河谷（Yaqui Valley）展開務農的新生活。那是個距離亞利桑納州的邊境數百公里，沒什麼人聽過的小地方，乾燥、漫天煙塵，基本上鳥不生蛋的荒郊野外。但對瓊斯一家而言，那裡就是家了。他們在那裡養育兩個女兒。一九三一年凱比去世後，凱西決定繼續在那裡生活下去。

就在路的另一頭，墨西哥有名想一展抱負的州長設立了農業研究中心——亞基河谷實驗站。壯觀的石柱在實驗站的入口處升起。此外還開挖灌溉運河。有段時間，這處農業中心養了牛、羊、豬，種了柳橙、無花果與葡萄柚。但之後它就荒廢掉了。到了一九四五年，實驗站的原址已經雜草叢生、圍籬倒塌、建物的窗戶破損，屋頂的瓦片不知所蹤。整個地方鼠滿為患。

但凱西於此時聽到奇怪的傳言：某個操英語的瘋狂外國佬在這個明明就沒水沒電沒衛浴的廢墟裡紮營。而且他還什麼機器都沒帶來，只用鋤頭在挖不知道什麼東西。822

凱西驅車前往調查。結果她發現那裡有個來自愛荷華州的年輕人受雇於洛克菲勒基金會，而他大老遠跑來這裡，是想培育出可以抵抗稈銹病（stem rust）的小麥，這種疾病已經讓很多作物遭殃。其實他原本打算進駐更南一點的地方，在那裡必須春天播種、秋天收穫。而在較北的此處因為氣候稍有不同，可以在秋天播種然後春天收穫。透過轉移據點幾個月的時間，他認為自己說不定可以培育出能在不同風土中生長的小麥品種，而且在兩地之間轉移也代表他能以兩倍的速度進行實驗。

但問題是：墨西哥政府規定過基金會可以運作的地點，而這個舊實驗站並不是其中之一。年輕人的老闆叫他想去就去，但基金會不可能幫他出曳引機的錢，也不可能幫他把實驗站整理成能久住的地點。對外他們會說基金會對他的個人行為一無所悉。但他還是拋下在墨西哥城的老婆跟還在學走路的小孩，義無反顧地去了。

凱西很同情這個決心十足的愛荷華青年。「要不是瓊斯太太我肯定活不下來。」他事後表示。凱西每週都會邀請他到家裡吃飯、洗澡，還幫他洗衣服。她教他西班牙文，開車載他到最近的市鎮去採買。二十三年後，那個鎮上的鬧區大街更名為「諾曼・E・布勞格街」（Calle de Dr Norman E. Borlaug），為的就是要紀念當年的那名愛荷華青年。

就在同一年，也就是一九六八年，史丹佛大學的生物學家保羅・埃爾利希（Paul Ehrlich）出版了一本爆炸性的著作。在《人口炸彈》（The Population Bomb）一書中，埃爾利希提到在像印度與巴基斯坦這樣的窮國，人口的增速遠快於糧食成長的速度。早在一九七〇年代，他就預期「數以億計的人類將面臨餓死的命運」。[823]

所幸埃爾利希的預測錯了，而他之所以會錯，是因為他不曉得同一時間諾曼・布勞格在做些什麼。那個「瘋狂的外國佬」後來獲頒諾貝爾獎，就是因為他經年累月在墨西哥城與亞基山谷間跑來跑去，種植了成千上萬種的小麥品種，並小心翼翼地記錄下每一個品種的特徵：這種小麥對某一種稈銹病有抵抗力，但對另外一種沒有；這種小麥本身的產量很好，但做出來的麵包不好吃；諸如此類的。他會把不同種各有其優點的小麥拿來雜交，希望能找到一種集所有優點於一身但沒有任何缺點的超級小麥。

這工作非常辛苦。但終於皇天不負苦心人，他的努力有了回報。布勞格創造出了一種新的「侏儒」小麥可以抵抗稈銹病、易於豐收，而且很重要的是，它具有在風中也不會倒下來的短麥稈。透過進一步的測試，他研究出如何將產量最大化：每一株小麥要與鄰株隔多遠、要種多深、要下多少肥料，還有要灌溉到什麼程度。

到了一九六〇年代，布勞格開始為了推廣這個新發現而巡迴世界。這一樣不簡單。許多人都無法理解農業還有其他的可能性。在巴基斯坦，一所研究機構的所長很遺憾地表示他們試了布勞格的小麥，但產出並不理想。布勞格知道問題出在哪：對方無視於他的指示，把小麥種得太深、太開、沒下肥料，同時也沒有除草。但對此該名所長只是不解地回應說：「小麥在在巴基斯坦就是要這麼種啊。」在半世紀的時間裡，巴基斯坦的小麥產量都很穩定：穩定地低於每英畝八百磅。墨西哥農家此時已經達到三倍於此還不止的水準。所以墨西哥農人的種法值得一試囉？並沒有，一名來頭不小的學者說：「這些數據只是證實了巴基斯坦的小麥產量永遠上不去！」

布勞格對於悟性太低的人，有時候口氣也滿衝的，不管對方是誰。像在印度，他就跟副總理打起了口水戰。[824]不過他的死纏爛打還是奏效。最終，開發中國家開始進口布勞格的小麥種籽，並引進栽種的方法。於是從一九六〇年到二〇〇〇年，開發中國家的小麥產量變成原本的三倍。同樣的工作後來又出現了玉米與稻米的版本，[825]成就所謂的「綠色革命」。埃爾利希預言了大規模的饑荒，但實際上世界人口在這段期間有超過一倍的增長。[826]

只不過人口過度增長的擔憂從沒有真正遠離過。或許這一點也在預料之內。這是經濟學裡頭一個歷史悠久的問題，最早可以回溯到世間第一名「政治經濟學」教授，馬爾薩斯（Thomas Robert Malthus）。[827]一七九八年，馬爾薩斯發表《人口論》，並在當中有個很簡單的主張：人口會呈指數增長——二、四、八、十六、三十二，而糧食則不會。所以不用多久，人的數量就會超過食糧，其後果將不堪設想。[828]

所幸對我們來講，時間已經證明馬爾薩斯低估了一件事，那就是隨著人變得更有錢，他們生小孩的意願會下降，所以人口成長也會放緩：一九六八年，保羅・埃爾利希預言人口會爆炸的那年，正好也就是迄今人口增長的最高點。

馬爾薩斯還低估了另外一樣東西，嗯，應該說低估了一個人，那就是布勞格。事實上這些年來，由布勞格代表的人類創意已成功讓食物產出跟上了人口成長的腳步。

至少，到目前為止還是這樣。但人口並沒有停止成長。[829]有一項估計認為食物產出必須保持每年百分之二點四的增長，但目前情況並非如此：進步已然減緩，而問題卻日漸堆積如山——氣候變遷、水源短缺、化肥與殺蟲劑的汙染。而且這些都是因為綠色革命而變得更嚴重的問題。有人甚至說是綠色革命讓使人口不斷增長的貧窮成為一種永久的現象：肥料與灌溉都需要錢，而且是許多小農拿不出來的錢。[830]

如今年屆八旬的保羅・埃爾利希堅稱他不是錯，而是領先時代太多。[831]或許如果馬爾薩斯以兩百五十幾歲的年紀還活在人間的話，他也會說一樣的話。一如某位專家對科普作家查爾斯・曼恩（Charles Mann）所說：「育種者已經從他們的魔術帽裡拉了五十年的兔子……再多的兔子也該要拉完了。」[832]

還是其實兔子還多得是？自從基因修改不再是天方夜譚後，人類就把這技術拿來大肆對抗疫病、害蟲與除草劑，雖說這麼做確實增加了產量，但只能算是間接的增加。這一點如今正在改變。[833]農藝學者開始探索基因編輯工具「常間回文重複序列叢集」（clustered, regularly interspaced, short palindromic repeats）的潛力，這門簡稱CRISPR的技術可以做到諾曼・布勞格達成的事情，而且效率要高出很多。[834]

至於對布勞格而言，他目睹自己的工作造成沒處理好的問題，但也問出了一個簡單的問題：你會寧可用不夠完美的辦法種出更多糧食，還是會眼睜睜看著人餓死？[835]未來的幾十年，這個問題恐怕我們還得繼續問下去。

# 44 太陽能光電
## Solar Photovoltaics

在太陽能電池的案例中，學習曲線就滿深的：產出每一次翻倍，成本就會下降超過兩成。而這一點之所以重要，是因為產出目前增加得非常快：從二〇一〇到二〇一六年，全球的太陽能電池產量比二〇一〇年之前增加了一百倍。電池組作為太陽能光電產業的重要組成分子，也在一條深遂的學習曲線上邁進。

蘇格拉底認為理想的居家應該要冬暖夏涼。腦袋如此清晰的他，難怪能成為無人不知無人不曉的巨賢大哲。[836]

在當時，這樣的想望知易行難，但許多前現代的文明還是想出辦法滿足蘇格拉底的要求。這當中包括蘇格拉底應該不陌生的希臘城邦，包括西元前七世紀的中國人，還有曾經生活在美國西南部的裴布羅族原住民（Puebloans）。這三支文明都設計出可以從低垂的冬陽捕捉到陽光，並在夏季最大化涼蔭的屋子。[837]

這些房子全都非常優雅，但這些並不是今日能驅動現代工業經濟體的那種太陽能。自那之後幾千年過去，什麼進步也沒有發生。一九八〇年出版的一本書《金線（暫譯）》（A Golden Thread），作者在書中點名千百年來人類對太陽能建築與科技的巧妙利用，並敦促在一九七〇年代受到石油震撼教育的現代經濟能夠好好學學古人的智慧。

比方說，中國在三千年前使用過的拋物面鏡，就可以集中陽光來烤熱狗。太陽能的加熱系統可以利用冬天的陽光加熱空調或水，並藉此減少過冬的保暖支出。這類系統如今約占全球以加熱為目的之能源需求的百分之一。[838]聊勝於無，但談不上太陽能革命。

《金線》僅以寥寥數語提到在一九八〇年的一種利基科技：太陽能光電電池，英文簡稱PV，也就是使用太陽光來產生電力。光電效應並不新。早在一八三九年，法國科學家艾德蒙·貝克勒爾（Edmond Becquerel）就發現了這個東西。一八八三年，美國工程師查爾斯·弗利茨（Charles Fritts）在紐約市陸續打造了史上第一個固態光電電池跟第一個屋頂太陽能陣列。

這些早期的太陽能電池用一種叫做硒的昂貴元素製成，造價甚高且效率不彰，因此很難實際應用。且當時的物理學家算是知其然但不知其所以然，他們對其幕後的原理並無確切了解，要等到那個叫愛因斯坦的傢伙在一九〇五年發表狹義相對論的時候，才把事情說清楚（愛因斯坦知道光子會將電子從平時位於原子核周圍的位置打出去，由此獲得釋放的電子便能以電流的形式流通）。

直到一九五四年，美國貝爾實驗室的學者才誤打誤撞達成一項突破。在純然的運氣眷顧下，他們注意到當矽元件暴露在陽光之下時就會開始產生電流。矽比硒元素便宜得多，貝爾實驗室的學者估計矽的光電效應效率比硒高出十五倍。[839]

這些新式的矽太陽能電池非常適合應用在人造衛星上；美國第一顆使用矽太陽能電池的人造衛星先鋒一號（Vanguard 1），攜帶六片太陽能面板，於一九五八年進入地球軌道。[840]太陽在太空中無時無刻不在照耀，而且話說到底，除了太陽能，你還打算用什麼來為造價數百萬美元的人造衛星提供動力？不過，此時的太陽能電池在地表仍無太多用武之地，因為它還是太貴了。

先鋒一號的太陽能面板每產生半瓦的發電功率就要花掉不知多少個一千美元的天價。到了一九七〇年代，太陽能板的成本效益進步到一瓦一百美元，但那仍代表要總價一萬美元的面板才能點亮一顆普通燈泡。降價的趨勢已然成形。到了二〇一六年，太陽能發電的成本已經變成一瓦零點五美元，並仍在持續降低。[841]經過數千年的緩慢牛步，太陽能發電的進展突然火力全開。

或許我們並不該對這樣的加速感到意外。在一九三〇年代，一名叫希奧多・萊特（T. P. Wright）的美國航空工程師仔細觀察運行中的飛機工廠，然後他發表的研究說明了特定類型的飛機一旦組裝的頻率提高，下一次組裝所耗費的時間跟成本就會下降。主要是工人會累積經驗，專門的組裝工具會開發出來，也會發現節省時間與材料的辦法。萊特認為每回累積的產量翻倍，生產的單位成本就會下降百分之十五。這個現象被他稱之為「學習曲線」。[842]

三十年後，波士頓諮詢公司（BCG）的企管顧問重新在半導體的案例中發現萊特提出的這個大原則，接著又將之推到其他的產品上。[843]近期牛津大學一群經濟學家與數學家在從電晶體到啤酒等逾五十種產品上都發現了學習曲線效應的強有力證據，其中當然也沒少了太陽能電池。學習曲線時淺時深，但幾乎都在範圍內。[844]

在太陽能電池的案例中，學習曲線就滿深的：產出每一次翻倍，成本就會下降超過兩成。而這一點之所以重要，是因為產出目前增加得非常快：從二〇一〇到二〇一六年，全球的太陽能電池產量比二〇一〇年之前增加了一百倍。[845]電池組（單顆太陽能電池組成的模組）作為太陽能光電產業的重要組成分子，也在一條深遂的學習曲線上邁進。

學習曲線或許是關於科技的可靠事實，但它也很矛盾地創造出一種回饋的迴圈，讓我們更難預測科技未來的變遷。有人氣的產品會變便宜；便宜的產品又會更有人氣。

任何一種產品都需要熬過價格壓不下來的初始階段。太陽能電池一開始也曾需要鉅額的補貼，德國政府就以環保之名這麼做過。較晚近則有中國為了掌握技術而大舉投入製造階段，這也讓美國當時的歐巴馬政府不滿於進口太陽能面板不但不貴，反而還便宜到產生不公平競爭的疑慮。

近年來的超低利率環境也把太陽能電池拉進能源系統的主流當中；這些低利率讓人忍不住

想貸款安裝壽命長達數十年的太陽能面板，畢竟之後的發電過程基本只會衍生像清潔與維護等貴不到哪裡去的變動成本。

太陽能面板最被看好，是在能源電網的質與量都有問題，但白天日照豐沛的窮國。像印度總理納倫德拉·莫迪（Narendra Modi）在二〇一四年就任後，就宣布要建設達到公共事業規模的大型太陽能電場，但也會在與國家電網幾無聯繫的鄉村興建微型電網。[846]

但如今隨著太陽能電池度過陡峭的學習曲線，這產品即便在電網完備的富國也變得高度競爭。最早在二〇一二年初，太陽能開發案中設在陽光普照之美國各州者就開始簽下了破盤價的合約，以低於化石燃料發電的費率出售電力。[847]

這適足以說明太陽能發電已經對傳統的化石燃料發電基建構成嚴重的威脅，但理由不是它多環保，而是因為它夠便宜。像二〇一六年底在內華達州，好幾家大型連鎖賭場就退掉了該州的電力服務，改向大體上屬於再生能源的來源購電。這並不是企業的面子工程，而是實實在在想要省錢，為此賭場業者不惜先付一筆一億五千萬美元的「遣散費」給內華達州。[848]

某些產業觀察家認為太陽能已經便宜到大型石油公司可能會步上伊士曼·柯達軟片公司的後塵，成為下一批破產的巨人。

也許這一幕會比我們想像中更早到來。也可能不會。晚上沒有太陽，冬天如何儲電也還是未解的難題。如蘇格拉底警告過我們的：真正的智者才知道自己的無知。但學習曲線告訴我們太陽能電池應該能取得最後勝利：它一面靠著普及而得以便宜，又一面因為便宜而變得更加普及。這怎麼看，儘管有蘇格拉底這個衰神，但這怎麼看都是個勝利方程式。

# 第八部 我們的機器人大大

在沒有電腦的時代，蒐集大數據靠的是何樂禮打孔機。以人工統計人口普查結果經常得花費數年，藉由這種機器設定條件、在符合條件的欄位上打孔，便能加速統計問卷結果，查詢資料也變得更容易，各國政府和企業很快就看到這種技術的各種可能性，保險業、鐵路公司、製造業都能派上用場，何樂禮也在一路併購後，成為我們今日熟悉的ＩＢＭ。

水手為了判斷船隻的位置，會使用四分儀取太陽與地平線的夾角，但地平線可能會被陰霾或霧氣遮擋，陀螺儀的前身就是以「人造水平線」的概念發想。陀螺儀是一個裝在水平環（gimbal）上的旋轉盤（spinning disc），不論基底如何朝四處傾斜，支架上的碟盤都不會改變方位。如今的微機電振動陀螺儀只有幾立方公釐大，從智慧型手機、機器人到無人機都能派上用場。

電子試算表的出現完全改變商業世界的運作。會計工作中屬於重複而例行性的部分不見了，需要更多的判斷、更多的人類技巧。電子試算表創造出全新的產業，各領域都出現多不勝數的高階金融工作，需要人去探索各種不同的數字情境，這些工作在電子試算表出現前都是鳳毛麟角。

知名的「圖靈測試」是要讓電腦模仿人類對話到騙過對方。即使真正通過這項測試的電腦有待商榷，但聊天機器人現已無所不在。醫療、金融、保險的虛擬服務，乃至亞馬遜的智慧語音助理亞莉克沙與蘋果iPhone的Siri皆然。但我們必須關注的風險是，身為消費者、生產者，甚或只是普通的公民，我們都可能扭曲自己去配合電腦。

二〇〇〇年前後的人造衛星規模龐大，動輒數公噸且要價不菲。鮑伯・特維格斯（Bob Twiggs）要學生設計約莫十公分立方的迷你衛星，最終演化成微型衛星的實務標準。立方衛星造價低廉且發射也便宜，或許無法取得超高解析度的照片，但運用於貿易預測或讓世界經濟更透明化已然綽綽有餘。

現代的吃角子老虎機就是換了外殼的電腦而已，在遊戲機設計師的巧思之下，玩家一旦進入渾然忘我的狀態，就會與外在的世界隔絕開，連有人倒在腳邊都沒感覺。這種技巧目前更普遍用於手機軟體和遊戲上，即使大多數人不會被老虎機奴役，但我們很少有人能對手機做出同樣的誓言。

這年頭我們都把演算法想成一種電腦在做的有點神祕的東西，但演算法是一種按部就班的程序，也是一系列定義明確的指示，是在針對能產生某種結果的過程進行除魅，任何人只要照著做，就可以得到結果。早自電腦科學的濫觴，西洋棋就一直是演算法智慧的實驗場，美國數學家克勞德．夏農（Claude Shannon）說，這個問題「是要機器下一場技巧精湛的好棋，是要讓機器的棋藝能與人類高手平起平坐」，重點不在棋盤，而在於機器能不能獨立思考。

# 45 何樂禮打孔機 The Hollerith Punch-Card Machine

谷歌跟亞馬遜等公司如今不需要普查員大軍為他們蒐集資料。我們每次使用手機，就會自動留下數據的痕跡。這種新數據不像設計過的普查問題有標準答案，不會被打在何樂禮的卡片上變成一個個洞，所以也不會有整齊的結構，沒辦法讓人一看就懂，但新數據的優勢是它的數量多到讓人無法想像。隨著演算法愈來愈厲害，也隨著網路繼續進駐我們的人生，政府官僚的全知大夢正由企業為他們加速完成。

亞馬遜、谷歌的母公司字母控股、阿里巴巴、臉書、騰訊。這五家公司的市值都能在二〇一九年的夏天排進世界前十大，公司成立都不到二十五年，以各自的方式靠著數據致富。[849] 無怪乎愈來愈多人把數據稱為「新石油」。[850] 最晚到二〇一一年，世界前十大公司中還有五家是賣石油的，[851] 現在沒掉下來的只剩下埃克森美孚。

這個類比並不完美。[852] 數據不像石油只能用一次，它可以反覆使用許多次。但數據確實與石油相同的一點，是它需要精煉，原始狀態下的數據跟石油一樣，對誰都沒有太大用處。只有處理完的產品，才能產生價值。石油煉成柴油可以驅動內燃機。數據煉成洞見可以幫助人做決定，例如：要在社群媒體的時間線上插入什麼樣的廣告；搜尋引擎要把什麼樣的搜尋結果置頂。

假設你被要求做成上述其中一個決定。有個使用者在谷歌經營的YouTube上看影片，而谷歌的大老闆則是字母公司，你會建議她下一部影片看什麼？你若能引發她的興趣，YouTube就能賺到下一個廣告主的錢；你讓她興趣缺缺，她就會點滑鼠離開。

你要什麼數據都有。你可以去看她之前都看什麼樣的YouTube影片，了解她對什麼東西感興趣？然後再看看其他使用者在看完同一部影片後都緊接著看了什麼？審酌一下各種選項，計算一下機率。如果你做出明智的選擇，她也觀看了另一則廣告，那麼幹得好：你為字母公司賺進了整整，噢，大概二十美分（約台幣6元）。[853]

很顯然靠人去消化數據的效率低到並不可行。基於數據的商業模式必須仰賴機器。在數據經濟裡，力量不光來自數據本身，也來自數據與演算法的共舞。

在一八八〇年代，一名德裔美國年輕發明家曾設法讓他的家人對一部處理數據快過人類極限的機器產生興趣。機器已經設計出來了，現在他需要的是測試的資金。想像一下有個東西看起來像直立式的鋼琴，但在該有鍵盤的地方出現了一個可以插入卡片的孔槽，卡片大小約當一美元紙鈔，上面還打了很多洞；面對機器會看到四十個轉盤，有些在你插入新卡片時會往上跳動，有些則不會。

赫曼．何樂禮（Herman Hollerith）的家人沒有捕捉到這部機器的妙處。由此他們不但沒有搶著投資，反而還對何樂禮一陣訕笑。何樂禮顯然是有仇必報而且殺無赦的那種人：他與這些人斷絕了往來。他的孩子日後長大也不會知道爸爸這一邊有哪些親戚。[854]

何樂禮的發明對應著一個非常特定的問題。每隔十年，美國政府就要進行一次人口普查並不是新鮮事。古往今來的政府都會想知道誰住在哪裡、誰名下有什麼，為的是方便徵稅與徵兵。美國的開國元勳說：人口普查的資料應該用在選舉區域的劃分上，好讓每個選區能在國會擁有平等的代表權。[855]

但如果你都要派出一支普查員大軍到全國各地了，當然會想要把能問的事情統統問一遍。人民從事什麼行業？身體有沒有什麼疾病或障礙？會說哪些語言？知識就是力量，這一點二十一世紀的平台業者知道，十九世紀的行政官僚也知道。但在一八八〇年的人口普查中。這些官僚犯了貪多嚼不爛的錯誤，收來太多的資料讓他們消化不完，主要是擴大的普查範圍已包含圖書館、安養院、犯罪統計，還有許許多多主題。一八七〇年，人口普查有五種不一樣的問卷。一八八〇年，問卷的種類竟已多達兩百一十五種。[856]官方很快就認清事實，統計這些答案需要花上好幾年的時間：他們才剛結束這一次的普查，下一次普查就差不多該開始了。誰能加速這個過程，誰就確定可以從政府手中拿到很有賺頭的合約。

年輕的赫曼曾參與一八八〇年的普查，所以他明白問題所在。他同時也在專利局工作過，所以他知道發明是一門好生意，尤其如果你的發明牽涉到快速成長中的鐵路產業。[857]赫曼原本打算為火車設計一種新煞車來賺到第一桶金，但最後卻是一趟火車之行給了他靈感，讓他解決人口普查的問題。

由於火車票經常失竊，所以鐵路公司想了一個很聰明的辦法，把車票跟購票者本人聯繫起來：把車票做成一種「打孔的照片」。車掌會用打孔機配合這種「打孔照片」設定持票人的各種外貌特徵。何樂禮記得他的車票上用孔洞載明他是個有著「淡色頭髮、深色眼睛、大鼻子等特徵」的人。[858]一個深色頭髮跟小鼻子的混混就算偷了車票，他也無法走太遠。

看著這套系統，何樂禮意識到民眾在接受普查時的回答也可以用卡片上的孔洞代表。這應該可以解決問題，因為使用打孔的卡片控制機器是從一八〇〇年代初期以來就有的做法：雅卡爾（Jacquard）織布機就是靠打孔的卡片把有圖案的布料編出來。何樂禮需要的只是做出一部「製表機」來彙總他構思中的普查卡。在那部乍看像鋼琴的機器裡，一組裝著彈簧的撞針落在卡片上，在卡片上找到能讓撞針的電路連起來的孔洞，對應的轉盤就會跳動一格。

令何樂禮感到欣慰的是美國政府比他的家族識貨。官方租下他的機器用以計算一八九〇年的普查結果，問卷數量又比上次更多，[859]這次普查累積了重達大約兩百噸的文書資料。[860]比起舊系統，何樂禮的機器既快上數年，又為政府省下幾百萬美元。[861]

更重要的是，它們讓人查詢資料變得容易多了。假設你想要找出四十到四十五歲的已婚木匠，[862]不用去翻找那兩百噸的紙張，只要架設好機器，把卡片跑過一遍就行。何樂禮解釋：「只要靠著大家都知道的繼電器，我們就可以找出任何我們想要的條件組合。」[863]

各國政府很快就看出這部機器在普查之外的廣大潛力。歷史學者亞當·圖茲（Adam Tooze）說道：「放眼全球，官僚做起了全知的美夢。」[864]美國首筆社會福利金就是透過打孔卡片在一九三〇年代發放。[865]下一個十年，打孔卡片則淪為納粹籌畫猶太人大屠殺的幫兇。[866]

企業也很快就看到這種技術的各種可能性。保險公司使用打孔卡片進行各種精算，公用事業體用打孔卡片收費，鐵路公司以之管理貨運，製造業者藉此掌握銷售與成本。[867]何樂禮的製表機器公司把生意做得風生水起。他們後來經過一番併購而蛻變成的另一家公司，你可能也聽說過，那是一家叫做「國際商業機器」的企業，英文縮寫是ＩＢＭ。ＩＢＭ一路以市場龍頭的姿態見證了打孔卡片退位給磁帶，製表機讓賢給可編程的電腦。就在幾年前，ＩＢＭ都還能名列全球十大企業榜。[868]

但如果數據的力量在何樂禮的顧客眼中如此顯而易見，何以數據經濟沒有早一百年啟動呢？答案是如今被比喻成石油的新數據有一點跟舊數據不一樣的地方：谷歌跟亞馬遜等公司如今不需要普查員大軍為他們蒐集資料。我們每次使用手機，或每次請亞莉克莎幫我們開燈的時候，就會自動留下數據的痕跡。

這種新數據不像設計過的普查問題有標準答案，不會被打在何樂禮的卡片上變成一個洞，所以也不會有整齊的結構，沒辦法讓人一看就懂，但新數據的優勢是它的數量多到讓人無法想像。隨著演算法愈來愈厲害，也隨著網路繼續進駐我們的人生，政府官僚的全知大夢正由企業替他們加速完成。

# 46 陀螺儀 The Gyroscope

陀螺儀、陀螺羅盤搭配加速計與磁力儀等儀器，大抵就能讓你知道哪一邊是上面，而你當下正往哪一邊走。將這些儀器的讀數輸入可以修正航道的系統，你就有了飛機的自動導航功能，有了船舶的陀螺穩定器，也有了太空船或飛彈上的慣性導航系統。如果再加上全球定位系統，你就會連自己被導航到何處都一清二楚了。

一七四四年十月三日，英吉利海峽上風雨欲來。剛將法國艦隊從葡萄牙外海驅離的一支英國戰艦中隊準備揚帆返鄉，但在海軍將領約翰．巴爾欽爵士（Sir John Balchen）的率領下，他們其實正直直航向風暴。「我們強碰猛烈的風暴，眼看其撕毀了我們全數的風帆與索具，讓我們不得不任由海浪擺布。」水手能寫下這些，是因為他所屬的船艦得以僥倖回港，但過程也非常勉強。「十月四日我們的船艙中有十英尺高的積水，讓我們的處境非常兇險，對死亡的恐懼寫滿了每一張臉，我們有一瞬間覺得自己要被吞沒了。」[869]

事實上有一艘船真的被淹沒了，那就是中隊的旗艦，由巴爾欽上將親自坐鎮的勝利號

（Victory）。該船在沉沒了一百公尺後，躺在普利茅斯南方五十英里處的海床上，船上一千一百個人也隨之滅頂，至於陪葬的則是傳說中為數不少的葡萄牙金條。[870]這場船內的殘骸就這樣靜靜停泊在海底，直到二〇〇八年才有尋寶人將其成功定位。他們希望能找到黃金，但他們在那艘船上發現的卻是一種經濟意義極為重大，遠非金條可以比擬的東西，一種我們如今用來導引一切事物的概念：從潛水艇到人造衛星，從火星探測車到你口袋裡的手機，都受到它的影響。那艘船上藏著已知是人類第一次嘗試應用這種概念的證據。

抱持這個概念的人，是約翰．瑟森（John Serson）。時間從沉船回推一年，他受邀到倫敦附近一艘皇家遊艇上，向兩名高階海軍軍官與一位名聲顯赫的數學家解釋這門技術。瑟森是名船長，他勉強識字，但卻是個「心靈手巧的工匠」，至少日後《紳士雜誌》（The Gentleman's Magazine）是這麼形容他的。瑟森的靈感來自一種小孩的玩具——陀螺。他想要解決的問題如下：水手為了判斷船隻的位置，會使用四分儀取太陽與地平線的夾角，但地平線不是隨時都能看到，畢竟有陰霾或霧氣的問題。

瑟森心想：要是他可以創造出一個人造地平線就好了，一種即便在船隻東倒西歪地前進或發生偏轉時，也能永遠保持水平的東西。按照《紳士雜誌》的描述，瑟森：

> 做出一種陀螺，其垂直立於船首的上半部，表面是個拋光金屬的圓形平面；而他發現一

如他所預期，當這顆陀螺迅速轉動起來時，其圓形平面會很快變成水平……如果這個旋轉的平面遭到干擾而脫離水平時，它也會很快就能回復原本的位置。[871]

兩名高階軍官與數學家聽得津津有味：「在他們看來，瑟森先生的發明相當值得鼓勵，且極有可能在起霧的天氣中派上用場。」[872]海軍請瑟森更進一步研究，所以將他送上勝利號，而這也「造成他不幸身亡」。[873]瑟森雖然壯志未酬身先死，但他的發想活了下來，其他人依他的想法做出同型產品的分身，[874]其中一款甚至賣給法國科學院，此舉讓《紳士雜誌》深感不齒：「由此我們不能排除法國人會以此做些無關痛癢的調整，等時間久了就按他們過往的作風，忝不知恥地說這東西是他們自己的。」[875]

事實證明這些原型機需要的不只是一點無關痛癢的修正。瑟森發明的「旋轉窺」作為陀螺儀的前身，實用效果很遺憾地極受局限。[876]瑟森提出的原理，在一個世紀後才由法國給了我們一個較為成功的實際應用，也就是裝在水平環（gimbal）上的旋轉盤（spinning disc），其中水平環是一組帶有轉軸的支架，其作用是不論基底如何朝四處傾斜，支架上的碟盤都不會改變方位。

物理學家里昂・傅科（Léon Foucault）稱這種裝置為 gyroscope，也就是陀螺儀最終的英文名稱，他是把希臘文中的 gyro-（旋轉）與 -scope（觀察）結合在一起，造出這個新字，傅科用它觀察地球的旋轉。後來電動馬達問世，讓陀螺儀中的轉盤可以無止境地旋轉下去後，各種實務應用就如雨後春筍般地冒了出來。船隻上裝了真正管用的人造地平線，飛機也是。一九〇〇年代初期，赫曼・安修茨・康菲（Hermann Anschütz-Kaempfe）與埃爾默・斯佩里（Elmer Sperry）想出辦法讓陀螺儀的旋轉對齊地球的南北極軸，這就又給了我們陀螺羅盤（gyrocompass）。

這些裝置搭配加速計與磁力儀等儀器，大抵就能讓你知道哪一邊是上面，而你當下正往哪一邊走。將這些儀器的讀數輸入可以修正航道的系統，你就有了飛機的自動導航功能，有了船舶的陀螺穩定器，也有了太空船或飛彈上的慣性導航系統。[877]如果再加上全球定位系統，你就會連自己被導航到何處都一清二楚了。

水平環裡的碟盤可以小到什麼程度，是有極限的，但人類還是靠著其他科技縮小陀螺儀。[878]微機電振動陀螺儀只有幾立方公釐大。[879]學者目前還在鑽研一種以雷射技術為基礎的陀螺儀，比人的一根頭髮還薄。[880]隨著上述這些以及其他傳感器，愈來愈小也愈來愈便宜，加上電腦愈來愈快、電池愈來愈輕，它們的用途也從智慧型手機擴散到機器人、遊戲主機，還有虛擬實境的頭盔上。

再說到一項人氣十分沸騰的相關科技，那就是：無人機。

人類史上第一趟無人飛行常被追溯到一八四九年，僅僅早於傅科版陀螺儀問世的三年前。

當時是奧地利嘗試攻擊威尼斯，他們想出的辦法是把炸彈固定在氣球上，並等著風勢將之吹往正確的方向。[881]這個如意算盤沒能成功：部分炸彈落在奧地利本土。[882]軍事用途持續推動著無人機的技術前進，一直到最近期：以「無人機」為關鍵字在網路上搜尋，你會發現至少四、五年內的新聞頭條都是戰爭的消息，然後標題突然一下子變成「無人機玩家該如何理解空域管制？」，或「無人機送菜上門的日子不遠了？」。

這當中有一個大問題。如今無人機從勘查工作到電影製作都已經廣獲應用；它們可以把救命的醫療補給運送到傳統交通難以企及的地點。但無人機要想真正發揮革命性的本色讓我們的生活產生質變，還得讓它深入我們的日常：把網購的東西運來給我們，或甚至把我們載到別的地方。中國有家叫億航智能的公司領先開發無人機載人技術。[883]

在中國的鄉間，還沒有大型量販店進駐，也沒有鋪設送貨廂型車可以行駛的柏油道路，運送用無人機已經儼然成為蛙跳技術：一種快速崛起且無固有基礎建設能與之競爭的新科技。江蘇省的張圩鄉是一個很少人有車的鄉下地方，約莫半數人家有冰箱，但手機倒是人手一支，他們也確實會用手機向網購平台京東（JD.com）訂購從紙尿褲到生鮮食物等一切日常所需。一天大概四回，倉儲的工作人員會按村民的訂單把貨品送過去，而負責送貨的，就是載重可達十四公斤，且時速可達四十五英里的無人機。這可謂皆大歡喜——除了村裡開店做生意的大媽。[884]

無人機想要以張圩鄉模式大規模地起飛，「最後一哩」的問題就得先解決。在張圩，京東雇用一名人類員工負責把尿布跟生鮮食物宅配到府，但在人工沒那麼便宜的國家，這最後一哩路就會成為運輸成本的破功之處；將之自動化，某些人認為實體商店就會徹底消失。[885]但具體應該怎麼做，似乎還沒人有知道。我們會想讓商品像傘兵一樣降落在自家後院嗎？還是空投到公寓的屋頂？要不我們還是發明一種智慧窗戶，我們不在家的時候放無人機進來卸貨？[886]

此外，還有一個問題，那個讓可憐的約翰．瑟森一命嗚呼的變數：天氣。如果要走空運這條路，那無人機就一定要能全天候運作。[887]萬一遇到可以把戰艦弄沉的暴風雨，無人機找得到路嗎？或許要到見真章的那一天，陀螺儀才會真正實現所有的潛能。

# 47 試算表

## Spreadsheets

自動化對於職缺的影響本來就可正可負。重點是：自動化重塑職場的過程有著很多微妙之處，不能都推給「機器人來搶我的工作」一句話就算了。進入電子試算表的年代後，會計工作中屬於重複而例行性的部分不見了。活下來而且活得更精采的職務則需要更多的判斷、更多的人類技巧。電子試算表創造出全新的產業，貿易、保險等各種領域都出現多不勝數的高階金融工作，需要人去探索各種不同的數字情境。

一九七八年，哈佛商學院一名叫做丹・布里克林（Dan Bricklin）的學生坐在教室裡，看著眼前的會計學講師在黑板上的橫列和直欄中填入數字。每當講師改了其中一個欄位的數字，他就得一擦一寫地把黑板上整列跟整欄的數據統統改掉。正所謂牽一髮而動全身，不這樣改，數字就兜不起來。這動作看在丹的眼裡既枯燥又機械化——懶惰為發明之母可不是隨便說說。[888]

把數字寫成格狀欄列，又花費大把時間修改資料的並不只這位會計學講師：全世界的會計人員都每天對著他們的帳簿做一樣的事情。帳簿翻開時的左右兩頁加起來，就叫做一個「試算表」*，好幾份試算表的輸出又會成為若干更大型主試算表的輸入。由此在紙本上光是更改一個地方，就得用鉛筆、橡皮擦和桌上型計算機工作好幾個小時。

跟許多商學院的學生一樣，丹・布里克林在上哈佛之前已經有了正職，他在一九七〇年代叱吒一時的王安電腦（Wang）與迪吉多電腦（DEC）當過程式設計師。因此他想：怎麼會有人想在黑板上或紙本帳簿上做這種事情啊？這件事明明就可以在電腦上做啊？

於是他就劍及履及地為當時新出品的蘋果二號個人電腦寫了一個程式：電子試算表。他的朋友鮑伯・法蘭克林（Bob Frankston）幫他把軟體做了進一步的改良，然後在一九七九年十月十七日，他們的心血結晶 VisiCalc 正式上市。VisiCalc 幾乎在一夜之間就紅了。

各種金融與財會軟體已經存在很久了，但 VisiCalc 是第一款具備現代試算表介面的產品，同時也被認為是電腦史上第一款「殺手級應用」，也就是一款必要性大到你會為了用它而去買電腦的軟體。蘋果的賈伯斯後來也說多虧了 VisiCalc，「蘋果二號才能賣得這麼出色。」[889]

VisiCalc 問世五年後，讓記者史蒂芬・列維（Steven Levy，現代電腦發展的業餘史家）得以寫下這樣的一段話：「現在已經有企業高階主管、批發商、零售商、中小企業主會講起他們分成兩階段的經商人生，分水嶺就是電子試算表。」[890]

列維還提到 VisiCalc 出現一款更新更強大的對手叫 Lotus 1-2-3。果然在一九八八年，《紐約時報》報導說「蓮花軟體公司已經稱霸試算表市場達五年之久」，一切都要從該公司「擊敗第一款電子試算表VisiCalc說起，須知前任霸主VisiCalc在個人電腦中的市占曾看似無敵」。曾經的巨人就這樣服軟認輸了！《紐約時報》還順便介紹幾名新進的挑戰者，當中也包括一款叫做微軟Excel的產品。[891]

但試算表為我們上的一課不在於獨占地位的風水輪流轉，而在於科技帶來的失業。這年頭大家都愛說機器人要來搶我們的工作了，但其實事情從來不像大家想得那麼簡單，而我能想到最適合說明這一點的案例莫過於數位試算表。

會計機器人到底會長成什麼模樣？它肯定不會長得像阿諾史瓦辛格扮演的魔鬼終結者一樣，只是把霰彈槍換成口袋計算機。當然啦，如果我是一名人類會計師，某天早上我去上班時發現阿諾坐在我的位子上，我會不動聲色地退出去，決定晚一點再找時間來收拾我的個人物品。

要說會計機器人的概念可以對應到什麼東西，那肯定就是VisiCalc或Excel等試算表軟體了。這些軟體讓數十萬的會計員丟了飯碗。會計員就是那些整天一邊按著口袋型計算機，一邊在紙本帳本上擦擦算算寫寫的先生小姐。當然，VisiCalc在當年是一種革命性的存在，它的效率要高於人類。Podcast節目「金錢行星」（Planet Money）表示：光在美國，今日的會計人員職

＊譯按：原文spreadsheet意為「展開的單張」。

缺就比VisiCalc上市的第一個完整年度（一九八〇）少了四十萬個。

但「金錢行星」還有另外一個發現：他們發現正規會計師的職缺多了六十萬個。畢竟隨著分析數據的成本降低、花樣變多，而且效果強大，需求自然就上升了。重點不是六十萬大於四十萬，自動化對於職缺的影響本來就可正可負。重點是：自動化重塑職場的過程有著很多微妙之處，不能都推給「機器人來搶我的工作」一句話就算了。

進入電子試算表的年代後，會計工作中屬於重複而例行性的部分不見了。活下來而且活得更精采的職務則需要更多的判斷、更多的人類技巧。電子試算表創造出全新的產業，貿易、保險等各種領域都出現多不勝數的高階金融工作，需要人去探索各種不同的數字情境——微調數字，然後看著各欄數據自行重新計算。這些工作在電子試算表出現前都是鳳毛麟角。

在《形塑現代經濟的發明》一書中，我們結識過一位「珍妮佛套件」（Jennifer Unit）。這種佩戴在倉儲撿貨員耳朵上的裝置，會把各種指示拆解成超無腦、超防呆的步驟，檢貨員只要照著做就行。換句話說，珍妮佛套件把原本已經夠無聊的工作拿來，再奪走當中很勉強算是有趣的微量元素。試算表則是反其道而行：試算表把一種非常需要動腦的工作拿來，把當中最無聊的部分完成了。

將珍妮佛套件與試算表合在一起看，這兩種科技告訴我們一件事情，那就是科技通常不會把某種工作「整碗捧去」。科技會把當中容易自動化的部分切走，留下人類適應剩餘的部分。

這麼一來，人類的工作可能變得更充滿趣味，也可能變得更讓人感覺生無可戀，一切視狀況而定。

以會計工作為例，試算表讓人類負責的部分變得更需要創意了。誰不希望自己的會計師有創意一點呢？所以說會計師一點也沒有因為自動化的出現而留下創傷，他們現在反而會覺得沒有試算表怎麼工作。我讀到的會計史都已經懶得提到VisiCalc或Excel了，或許他們覺得現在還提這個，有失會計師的尊嚴吧。

試算表為會計與金融工作帶來的影響，可以讓我們一窺其他白領工作的未來。記者已經不用親自動筆寫那些例行性的企業財報新聞，這種事情演算法做得更快更便宜。學校教師的工作則是在虛擬家教測試過學生的程度並評估出他們卡在哪裡後，再去指導學生。醫師偶爾可以請護理師加上診斷小程式的組合來代班。律師事務所可以運用「文件組裝系統」來提供客戶諮詢服務，並按照客戶需求擬成法律合約。[892]日後這些專業的成員會不會像會計師看待會計員終結者那麼慈眉善目，還有待時間去揭曉。

但無論如何，電子試算表還有一個最終的警世寓言值得他們深思：有時候我們以為自己是忠僕，把一些例行工作授權給萬無一失的電腦，我們沒想到的是，電腦做為一根槓桿，也可以把人為的錯誤放大到不太好收拾的地步。

例如，申請某高階警務職缺失敗的人員也收到錄取通知，這就代表有人在排序時忘了把相鄰的欄位一起排序。[893]另外一例的當事人是兩位有頭有臉的經濟學家，一個是卡門·萊因哈特（Carmen Reinhart），一個是曾任國際貨幣基金首席經濟學者的肯恩·羅格夫（Ken Rogoff）。他們的臉之所以丟大了，是因為有研究生發現他們在一篇甚具影響力的經濟學論文中操作試算表出了差錯。萊因哈特跟羅格夫的分析不小心略過了幾個國家，只因為他們忘記把選擇公式的方塊往下多拉五個儲存格。[894]

噢，我差點忘了，還有一次是投資銀行摩根大通慘賠六十億美元，部分原因是試算表上的某個風險指標的分母搞錯了。這個分母原本應該是兩個數字的平均值，但事件發生時被誤植為這兩個數的和，導致風險指數活生生被腰斬。[895]

就算我們叫電腦去做錯的事情，它們也一樣可以展現出讓人屏息、也讓布里克林想要去寫出VisiCalc的超高效率。我怕這種教訓我們得永遠學下去，而且出包的場域絕不僅限於會計。

# 48

## 聊天機器人
## The Chatbot

亞當．斯密在一七〇〇年代晚期解釋過生產力的建構，必須以把勞動拆分成小而專的任務為基礎。聊天機器人也是循著這個原則在走。這個邏輯導致經濟學者認為自動化重塑了工作而不是摧毀工作。工作只是被切成小塊。電腦負責重複性高的例行任務，人類提供創意與適應力。我們在數位試算表、自動提款機與賣場的自助結帳機上看到的都屬於這種狀況，聊天機器人則是錦上添花。

勞勃．艾普斯坦（Robert Epstein）在找尋戀愛對象。當時是二〇〇六年，他尋愛的地方是網路。他跟一名亮麗的棕髮美女展開一段好像頗具希望的電郵交流，但沒過多久他就發覺自己被騙了。伊瓦娜用斷斷續續的英文承認她不住在加州附近，而是遠在俄羅斯。艾普斯坦很是失望，畢竟坦白說，他想做的不只是筆友。但她既溫暖又友善。很快地她就承認自己也對他萌生了好感。[896]

「你讓我感覺很不一樣……這……就像美麗的花朵盛開在窩（我）的靈魂中……我實在解

釋不了……我等你的答覆，我交叉著手指祈搗（導）……」

這一番鴻雁往返讓人欲罷不能。所以艾普斯坦花了好一段時間才注意到伊瓦娜從來不正面回答他的提問。她會寫到自己在公園裡散步，寫到她跟母親聊天，然後翻來覆去地說著虛無縹緲的甜言蜜語，總歸一句就是她很傾心於他。起了疑心的勞勃最終傳了在鍵盤上胡敲亂打的亂碼過去，但伊瓦娜還是回覆了一封關於她母親如何如何的電郵。這總算讓艾普斯坦明白了真相：伊瓦娜是個聊天機器人。

這個故事之所以令人嘖嘖稱奇，不在於一個俄羅斯聊天機器人成功拐到一名寂寞的中年加州男人，而在於這個被拐到的男人曾參與創辦羅布納獎（Loebner Prize），這個獎項是一年一度對人工智慧進行對話測試，看電腦（程式）能不能騙到人，讓人類以為它們也是人類。換句話說，世界上一等一的聊天機器人專家花了兩個月，才發現讓自己暈船的是一個電腦程式。

每一年，羅布納獎都會邀請聊天機器人來挑戰「圖靈測試」，這個一九五〇年由英國數學家、密碼破譯專家、電腦先驅者艾倫·圖靈（Alan Turing）提出給電腦的考驗。在圖靈設計的「模仿遊戲」中，一名裁判會透過讀稿機與一個人類跟一部電腦溝通。[897]人類的任務是要證明自己確實是人類，而電腦的任務則是要模仿人類對話到能夠說服裁判的程度。[898]

電腦先行者對於電腦的興起感到過度樂觀，是歷史上由來已久的事情。後來拿到諾貝爾經濟學獎的賀伯·賽門（Herb Simon，漢名司馬賀）就曾在一九五七年預測電腦會在兩年內擊敗西洋棋的世界冠軍；事實證明電腦花了四十年，這我們最後一章再詳談。一九七〇年，馬文．閔斯基（Marvin Minsky）預言電腦會「在三到八年內」擁有類似於人類的泛用智慧。這用現在的角度看就純屬扯淡了。

艾倫．圖靈的預測就順利多了。他覺得在五十年之內，電腦將能夠在五分鐘的對話後愚弄到百分之三十的人類裁判。雖不中亦不遠。電腦花了六十四年，只不過我們都在爭論二〇一四年的「尤金．古斯特曼」（Eugene Goostman）程式究竟算不算如某些人大肆宣稱的通過了圖靈測試。[899]如同伊瓦娜，古斯特曼為了降低人類預期而宣稱自己不是英語的母語者（他給自己的人設是來自烏克蘭敖德薩城的十三歲小孩）。

早期很著名的聊天機器人伊萊莎（ELIZA），原本不應該能通過圖靈測試的，但它通過了，而且還只靠著短短幾行程式碼，就成功模仿了一名非指導式的人類治療師。伊萊莎之所以叫ELIZA，典故出自古希臘神話中的故事《皮格馬利翁》*，以及根據這個故事改編的電影《窈窕淑女》（My Fair Lady），主要是電影裡那個虛構的女主角，就叫伊萊莎．杜利德（Eliza Dolittle）。她（它？）的程式是在一九六〇年代中期由喬瑟夫．維森鮑姆（Joseph Weizenbaum）寫成。要是你打出「我先生叫我來這」，伊萊莎可能會直接回答「你先生叫你來

* 譯註：Pygmalion，教育理論中的「畢馬龍效應」也是出自這個故事，都是在講自我實現預言的原理。

這」。要是你提到生氣的事情，伊萊莎可能會問：「你覺得來這有助於你不要覺得生氣嗎？」又或者她可能會直接來上一句：「請繼續。」

當時的人並不介意伊萊莎不是真人，而是認為總算有個人願意不帶成見地傾聽她們，而且還沒有想要把她們騙上床。喬瑟夫．維森鮑姆的女祕書曾請他離開房間，好讓她可以跟伊萊莎私下聊一聊。[900]心理治療師對此感到不可思議。「電腦系統一小時就可以處理幾百個病人。」當時的一篇文章在《神經與心理疾病期刊》（Journal of Nervous and Mental Disease）上有感而發。要是能以監督者的角色統領這樣的聊天機器人大軍，那人類治療師的效率不知道能高到哪裡去。[901]的確，認知行為治療如今確實已交由聊天機器人來執行，像由臨床心理學家艾莉森．達西（Alison Darcy）設計的諮商機器人Woebot就是現役的機器人醫師。它們並沒有假裝自己是人。[902]

喬瑟夫．維森鮑姆本人很震驚於人類竟然願意將就這麼簡陋的東西來替代人際互動。但就像瑪麗．雪萊筆下的科學怪人，他也創造出了自己控制不了的東西。

聊天機器人現已無所不在了。它們現在會接受客訴與詢問。巴比倫健康（Babylon Health）是一款會針對人的症狀發問，並據此判斷對方需不需要轉介給醫師的聊天機器人。亞美莉亞（Amelia）會與某些銀行的客戶直接交談，但美國的全州保險公司（Allstate Insurance）則將之用以提供資訊給在客服中心跟客戶對話的員工。亞馬遜的亞莉克莎與蘋果iPhone的Siri則會判讀我們說的話然後回應，但那單純只是為了讓我們不要笨拙地往小小的手機螢幕上猛戳。[903]

著有《人性較量：我們憑什麼勝過人工智慧？》（The Most Human Human）一書探討圖靈測試的布萊恩・克里斯汀（Brian Christian）指出，現代多數的聊天機器人根本沒把通過圖靈測試當成一個目標。但也有例外：類伊瓦娜的聊天機器人被用在艾胥莉・麥迪遜（Ashley Madison）這個婚外情社交網站，但站方這麼做是為了掩飾網站上真正的女性人類比例極低。[904]看來只要聊天機器人能對接上我們原始的慾望，我們就不太會去注意到她們是不是真人了。

電腦的另外一招是把我們惹毛。把這件事做得很好的一款聊天機器人是MGonz，它會劈頭就是一陣各種侮辱伺候來讓你中招。[905]政壇——尤其是惡名昭彰的二〇一六年美國總統大選——對於被社群媒體上的聊天機器人假扮憤怒市民，或是遭到推特假消息與汙辱性迷因的攻擊可是經驗豐富。[906]

但整體而言聊天機器人還是比較樂於做自己，畢竟假扮人類很難。商用機器人基本上已經放棄治療，它們只想專心把小事做好，解決直截了當的問題，然後把過於複雜的問題轉給人類。亞當・斯密在一七〇〇年代晚期解釋過生產力的建構，必須以把勞動拆分成小而專的任務為基礎。[907]現代聊天機器人也是循著這個原則在走。

這個邏輯導致經濟學者認為自動化重塑了工作而不是摧毀工作。工作只是被切成小塊。電腦負責重複性高的例行任務，人類提供創意與適應力。[908]我們在數位試算表、自動提款機與賣場的自助結帳機上看到的都屬於這種狀況，聊天機器人則是錦上添花。

但我們必須關注的風險是，身為消費者、生產者，甚或只是普通的公民，我們都可能扭曲自己去配合電腦。明明跟店員聊聊天可以讓我們心情愉快，但我們還是使用自助結帳。我們貼出近況更新，或只是點擊表情符號，都會被社群媒體的演算法過濾到；就像面對伊萊莎，我們願意委屈自己只求有人聽我們說話。[909]

布萊恩・克里斯汀認為人類應該將之視為一種追求進步的挑戰動力。就讓電腦和機器人接管客服中心。難道逼著真人宛如機器人那樣對著來電者照本宣科，就會比較好嗎？我們應該會希望聊天機器人不要整天想著怎麼騙我們，而是好好幫我們分憂解勞，好讓我們有更多時間跟真人進行言之有物的對話。

# 49

# 立方衛星
## The CubeSat

立方衛星若化身現代經濟學老師，可以教會我們三件事情：首先，便宜、標準化、模組化的零組件非常重要。再者，立方衛星的先驅已經擁抱了矽谷那一套快速失敗的模式。一次不行，再試一次就是了。第三個教訓則是，別那麼看不起公部門。太空總署已經默默地開始支持立方衛星，包括他們已經投注資金給發射立方衛星的小型火箭，還有免費讓立方衛星搭便車上到國際太空站，讓立方衛星得以從那裡的專用氣閘發射出去。

關於太空梭的長寬高有個很多人知道的可愛小故事。很顯然太空梭的推進火箭必須穿得過鐵路隧道，而鐵路隧道的大小又曾受到馬車的大小影響。簡單來說，就是太空梭的推進火箭跟兩匹馬兒的屁股一樣寬。

上述的故事多半有點穿鑿附會，但以下有個性質類似而且相當真實的故事。以太空產業的新媒體寵兒為主角，豆豆娃（Beanie Baby）真的決定了太空梭的長寬高。[910]

豆豆娃是一種絨毛填充玩具，在一九九九年大受歡迎，當時史丹佛大學教授鮑伯・特維格斯（Bob Twiggs）正在教他的研究生怎麼設計衛星。在當時，人造衛星就等於大。比方說，發射於二〇〇一年的阿特密斯（Artemis）電信衛星就重逾三公噸、高八公尺，且其兩片太陽能板都長如公車。[911]有這麼大的空間跟量體可以發揮，是人都會想盡量往裡面塞東西，結果就是衛星造價沒有最貴，只有更貴，更不要說衛星這麼大，人就會懶得思考。

「有這麼多空間放東西，你就不會小心翼翼。」特維格斯說。[912]於是他跟他的同事決定讓學生加點緊箍咒。特維格斯光顧了在地商店，然後在那看到一隻有著精美盒裝的豆豆娃。他回到課堂上把豆豆娃放在桌上，然後告訴學生：你們的衛星要能裝得進這個盒子。[913]

隨著現代智慧型手機推動小型零組件的品質與性能革命，這一次的隨堂考最終也演化成微型衛星的實務標準，立方衛星就此誕生。立方衛星的說法其實有一點點誤導，其單位長寬高並不完全相等，是10公分乘10公分乘11.35公分，且不少立方衛星有好幾個單位大，但不過就是一個鞋盒大小而已，重量也不是幾公噸，而是區區幾公斤的事情。

有一顆規劃中的立方衛星叫月亮手電筒（Lunar Flashlight），目標是要繞行月亮軌道然後反射太陽光到較深的隕石坑裡，再對反彈回來的光進行分析。另外一個計畫「近地小行星偵查員」（Near-Earth Asteroid Scout）則是有著一邊探索鄰近小行星，一邊測試光帆的設計。[914]

但就現階段而言，多數立方衛星都是設計來從上方拍攝地球的照片或各種影像。其基本的組成是：一顆智慧型手機處理器、若干太陽能板，還有幾顆電池。[915]

立方衛星造價低廉且發射也便宜。傳統上一顆大型衛星從打造完成到升空的整個過程，有可能花到五億美元。立方衛星進入地球的低地軌道只要大概十萬美元。[916]

大型火箭如歐洲太空總署的亞利安五號（Ariane 5），或是俄羅斯的聯盟二號（Soyuz 2）都有五十公尺高。但立方衛星與其他微型衛星可以搭乘比這小好幾號的私部門火箭，像是民營企業火箭實驗室（Rocket Labs）的紐西蘭發射台就提供十八公尺的電子號（Electron）火箭。

立方衛星也可以搭大型衛星發射時的便車。二〇一七年初，印度版的太空總署ＩＳＲＯ（印度太空研究組織）一口氣用單一火箭發射了一百零四枚衛星，創下世界紀錄，其中三枚是大型衛星，但剩下的都是小不點，其中八十八枚都是由矽谷新創公司行星實驗室（Planet Labs）所持有。[917]

成立於二〇一〇年的行星實驗室擁有全世界最大的民用衛星陣容，截至二〇一九年夏天大概有一百四十顆，每天拍下的照片多達八十萬張——每二十四小時就能把整個地球拍個滴水不漏。這些照片固然沒辦法跟先進的大型衛星比拚畫質，但它們的強項在於覆蓋面積廣，該公司針對任何一個時間點，都能拿出更多地點的更多照片。再者，行星實驗室的那一百四十顆可能只是立方衛星的開胃菜而已，Space-X與亞馬遜都宣布要發射數千枚衛星到低地軌道的計畫。[918]

立方衛星若化身現代經濟學老師，可以教會我們三件事情：首先，便宜、標準化、模組化的零組件非常重要。在我們緊盯著獨特與複雜之計畫並為之喝采的同時，便宜才是能改變一切的關鍵所在。

再者，立方衛星的先驅已經擁抱了矽谷那一套快速失敗（fail-fast）的模式。太空總署身為公部門，對風險的耐受度極低。但可以成為犧牲品的立方衛星提供了另外一條出路：如果你一次就會放出幾十顆小衛星，在這裡或那裡丟失一、兩顆真的不是世界末日。相對於太空總署一心要確保所費不貲的衛星盒子能完美演出，矽谷模式的台詞則是：別緊張兮兮。用拋棄式的衛星失敗要比用大個頭的衛星成功來得便宜多了。一次不行，再試一次就是了。

但第三個教訓則是，別那麼看不起公部門。透過定義去區別私部門的探險與太空總署等國立太空機構，不是件難事，我上一段話才這麼做過。但太空總署已經默默地開始支持立方衛星，包括他們已經投注資金給發射立方衛星的小型火箭，還有免費讓立方衛星搭便車上到國際太空站，讓立方衛星得以從那裡的專用氣閘發射出去。919

立方衛星或許很快就會在某方面完全改寫經濟運作的方式。一九二四年去世的偉大經濟學家阿弗列．馬歇爾（Alfred Marshall）形容過經濟學是「在生活的日常中」研究人性。立方衛星則讓我們得以觀察到生活日常的開展是如何發生在世界各地，而且還不乏一些細節供我們參考。

經濟預測者很快就注意到這個可能性。有很多人想知道油價接下來是上行還是下探，小麥的市場供應會不會飽和，或是高品質的衣索匹亞咖啡會不會出現短缺，這些人包括：商品貿易商、農作物的保險公司、超級市場業者、石油公司，甚至是星巴克。你不必多有想像力，也能知道每天的作物影像可以給你多大的優勢，更別說搭配對的分析與對的照片，你或許還可以辨識出在路上行駛的卡車、清楚計算儲油槽的數量，甚至從縷縷煙霧中判斷出某間電廠在發出多少電量。[920]

但除了這些狹隘的貿易預測外，衛星還有一項潛力，就是闡明世界經濟運作的隱性連結。我們可以測量環境汙染、交通的壅塞、森林的砍伐，甚至嘗試進行種族清洗。[921]演算法正慢慢開始在規模中擷取細微的資訊：肯亞的村子裡有多少房子具備金屬屋頂？喀麥隆有多少道路處於良好的狀態，國際援助的資金有沒有產生任何效果？[922]

大型經濟的表面之下是如此地暗潮洶湧，有太多事情可以在常規的統計數據發布中一藏就是幾個月，甚至好幾年。但如今我們天天都可以去看一眼。

一如太空梭跟馬兒屁股的故事在提醒著我們，人類經濟中有些改變是緩慢的過程。但現代經濟中也有很多事情動得很快，無怪乎有些人如此熱中於拿手機即時拍照。

# 50 吃角子老虎機 The Slot Machine

研究顯示，老虎機創造出癮頭的速度遠快於其他形式的賭博。但同樣讓人惶惶不安的是，老虎機的這種心理效應已經逃出了賭場大廳，進駐我們的口袋。戒斷中的成癮者可以要求自己不去那些會被擺上老虎機的場所，但面對手機我們可是無處可逃，何況把手機拿起來滑的好理由實在多不勝數。我們肯定都看過沒在玩老虎機的人進入「絕對領域」，這些人無視身邊的朋友與交通，是因為手裡那支比什麼都重要的手機。

莫莉十來歲時的第一份工作，是在軍事基地幫人換零錢投吃角子老虎機。年屆中年的莫莉則已不再靠吃角子老虎機賺打工費——她把整份薪水一口氣在兩天之內餵給這頭老虎。[923]「我甚至拿我的壽險貸款換錢去玩。」她在拉斯維加斯的賭城大道上一間高樓層的飯店房間裡，對娜塔莎·舒勒（Natasha Dow Schüll）這麼說。舒勒是一名研究吃角子老虎機的人類學家，而且她進行這項研究已經二十年。

這對話發生在兩名女士之間，或許還挺對味的。社會學者經常把賭博描述成男子氣概的證明。從身穿燕尾服的詹姆斯・龐德如何在一擲千金的輪盤上展現他的鋼鐵意志，或在撲克牌桌上秀一手他的高超賭技，到人類學家克里弗德・紀爾茲（Clifford Geertz）如何在一九七〇年代分析那些峇里島的鬥雞賭客，都說明了這一點。但吃角子老虎機則不在此列。往老虎機裡投錢既不需要賭技逆天，也不用志堅如鐵。紀爾茲認為這些機台是一種消遣，而且這癖好還專屬於「女人、小孩、青少年……赤貧、社會底層、乃至於有此癖好的個人」。[924]

但吃角子老虎機可不是玩具來著。這東西很會賺錢，而且還像外來種一樣到處肆虐。我在二〇〇五年見過它們一整片出現在我眼前，當時我為了撰寫撲克世界大賽中的賽局理論去了趟拉斯維加斯。幾十名記者你推我擠要去訪問明星選手，吃角子老虎機就像讓人看著沮喪但又色彩鮮豔的背景裝飾，如蟲繭般把一個個臃腫又上了年紀的玩家包裹在其中，位子上的玩家就像坐在電動輪椅裡。後知後覺的我慢慢意識到撲克世界大賽才是真正的背景裝飾。至少對賭場業者來說，吃角子老虎機才是主秀。[925]

事實上也不光是賭場，英國的博弈產業曾經由賭馬獨霸一方，如今已經讓名為固定賠率博弈終端機（Fixed Odds Betting Terminal）的吃角子老虎機撐起半邊天。二〇一八年，英國政府一宣布要下調下注的上限，一家投注業者就回應說他們得關閉上千家店面。[926]

莫莉花在吃角子老虎機上花的錢，多到一家拉斯維加斯飯店邀請她去免費住三天。莫莉會希望能大贏一筆嗎？人類學家問她。不，她知道那門兒都沒有。

「大家一直搞不懂的一件事是，我來玩不是為了贏錢。」[927]賭徒不想贏錢？這怎麼聽怎麼怪。但我們一直都沒有真正理解吃角子老虎機的本質，也沒有搞懂它關於現代經濟給我們的一個教訓。」

吃角子老虎機被認為是在一八九〇年代前後誕生在美國。芝加哥的理想玩具公司（Ideal Toy Company）用五個鼓型的滾筒組成一部老虎機，每一個滾筒裡都有十張撲克牌。投幣之後如果五個滾筒的卡片組成叫得出名字的撲克牌型，你就可以找服務人員領獎。另一家名為布魯克林的公司，席特曼與彼特（Sittman and Pitt）兩人在一八九三年做出另一種版本的老虎機，結果在全美流行起來。

再來是查爾斯・費（Charles Fey），這名從巴伐利亞來到舊金山的移民想出簡化這裝置的點子。首先它把轉軸的數量從五個減到三個，然後運作機制也調整得更直截了當，由此一旦中獎，機器會直接吐錢，不需要找服務人員。這機器在舊金山一炮而紅，直到一九〇六年舊金山大地震後的火災燒毀了查爾斯・費的店面。[928]

現代的吃角子老虎機就是換了外殼的電腦而已，笨重的拉桿只是設計來讓人發思古之幽情，畢竟數位化的轉型正是現代老虎機這麼好賺的原因。不用擔心沒有零錢投幣——莫莉還是少女時做過的工作早就不復存在——玩家早就把數位儲值卡用像公司識別證一樣的掛繩掛在脖子上，那就像是他們跟老虎機之間的臍帶。玩家需要移動的距離是零；一旦他們進入莫莉所稱的「絕對領域」中，一種渾然忘我的入神狀態就會把外在的世界隔絕開來。贏錢只是代表你的點數會增加，而點數變多只代表你能得到更多的T.O.D，這種縮寫的術語意思是time of device，也就是「機台使用時間」。[929]

這就是為什麼莫莉說她玩老虎機不是為了贏。現代的老虎機不像樂透或輪盤，沒有玩家希望中大獎來扭轉人生。實際的狀況是老虎機會咕嚕吞下小額的賭金，也許是一百筆、每筆一分錢的下注，分散在令人暈頭轉向的中獎組合中，然後機器也會不斷地吐回你贏到的小錢。如果那能算是贏的話。如果這一百筆下注讓你拿回二十分錢，那能算是真的贏錢嗎？老虎機會用閃個不停的燈光跟恭喜中獎的硬幣　啷聲，告訴你那就是。

學者研究了老虎機，結果發現每轉一百次，真正意義上贏錢（機器會吐出比你投入賭金更多的錢）的期望值是十四次，假贏的期望值則是十八次，假贏就是玩家會被老虎機用聲光效果連哄帶騙地拿回比你投入的錢少的部分賭金。[930]同一支研究團隊接著在實驗室的實驗中證實，百分之十八的假贏機率是一個魔術數字，其讓人成癮的效果是假贏機率遠高或遠低於此都達不到的。[931]

這一切都在老虎機設計師的盤算內，沒有什麼是意外：老虎機產業的競爭非常激烈。一部造價一萬美元的機台可以在一個月內回本一半，前提是它吸引得到人來玩。要是吸引不了人，機台就會被換掉——然後原地會再出現樂透彩球在爆米花鍋子裡蹦來蹦去的機器，或是一縷縷巧克力香氣會在玩家面前飄出的機器——抑或是有川普的聲音會宣布說「你被開除了！」*的機器。任何能討你歡心或讓你吃驚的事情，老虎機都做得出來。業者永遠都在動腦筋要做出更好的捕鼠器，來抓我們這些老鼠。[932]

二十世紀著名的心理學家納伯爾赫斯·史金納（Burrhus Frederic Skinner）要是活過來，肯定不會大驚小怪於老虎機如今的狀態。在哈佛大學期間，史金納曾研究過老鼠的行為。實驗中但凡按下拉桿的老鼠，都能得到飼料錠的獎勵。有一回因為飼料不太夠，他的獎勵便給得斷斷續續。這段期間的飼料一會兒有，一會兒沒有，老鼠無從預先得知。讓史金納沒想到的是，這種有一搭沒一搭的做法比起原本慷慨而固定的獎勵，反而讓老鼠更加欲罷不能。[933]

像莫莉這樣死忠的老虎機玩家也以類似的方式上鉤，被吸到「絕對領域」中。人類學家娜塔莎·舒勒曾看過賭場監視器捕捉到一段畫面是某玩家在機台前心臟病發：

他……突然倒在隔壁的玩家身上，而對方一點反應都沒有……兩個路過的人將他拉了出來，其中一人是值完班的急診室護理師。明明就在旁邊的其他賭徒幾乎都沒有離開座位……短短不到一分鐘之內，一名保全人員就趕到現場，還帶來可以恢復心跳的電子去顫器；他幫患者安上電擊貼片、騰出安全空間，然後電擊了患者兩遍……雖然意識不清的患者就實實在在躺在他們腳邊，甚至還碰到他們座位的底部，但其他玩家還是無意停手。

研究顯示，老虎機創造出癮頭的速度遠快於其他形式的賭博，不論樂透、賭場的其他遊戲或是運動賽事的投注，哪一樣都不是老虎機的對手。[934]

但同樣讓人惶惶不安的是，我們發現在過去幾年中，老虎機的這種心理效應已經逃出了賭場大廳，進駐我們的口袋。戒斷中的成癮者可以要求自己不去那些會被擺上老虎機的場所，但面對手機我們可是無處可逃，何況把手機拿起來滑的好理由實在多不勝數。我們肯定都看過沒在玩老虎機的人進入「絕對領域」，這些人無視身邊的朋友與交通，是因為手裡那支比什麼都重要的手機。

這又是那神奇的間歇性獎勵在搞鬼：電郵信箱有沒有新信寄來？有沒有人在我的臉書上按讚？很多電腦遊戲更是覺得間歇性強化好用就一直用，完全不會不好意思。這些遊戲會提供聲光刺激媲美老虎機的大禮包，內含不看不知道是什麼的虛寶。那橫看豎看都像是一種賭博，而且賭徒都還尚未成年。[935]

二〇〇三年出版的《不勞而獲（暫譯）》（Something for Nothing）一開始就是讓人震驚的一幕描述。書中寫到老虎機的玩家都在朝著杯子裡尿尿，只因為他們他們的手氣正順。[936]但這年

* 譯註：川普在其主持過的企管實境秀《誰是接班人》中開除參賽者時的台詞。

頭我們心知肚明陪我們尿尿的是不是老虎機，而是手機。話說應該不是只有我這樣吧？

我們或許沒有在想方設法增加自己的「機台使用時間」，但那些靠廣告賺大錢的科技公司肯定有。我們盯著螢幕的時間愈長，他們就能放愈多廣告給我們看。我們多數人永遠不會像莫莉那樣被老虎機奴役，只可惜我們對口袋裡那個會發光的東西說不出同樣的豪言壯語。

# 51

# 西洋棋演算法

## Chess Algorithms

隨著電腦把任務一件件接過去做，工作倒是不會消失，但是會開始轉型。我們已經看過會計的例子：試算表把加減乘除處理掉了，但人類會計師並沒有消失；會計這一行的職缺不減反增到一個空前的境界。但有一個問題是：任務在哪一個點之前是例行公事，在哪一個點之後就不是了，中間並沒有很明確的分界。

二〇一二年六月二十五日，加里．卡斯帕洛夫（Garry Kasparov）這位當時許多人眼中西洋棋史上最厲害的棋手，坐下來與電腦對弈。但他沒有機會把屁股坐熱。雖然把持白子的優勢讓給了電腦，但卡斯帕洛夫還是很快就用他的騎士追殺對手的國王、兩個主教，還有皇后。從開始到喊出「將軍」，卡斯帕洛夫只花了十六步跟區區四十秒鐘，搞得他最後還得為了贏太快而頻賠不是。[937]

但卡斯帕洛夫也很有風度地誇獎了對戰的電腦程式。這個名叫圖羅錢伯（TuroChamp）的程式是在一九四八年出於數學家艾倫．圖靈之手*，就是第四十八章提到圖靈測試時的那個圖靈。圖靈特別指定了一些簡單的規則：能最大化整體棋子與可動棋子的數量，還有棋子能獲得最好保護的棋型，會在圖靈的系統裡獲得較高的評價。該程式所做的，就是觀察每一種可能的走法跟回應（選項數目通常在幾百個之譜），然後做出能產生最高評價棋型的移動，前提是對手會耍笨做出最不利於自己的回應。

在現代的筆電上，這樣的計算只需要一秒鐘的不知道多少分之一的不知道多少分之一，但圖靈當年沒有電腦可用，他有的只是鉛筆跟紙，每一步都要算上半小時。[938]卡斯帕洛夫對這個沒有電腦可以跑的電腦西洋棋演算法可以說是讚不絕口。[939] **

演算法是一種按部就班的程序，也是一系列定義明確的指示，任何人只要照著做，就可以得到結果，你可以將之想成龜毛到不能再龜毛的廚師所寫成的食譜。這年頭我們都把演算法想成一種電腦在做的有點神祕的東西，但其實一如圖羅錢伯所示，演算法其實是在針對能產生某種結果的過程進行「除魅」，也就是將其「去神祕化」，其欲達成的目的是讓其他人也能用同樣的流程做出同樣的結果。圖靈靠直覺下棋肯定下得好一大截，也不用那麼累，問題是不用演算法，他沒辦法跟人解釋他是怎麼下的。

演算法的英文algorithm來自於一名活躍於大約一千兩百年前，才華洋溢的波斯數學家，他的名字叫穆罕默德・伊本・穆薩・花拉子米（Muhammad ibn Musa al-Khwarizmi，簡稱花拉子米〔Al-Khwarizmi〕），歐洲人是用花拉子米拉丁化後的拼法稱呼他，也就是Algorithmi。

演算法本身要比花拉子米早很多，早在將近四千年前，巴比倫人就會用演算法求解代數問題。電腦科學家唐納・克努斯（Donald Knuth，漢名高德納）在一九七二年重新出版一部分這些古巴比倫的演算法，以便提醒他的同事程式是電腦的老前輩。[940]高德納在書中重點介紹的一款演算法，顯示巴比倫人是如何計算長方形水槽的長寬——理論上這確實是古巴比倫人會想做的事情——至於計算的根據則是已知的水槽深度、容積，還有其寬與高的比值。基本上，巴比倫的演算法就是解決高中代數問題的必勝法。***

演算法不是巴比倫人的專利。世界各地都有不同的演算法發展出來。有些我們現在知道的演算法來自三世紀的中國，或七世紀的印度，當然還有古希臘。兩千多年前，歐幾里得發表了一種演算法來產生兩個數的最大公約數。歐幾里得的這種演算法是一種簡單的運算，你只要不

* 譯註：嚴格說是出自艾倫・圖靈與他的朋友大衛・錢伯諾恩（David Champernowne）之手。

** 作者註：圖靈並不是史上第一個在電腦出現前就寫出電腦演算法的人。艾達・勒夫雷斯（Ada Lovelace）在一八四三年就寫過一個演算法要在英國數學家查爾斯・巴貝奇（Charles Babbage）的「分析引擎」上跑，那是一部後來無緣造出來的機械式電腦。勒夫雷斯的程式預期到迴圈與變數等現代電腦概念。當中甚至連俗稱bug（蟲子）的程式錯誤都一應俱全。

*** 作者註：代數的英文algebra源自al-Jabr，而al-Jabr又來自一本書的書名，至於寫書的人，當然也沒有別人，就是花拉子米。譯註：這本書叫做《移項與消去之計算總成》（al-mukhtasar fi hisab al-jabr wa al-muqabala），其中al-jabr就是移項的意思。

斷地重複同樣的過程，就可以逼近而最終達到正確的答案*。[941]

只不過以上這種種演算法，本質上都還是在處理數學問題，像是找出質數或求解線性方程式。到了一八五〇年，愛爾蘭科克的女王學院（Queen's College）數學教授喬治．布爾（George Boole）才出了一本書叫做《思想的法則》（The Laws of Thought）。在這本書裡，布爾把邏輯命題轉換成數學運算（子）：TRUE（真）、FALSE（偽）、AND（與；交集）、OR（或；聯集）、NOT（非；差集）**，這也讓「將思想本體轉成按部就班的演算流程」產生可能性。但布爾的這番創見得先沉寂八十年，因為在那之前，沒有人清楚這有什麼實用價值。

然後到了一九三〇年，美國數學家克勞德．夏農（Claude Shannon）橫空出世，證明了布爾的「思想法則」可以用電子迴路表現：TRUE與FALSE對應迴路的「開」與「關」，AND、NOT與OR的運算則可以由簡單的電子元件完成。數位時代的登場，代表著演算法終於可以一展所長。[942]

早自電腦科學開始發展時，西洋棋就一直是演算法的實驗場：它看上去規則夠明確，所以你會感覺它是一種有解的挑戰，但其複雜性又讓人無法用暴力解題法去硬算。克勞德．夏農在一九五〇年寫出史上第一篇以電腦下棋為題的學術論文。他解釋這個問題的本質「不是要設計出一部機器來下出完美的西洋棋（這不切實際），也不是要設計一部機器來下符合規定的西洋棋（這沒意義）。我們使機器下一場技巧精湛的好棋，讓機器的棋藝能與人類高手平起平坐」。[943]

「能與人類高手平起平坐」，所有的努力一直要達到的目標，就是這句話吧？區區的演算法，只會無腦地按照設定好的程序苦幹實幹，這樣的東西有可能超越人類的心智嗎？這種演算法又能達到哪些別的目標？這就是何以圖靈跟夏農會如此感興趣於電腦西洋棋。重點不在棋盤，而在於機器能不能獨立思考。

下棋需要動腦的理論已經延續了幾十年。一九七九年，在關於智慧崛起的《哥德爾、艾雪、巴哈（暫譯）》***一書中，作者道格拉斯．郝夫斯台特（Douglas Hofstadter，漢名侯世達）認為電腦如果精密到足以成為西洋棋世界冠軍，那它就必然會在其他領域也產生智慧。它可能會在有人上門踢館時這麼說：「下棋好無聊，我們來聊聊詩吧。」[944]

侯世達沒有排除演算法可以下得一手好棋的可能性。他只是覺得想把棋下好的演算法必須要夠纖細、夠複雜，也夠多面，屆時下棋就只會是它的本事中最微不足道的一項了。

但事實證明侯世達錯了。僅僅十八年後，ＩＢＭ的「深藍」（Deep Blue）電腦就打敗了人

---

* 譯按：即輾轉相除法。

** 譯註：這就是大名鼎鼎的布林邏輯（Boolean Logic），意思就是「布爾的邏輯」。

*** 譯註：原書名為Gödel, Escher, Bach。哥德爾（Gödel，一九〇六～一九七八），出身奧匈帝國的維也納學派數學家。艾雪（Escher，一八九八～一九七二），荷蘭版畫家。巴哈（Johann Sebastian Bach，一六八五～一七五〇），巴洛克時期作曲家。

類的世界棋王，卡斯帕洛夫本人。深藍從來沒有涉獵到詩的主題。深藍的運行與圖羅錢伯大同小異，只不過它每秒可以檢視的走法有一億五千萬個。它展望的不是區區兩步而已，而是很多步，而且有一座關乎人類對弈開局的龐大資料庫當它的靠山。讓卡斯帕洛夫震驚並最終認輸的那一步，只是從無數人類對弈中遴選出的一種下法而已。是不是很無趣？[945]

深藍的勝利顯示暴力計算還真的可以取代人類心靈的神祕特質。也許演算法並不需要「思考」。也許思考並不如我們認為的那麼重要。

侯世達被深藍能力之狹隘給氣炸了。在深藍身上看不到彈性與泛用人類智慧的他忍不住抱怨起來。一種只會一件事（譬如下棋）的演算法不論它有多麼厲害，都不應該冠上「人工智慧」的頭銜，否則就是「詐騙」。[946]但即便如此，IBM創造深藍的模式仍是被人類沿用至今，演算法設計的成功典型：程式設計師很樂於借鑑神經科學的各種觀念（比方說數位神經網絡，就是用互連的邏輯節點模擬動物腦部運作的某些面向），但它們並不會嘗試模仿人類的認知能力。重要的不是深入了解什麼是意識，而是結果論——不論這種結果算不算是詐騙。由此近年來，雖然演算法與電腦還是沒有詩情畫意起來，但它們倒是愈來愈能拿出實績。

比如說我們可以來看看CloudCV，這是個能根據照片內容來準確回答口語問題的系統。我拿了張照片試試它的斤兩，照片上有幾名年輕人在某人家的客廳裡待著休息。我用鍵盤問道：「他們在幹麼？他們在喝什麼？」CloudCV很乾脆而且很正確地告訴我他們在玩Wii，並且在喝啤酒。[947]

如CloudCV這樣的演算法還沒辦法在大範圍的問題上跟人類有一樣好的反應。但它們持續在進步——而我們沒有。也就是二〇一六年的事情，機器在標準化視覺問題挑戰中的答對率是百分之五十五，人類是百分之八十一。但二〇一九年的夏天重做一次，機器已經進步到百分之七十五。要是你還是相信人類不會被機器超越，那我只能說你對人的信心比我高多了。[948]少有人記得卡斯帕洛夫在一九九六年穩穩擊敗了深藍。但在隔年一九九七的重賽中，深藍的強大程度增加了一倍，卡斯帕洛夫還是同一個卡斯帕洛夫。就算深藍在一九九七年沒贏，一九九八年的它也會再變強一倍。棋王落敗只是遲早的事情。

這種事並不限於棋盤之上。現今那些讓機器可以按部就班，按圖索驥指示的演算法，已經可以診斷皮膚癌、乳癌、糖尿病，而且準確度快速超車技術嫻熟的專業醫師。這些在模式識別上的優異表現常需要透過不只一層的神經網絡達成。它們已經不是歐幾里得或甚至艾倫．圖靈能認得的演算法。但它們總歸還是演算法無誤。[949]

隨著演算法終將在愈來愈多領域「與人類高手平起平坐」的事實擺在眼前，經濟學家也不斷在思考著這對人類工作所代表的意義。目前的主流看法形塑自二〇〇三年一篇由大衛．奧托（David Autor）、法蘭克．利維（Frank Levy）與理查．穆爾南（Richard Murnane）合著的文章。他們認為大部分的「工作」都是由「任務」抱團組成，當中有些任務屬於例行公事，有些則否。演算法染指的一般都是例行公事。[950]

這種按例行與否進行的區分已獲證實是一種強大的工具，強大到足以幫助我們理解電腦的茁壯在職場中造成的影響：隨著電腦把任務一樣樣接過去做，工作倒是不會消失，但是會開始轉型。我們已經看過會計的例子：試算表把加減乘除處理掉了，但人類會計師並沒有消失；會計這一行的職缺不減反增到一個空前的境界。

但有一個問題是：任務在哪一個點之前是例行公事，在哪一個點之後就不是了，中間並沒有很明確的分界。誰會說診斷癌症是例行公事呢？但或許我們早就該從西洋棋的例子中看出端倪，學到教訓了。畢竟在之前漫長的歲月裡，我都以為下棋是一件神祕複雜到難以言傳的事情。

在演算法如今能做得比人好的各種本領中，有一樣很讓人側目的是……撰寫演算法。AlphaZero是一種由谷歌的姊妹公司DeepMind所開發的自學下棋程式。根據前英國西洋棋冠軍馬修．賽德勒（Matthew Sadler）所說，AlphaZero「下起棋快到就像狀況火燙的人類」。而且它幾乎是自己幫自己編程：學習演算法是人寫的，下棋演算法是這個學習演算法自己寫的。[951]二〇一七年，AlphaZero只經過短短幾小時的「自習」，就狠狠地教訓了當時最強的下棋軟體Stockfish一頓，而Stockfish又能狠狠教訓最厲害的人類棋手一頓。Stockfish可以每秒檢視六千萬種下法，AlphaZero只能檢查六萬個，但這並不妨礙它打敗Stockfish，因為AlphaZero的神經網絡就是更長於西洋棋局中的模式辨識。[952]

在本書的字裡行間，我們看到許多人類不該擔心科技會讓工作消失的理由，從試算表到印刷機再到縫紉機都證明了這一點。但我們不能確定的是下一次會不會就是我們應該開始擔心的第一次，因為我們並不知道所謂「非例行性」的任務會不會哪天說消失就消失。畢竟我們都看到，當你不用像艾倫·圖靈那樣每一步都用陽春的鉛筆慢慢計畫時，按部就班可以帶你走到多遠的地方。

# 致謝

在出版《形塑現代經濟的發明》，要向幫助我成書的所有好朋友致意的時候，我曾經焦頭爛額過。誠惶誠恐的我就怕一個思慮不周，忘掉哪一位曾讓我獲益良多。所幸到目前為止我還沒收到相關的客訴。即便如此，此刻的我還是陷入了相同的焦慮中，所以我還是那句話：萬一我有所闕漏，還望各界海涵。

不過，跟某些人的對談與交流實在太有收穫也太開心，我想忘也忘不掉，為此我要點名的有大衛．波丹尼斯（David Bodanis）、穆罕默德．艾爾—艾里安（Mohamed El-Erian）、彼得．埃索（Peter Eso）、艾德華．哈達斯（Edward Hadas）、馬克．韓斯特里吉（Mark Henstridge）、波達娜．凱薩拉（Bohdanna Kesala）、保羅．克連波爾（Paul Klemperer）、詹姆斯．金格（James Kynge）、丹尼斯．李夫斯利（Denise Lievesley）、海倫．馬爾蓋茲（Helen Margetts）、夏洛特．麥唐諾（Charlotte McDonald）、凱薩琳娜．瑞茲勒（Katharina Rietzler）、馬丁．桑德布（Martin Sandbu）、夏．史都吉斯（Xa Sturgis）、傑米．華許（Jamie Walsh）與裴頓．楊恩（Peyton Young），謝謝你們每一位不吝分享的深刻見解。

我要加倍感激的還有每一位經濟學者、歷史學家、記者大德，因為要不是有你們提供豐富的原始報導與學術觀點，這本書就不會有其可以成立的根基。畢竟三教九流共五十一種發明或概念都各有千秋，我說什麼也不可能對其源流與影響全有專家級的掌握。還有其他人讓我在智識上有所長進的恩情也不言可喻，至於他們是誰，有興趣者去看一眼參考資料就能心裡有底。

小布朗出版社的提姆．懷丁（Tim Whiting），與特別值得一提的尼西亞．瑞（Nithya Rae），又再度在我差點踩到死線與延遲交稿的夾擊下漂亮脫困。我的版權經紀人蘇．艾頓（Sue Ayton）、海倫．波維斯（Helen Purvis）與莎莉．哈洛威（Sally Holloway）用手腕與決心掌舵，領著這個很可能出差錯的計畫安穩靠岸。

在BBC，我的Podcast節目製作人班．克萊頓（Ben Crighton）比上個系列合作起來又更加愉快了，用三個詞形容他就是：幹活嫻熟、辦事纖細、忠心耿耿。謝謝你全力以赴讓我在聽眾的耳裡無可挑剔。BBC各部門還有很多同仁扛著這個節目往前走，包括詹姆斯．畢爾德（James Beard）、珍妮佛．克拉克（Jennifer Clarke）、強．曼諾（Jon Manel）、珍妮．史戴波斯（Janet Staples），還有我的編輯理查．維登（Richard Vadon）。

一如以往，我很感激我在《金融時報》的編輯群，尤其是強納生．德比夏爾（Jonathan Derbyshire）、布魯克．麥斯特斯（Brooke Masters）與亞歷克．羅素（Alec Russell），我要謝謝他們的支持與包容。《金融時報》始終是讓我深受啟發的娘家，我深感榮幸可以成為當中的一員。

不過，話又說回來，這次計畫最重要的合作者莫過於安德魯・萊特（Andrew Wright），是他用智慧與幽默感完成許多章內容的調查與起草，我自行完成的部分也靠著他參與而大大加分。整體而言他就是一名非常好的同事，兼用好還不足以形容的朋友。

謝謝我的孩子，史黛拉（Stella）、艾非卡（Africa）與赫比（Herbie），你們三個一點忙都沒幫上，但你們就是棒。最後致法蘭・芒克斯（Fran Monks）：感謝妳加入我的團隊。

# 附錄：參考資料

## 1 鉛筆

1 Henry David Thoreau, *The Maine Woods* (1864), https://en.wikisource.org/wiki/The_Maine_Woods_(1864)/Appendix#322.
2 Henry Petroski, *The Pencil: A History of Design and Circumstance* (London: Faber and Faber, 1989).
3 *Encyclopaedia Britannica* (1771 edition).
4 Petroski, The Pencil, p. 6.
5 Leonard Read, 'I, Pencil: My Family Tree as Told to Leonard E. Read', *The Freeman*, 1958, available at https://fee.org/resources/i-pencil/.
6 Read, 'I, Pencil'.
7 Petroski, *The Pencil*, pp. 184-6.
8 https://pencils.com/pencil-making-today-2/.
9 Read, 'I, Pencil'.
10 Milton Friedman, *Free to Choose* (PBS, 1980), available at: https://www.youtube.com/watch?v=67tHtpac5ws.
11 https://geology.com/minerals/graphite.shtml.
12 Eric Voice, 'History of the Manufacture of Pencils', *Transactions of the Newcomen Society* 27 (1950).
13 Petroski, *The Pencil*, pp. 62, 69.
14 John Quiggin, 'I, Pencil, Product of the Mixed Economy', https://johnquiggin.com/2011/04/16/i-pencil-a-product-of-the-mixed-economy/; Newell Rubbermaid corporate website.

## 2 磚頭

15 Stefanie Pietkiewicz, 'From brick to marble: Did Augustus Caesar really transform Rome?', UCLA press release, 3 March 2015, http://newsroom.ucla.edu/stories/from-brick-to-marble:-did-augustus-caesar-really-transform-rome.
16 Hannah B. Higgins, *The Grid Book* (Cambridge, MA: MIT Press, 2009), p. 25.
17 Gavin Kennedy, https://www.adamsmith.org/blog/economics/of-pins-and-things.
18 James W. P. Campbell and Will Pryce, *Brick: A World History* (London: Thames & Hudson, 2003), p. 186.
19 New International Bible, https://www.biblegateway.com/passage/?search=Genesis+11%3A1-9&version=NIV.
20 Campbell and Pryce, *Brick: A World History*.
21 出自建築師阿爾瓦・阿爾托（Alvar Aalto；一八九八－一九七六）講述的一則逸事，他延伸說：「建築，就是將為無用磚塊的價值轉化為等重金塊的過程。」http://uk.phaidon.com/agenda/architecture/articles/2015/april/01/even-modernists-like-

mies-loved-bricks/.
22 Campbell and Pryce, Brick: A World History, pp. 26-7.
23 Campbell and Pryce, Brick: A World History, pp. 28-9.
24 Campbell and Pryce, Brick: A World History, p. 30.
25 http://www.world-housing.net/major-construction-types/adobe-introduction; Campbell and Pryce, *Brick: A World History*, p. 30.
26 Esther Duflo and Abhijit Banerjee, *Poor Economics* (New York: Public Affairs, 2011).
27 Edward Dobson and Alfred Searle, *Rudimentary Treatise on the Manufacture of Bricks and Tiles*, 14th edn (London: The Technical Press, 1936).
28 Jesus Diaz, 'Everything You Always Wanted to Know About Lego', https://gizmodo.com/5019797/everything-you-always-wanted-to-know-about-lego.
29 Stewart Brand, *How Buildings Learn: What Happens After They're Built* (New York: Viking Press, 1994), p. 123.
30 Campbell and Pryce, *Brick: A World History*, p. 296.
31 Campbell and Pryce, *Brick: A World History*, p. 267.
32 Carl Wilkinson, 'Bot the builder: the robot that will replace bricklayers', Financial Times, 23 February 2018, https://www.ft.com/content/db2b5d6 4-10e7-11e8 a765-993b2440bd73.
33 http://iopscience.iop.org/article/10.1088/1755-1315/140/1/012127/pdf.
34 Peter Smisek, 'A Short History of "Bricklaying Robots"', 17 October 2017, https://www.theb1m.com/video/a-short-history-of-bricklaying-robots.

## 3 工廠

35 Justin Corfield, 'Lombe, John', in Kenneth E. Hendrickson III (ed.), *The Encyclopedia of the Industrial Revolution in World History* (Lanham, MD: Rowman & Littlefield, 2014), p. 568.
36 Joshua Freeman, *Behemoth: A History of the Factory and the Making of the Modern World* (London: WW Norton, 2018), pp. 1-8.
37 Our World In Data, https://ourworldindata.org/economic-growth#the-total-output-of-the-world-economy-over-the-last-two-thousand-years.
38 Adam Smith, *An Inquiry into the Nature and Causes of the Wealth of Nations* (1776).
39 William Blake, *Milton a Poem*, http://www.blakearchive.org/ search/?search=jerusalem c1804-1811.
40 https://picturethepast.org.uk/image-library/image-details/poster/DCAV000798/posterid/DCAV000798.html.
41 https://www.bl.uk/collection-items/the-life-and-adventures-of-michael-armstrong-the-factory-boy; Freeman, *Behemoth*, p. 25.
42 Bill Cahn, *Mill Town* (New York: Cameron and Kahn, 1954).
43 Friedrich Engels, *The Condition of the Working Class in England* (1845).
44 F. W. Taylor, *Principles of Scientific Management* (1911), p. 83, https://archive.org/stream/principlesofscie00taylrich#page/83/mode/2up.

45 Daniel A. Wren and Arthur G. Bedeian, 'The Taylorization of Lenin: Rhetoric or Reality', *International Journal of Social Economics* 31.3 (2004), cited in Freeman, *Behemoth*, pp. 174-5. See also Stephen Kotkin, *Magnetic Mountain* (Chicago, IL: University of Chicago Press, 1997); Loren Graham, *The Ghost of the Executed Engineer* (Cambridge, MA: Harvard University Press, 1996).

46 請注意剝削的環境仍持續存在於部分富國中。比方可見 Sarah O'Connor, 'Dark Factories', *Financial Times*, 17 May 2018, https://www.ft.com/content/e427327e-5892-11e8-b8b 2-d6ceb45fa9d0.

47 包括我在內：Tim Harford, *The Undercover Economist* (New York: Oxford University Press, 2005). 關於女性在中國工廠中就職環境的描述，詳見 Pun Ngai, *Made in China* (Hong Kong: Hong Kong University Press, 2005). 以衣索匹亞工廠為題，一份引人入勝的研究，可概括見於 Christopher Blattman and Stefan Dercon, 'Everything We Knew About Sweatshops Was Wrong', *New York Times*, 27 April 2017.

48 Freeman, *Behemoth*, p. 8; Elizabeth Roberts, *Women's Work* 1840-1940 (Basingstoke: Macmillan Education, 1988).

49 Wolfgang Streeck, 'Through Unending Halls', *London Review of Books* 41.3 (7 February 2019), pp. 29-31, https://www.lrb.co.uk/the-paper/v41/n03/ wolfgang-streeck/through-unending-halls.

50 關於較低的數據，見 https://www.nytimes.com/2012/01/22/business/apple-america-and-a-squeezed-middle-class.html, and for the higher figure, see http://focustaiwan.tw/news/aeco/201008190012.aspx.

51 Niall McCarthy, 'The World's Biggest Employers Infographic', Forbes, with data from Statista, https://www.forbes.com/sites/ niallmccarthy/2015/06/23/the-worlds-biggest-employers-infographic/#7 087ca18686b.

52 Charles Duhigg and Keith Bradsher, 'How the U.S. Lost Out on iPhone Work', *New York Times*, 21 January 2012, https://www.nytimes.com/2012/01/22/business/apple-america-and-a-squeezed-middle-class. html; 'Light and Death', *Economist*, 27 May 2010, https://www.economist.com/business/2010/05/27/light-and-death.

53 Leslie T. Chang, 'The Voices of China's Workers', TED Talk, 2012, https://www.ted.com/talks/leslie_t_chang_the_voices_of_china_s_workers/ transcript?language=en.

54 China Labour Bulletin Strike Map, https://clb.org.hk/content/introduction-china-labour-bulletin%E2%80%99s-strike-map.

55 Yan Yuang, 'Inside China's Crackdown on Young Marxists', *Financial Times Magazine*, 14 February 2019, https://www.ft.com/content/fd087484-2f23-11e9-8744-e7016697f225.

56 James Fallows, 'Mr. China Comes to America', *Atlantic*, December 2012, https://www.theatlantic.com/magazine/archive/2012/12/mr-china-comes- to-america/309160/.

57 Quoted in Adam Menuge, 'The Cotton Mills of the Derbyshire Derwent and its Tributaries', *Industrial Archaeology Review*, 16.1 (1993), 38-61, DOI: 10.1179/iar.1993.16.1.38; see also Neil Cossons, *Making of the Modern World: Milestones of Science and Technology* (London: John Murray, 1992).

58 Fallows, 'Mr. China Comes to America'.

59 Charles Babbage, *On the Economy of Machinery and Manufactures* (London: Charles Knight, 1832; reprinted Cambridge: Cambridge University Press, 2009).

60 Richard Baldwin, 'Globalisation, automation and the history of work: Looking back to understand the future', 31 January 2019, https://voxeu.org/content/globalisation-automation-and-history-work-looking-back-understand-future; Richard Baldwin, *The Great Convergence* (Cambridge, MA: Harvard University Press, 2016).

61 BetaNews, 'The Global Supply chain Behind the iPhone 6', https://betanews.com/2014/09/23/the-global-supply-chain-behind-the-iphone-6/.

## 4 郵票

62 Rowland Hill, *Post Office Reform: Its Importance and Practicability*, 3rd edition (1837), available at http://www.gbps.org.uk/information/downloads/files/penny-postage/Post%20Office%20Reform,%20its%20Importance%20and%20Practicability%20-%20Rowland%20Hill%20(3rd%20edition,%201837).pdf, p. iv.

63 Sir Rowland Hill and George Birkbeck Hill, *The Life of Sir Rowland Hill and the History of Penny Postage* (1880), available at http://www.gbps.org.uk/information/downloads/files/penny-postage/The%20Life%20of%20Sir%20Rowland%20Hill%20(Volume%201).pdf, p. 263.

64 Hill and Hill, *Life of Sir Rowland Hill*, pp. 279, 326.

65 Hill, *Post Office Reform*.

66 Hill and Hill, *Life of Sir Rowland Hill*, p. 278.

67 Hill, *Post Office Reform*, p. 54.

68 Hill and Hill, *Life of Sir Rowland Hill*, pp. 364-371.

69 Hill and Hill, *Life of Sir Rowland Hill*, p. 238.

70 Gregory Clark, *Average Earnings and Retail Prices, UK, 1209-2017* (Davis, CA: University of California, Davis, 28 April 2018), https://www.measuringworth.com/datasets/ukearncpi/earnstudyx.pdf.

71 Hill and Hill, *Life of Sir Rowland Hill*, p. 238.

72 James Vernon, *Distant Strangers: How Britain Became Modern* (Berkeley: University of California Press, 2014), p. 68.

73 Hill, *Post Office Reform*, p. 80.

74 Hill, *Post Office Reform*, p. 68-81.

75 https://www.richmondfed.org/~/media/richmondfedorg/publications/research/economic_review/1992/pdf/er780201.pdf.

76 Hill, *Post Office Reform*, p. 79.

77 Hill, *Post Office Reform*, p. 79.

78 Eunice and Ron Shanahan, 'The Penny Post', The Victorian Web, http://www.victorianweb.org/history/pennypos.html.

79 Catherine J. Golden, *Posting It: The Victorian Revolution in Letter Writing* (Gainsville: University Press of Florida, 2009).

80 Randal Stross, 'The Birth of Cheap Communication (and Junk Mail)', *New York Times*,

20 February 2010, https://www.nytimes.com/2010/02/21/ business/21digi.html.

81 Daron Acemo lu, Jacob Moscona and James Robinson, 'State capacity and American technology: Evidence from the 19th century', *Vox*, 27 June 2016, https://voxeu.org/article/state-capacity-and-us-technical-progress-19th-century.

82 'Amazon is not the only threat to legacy post offices', *Economist*, 19 April 2018, https://www.economist.com/business/2018/04/19/amazon-is-not-the-only-threat-to-legacy-post-offices.

83 'The Shocking Truth about How Many Emails Are Sent', Campaign Monitor, March 2019, https://www.campaignmonitor.com/blog/email-marketing/2018/03/shocking-truth-about-how-many-emails-sent/.

84 Acemo lu, Moscona and Robinson, 'State capacity and American technology'.

## 5 自行車

85 Margaret Guroff, *The Mechanical Horse: How the Bicycle Reshaped American Life* (Austin: University of Texas Press, 2016), ch. 1.

86 Harry Oosterhuis, 'Cycling, modernity and national culture', *Social History* 41.3 (2016), 233-48.

87 Guroff, *Mechanical Horse*, ch. 3.

88 Paul Smethurst, *The Bicycle-Towards a Global History* (London: Palgrave Macmillan, 2015), ch. 1.

89 David Herlihy, *Bicycle: The History* (New Haven, CT: Yale University Press, 2004), pp. 268-9.

90 Margaret Guroff, 'The Wheel, the Woman and the Human Body', https://longreads.com/2018/07/06/the-wheel-the-woman-and-the-human-body/ (extract from *The Mechanical Horse*).

91 Guroff, 'The Wheel, the Woman and the Human Body'.

92 Guroff, *Mechanical Horse*, ch. 3.

93 Karthik Muralidharan and Nishith Prakash, 'Cycling to School: Increasing Secondary School Enrollment for Girls in India', *NBER Working Paper No. 19305*, August 2013.

94 Jason Gay, 'The LeBron James interview about bicycles', *Wall Street Journal*, 6 August 2018, https://www.wsj.com/articles/the-lebron-james-interview-about-bicycles-1533561787.

95 William Manners, 'The secret history of 19th century cyclists', *Guardian*, 9 June 2015, https://www.theguardian.com/environment/bike-blog/2015/jun/09/feminism-escape-widneing-gene-pools-secret-history-of-19th-century-cyclists; Steve Jones 'Steve Jones on Extinction: A conversation with Steve Jones' https://www.edge.org/conversation/steve_jones-steve-jones-on-extinction.

96 David A. Hounshell, *From the American System to Mass Production, 1800-1932* (Baltimore, MD: Johns Hopkins University Press, 1984) Introduction and ch. 5.

97 Jane Jacobs, *Cities and the Wealth of Nations* (New York: Random House, 1984), p. 150.

98 Smethurst, *The Bicycle*, ch. 1.

99 Jacobs, *Cities and the Wealth of Nations*, p. 38.
100 Smethurst, *The Bicycle*, ch. 3, p. 118.
101 Tatsuzo Ueda, 'The development of the bicycle industry in Japan after World War II', *Japanese Experience of the UNU Human and Social Development Programme* (1981), https://d-arch.ide.go.jp/je_archive/english/society/wp_je_unu38.html.
102 World Bank Blog, 'Cycling Is Everyone's Business', https://blogs.worldbank. org/publicsphere/cycling-everyone-s-business; Worldometers: Bicycles, http://www.worldometers.info/bicycles/.
103 歐洲自行車聯盟（The European Cyclists Federation）報導，二〇一八年光在中國，共享自行車就有一千六百萬輛：https://ecf.com/news-and-events/news/executive-summary-what-happening-bike-share-world-1;《經濟學人》統計在二〇一七年，自行車分享計畫就有不下一千五百個，而且增加的速度還愈來愈快：https://www.economist.com/christmas-specials/2017/12/19/how-bike-sharing-conquered-the-world.

## 6 眼鏡

104 Thomas Black, 'Google Glass Finds a New Home at the Factory', *Bloomberg*, 20 May 2019, https://www.bloomberg.com/news/articles/2019-05-20/google-glass-finds-a-new-home-at-the-factory.
105 Andre Bourque, 'Smart glasses are making workers more productive', CIO, 16 May 2017, https://www.cio.com/article/3196294/smart-glasses-are-making-workers-more-productive.html.
106 Project Glass: Live Demo at Google I/O, 27 June 2012, https://www.youtube.com/watch?v=D7TB8b2t3QE.
107 Black, 'Google Glass Finds a New Home at the Factory'.
108 https://en.wikipedia.org/wiki/Ibn_al-Haytham.
109 David C. Lindberg, *Theories of Vision from al-Kindi to Kepler* (Chicago, IL: University of Chicago Press, 1981), pp. 209-10.
110 Rebecca Stefoff, *Microscopes and Telescopes* (New York: Marshall Cavendish, 2007), pp. 12-13.
111 Lindberg, *Theories of Vision*, p. 86.
112 Steven Johnson, *How We Got to Now* (New York: Penguin, 2014), pp. 15-16.
113 James B. Tschen-Emmons, *Artifacts from Medieval Europe* (Santa Barbara, CA: ABC-CLIO, 2015), p. 260.
114 Alberto Manguel, *A History of Reading* (London: Flamingo, 1997), p. 293.
115 Manguel, *History of Reading*, p. 292.
116 Born circa 1255, according to https://en.wikipedia.org/wiki/ Jordan_of_Pisa.
117 Steven R. Fischer, *A History of Reading* (London: Reaktion Books, 2004), p.186.
118 Stefoff, *Microscopes and Telescopes*, pp. 14-16.
119 Stefoff, *Microscopes and Telescopes,* pp. 14-16.
120 'Britain's Eye Health in Focus: A snapshot of consumer attitudes and behaviour towards eye health' (College of Optometrists, 2013), http://www.wcb-ccd.org.uk/perspectif/

library/BEH_Report_FINAL%20(1).pdf.
121 'VisionWatch' (Vision Council, September 2016), https://www.thevisioncouncil.org/sites/default/files/research/VisionWatch_VisionCouncil_Member_Benefit_Report_September%202016_FINAL.pdf; 'Share of Japanese wearing eyeglasses as of September 2017, by age group and gender', Statista, https://www.statista.com/statistics/825746/japan- glasses-usage-share-by-age-gender/.
122 'Eyeglasses for Global Development: Bridging the Visual Divide' (Geneva: World Economic Forum, June 2016), http://www3.weforum.org/docs/WEF_2016_EYElliance.pdf.
123 Sam Knight, 'The spectacular power of Big Lens', *Guardian*, 10 May 2018, https://www.theguardian.com/news/2018/may/10/the-invisible-power-of-big-glasses-eyewear-industry-essilor-luxottica.
124 'Eyeglasses for Global Development'.
125 Priya Adhisesha Reddy et al., 'Effect of providing near glasses on productivity among rural Indian tea workers with presbyopia (PROSPER): a randomised trial', *Lancet Global Health* 6.9, PE1019-E1027 (1 September 2018), http://dx.doi.org/10.1016/ S2214-109X(18)30329-2.
126 'Eyeglasses to Improve Workers' Manual Dexterity', Givewell, April 2019, https://www.givewell.org/international/technical/programs/eyeglasses-workers-manual-dexterity.
127 'Eyeglasses for Global Development'.
128 Paul Glewwe, Albert Park, Meng Zhao, *A Better Vision for Development: Eyeglasses and Academic Performance in Rural Primary Schools in China*, HKUST IEMS Working Paper No. 2015-37, June 2016, https://www.povertyactionlab.org/sites/default/files/publications/424_542_A%20better%20vision%20for%20development_PaulGlewwe_May2016.pdf.
129 Elie Dolgin, 'The myopia boom', *Nature* 519.7543 (18 March 2015), https://www.nature.com/news/the-myopia-boom-1.17120?WT.mc_id=TWT_NatureNews#/eye.
130 John Trevelyan and Peter Ackland, 'Global Action Plan Indicators-the data in full', Vision Atlas, International Agency for the Prevention of Blindness, updated 11 October 2018, http://atlas.iapb.org/global-action-plan/gap-indicators/.
131 Jennifer L. Y. Yip et al., 'Process evaluation of a National Primary Eye Care Programme in Rwanda', *BMC Health Services Research* 18.1 (December 2018), https://doi.org/10.1186/s12913-018-3718-1.
132 Zhang et al., 'Self correction of refractive error among young people in rural China: results of cross sectional investigation', *BMJ* 2011;343:d4767, doi: 10.1136/bmj.d4767, http://cvdw.org/resources/bmj.d4767.full.pdf.

## 7 罐頭

133 Alex Davies, 'Inside the Races That Jump-Started the Self-Driving Car', *Wired*, 11 October 2017, https://www.wired.com/story/darpa-grand-urba n-challenge-self-driving-car/.

134 Alex Davies, 'Inside the Races'; 'An Oral History of the Darpa Grand Challenge, the Grueling Robot Race That Launched the Self-Driving Car', *Wired*, 3 August 2017, https://www.wired.com/story/darpa-grand-challenge-2004-oral-history/.

135 https://en.wikipedia.org/wiki/History_of_self-driving_cars.

136 *Inventors and Inventions* (New York: Marshall Cavendish, 2008).

137 Kat Eschner, 'The Father of Canning Knew His Process Worked, But Not Why It Worked', *Smithsonian magazine*, 2 February 2017, https://www.smithsonianmag.com/smart-news/father-canning-knew-his-process-worked-not-why-it-worked-180961960/.

138 http://www.oxfordreference.com/view/10.1093/oi/authority.20110803095425331.

139 *Inventors and Inventions*.

140 N. Appert, *The Art of Preserving All Kinds of Animal and Vegetable Substances for Several Years* (1812), available at http://www.gutenberg.org/files/52551/52551-h/52551-h.htm.

141 Tom Geoghegan, 'The story of how the tin can nearly wasn't', BBC News Magazine, 21 April 2013, https://www.bbc.co.uk/news/ magazine-21689069.

142 Geoghegan, 'The story'.

143 Vivek Wadhwa, 'Silicon Valley Can't Be Copied', *MIT Technology Review*, 3 July 2013, https://www.technologyreview.com/s/516506/silicon-valley-cant-be-copied/.

144 https://en.wikipedia.org/wiki/Category:Information_technology_places.

145 Wadhwa, 'Silicon Valley'.

146 Geoghegan, 'The story'.

147 Sue Shephard, *Pickled, Potted, and Canned: How the Art and Science of Food Preserving Changed the World* (New York: Simon and Schuster, 2006).

148 Geoghegan, 'The story'.

149 Zeynep Tufekci, 'How social media took us from Tahrir Square to Donald Trump', *MIT Technology Review*, 14 August 2018, https://www.technologyreview.com/s/611806/how-social-media-took-us-from-tahrir-square-to-donald-trump/.

150 Evan Osnos, 'Doomsday Prep for the Super-Rich', *New Yorker*, 22 January 2017, https://www.newyorker.com/magazine/2017/01/30/doomsday-prep-for-the-super-rich.

151 *Inventors and Inventions*.

## 8 拍賣

152 Edward Gibbon, *The History of the Decline and Fall of the Roman Empire* (1776-89), ch. 31, https://ebooks.adelaide.edu.au/g/gibbon/edward/g43d/chapter31.html.

153 Herodotus, *The Histories* (Harmondsworth: Penguin Books, 1972), pp. 120-1.

154 Ralph Cassady, *Auctions and Auctioneering* (Berkeley: University of California Press, 1967), pp. 33-6.

155 Brian Learmount, *The History of the Auction* (London: Barnard and Learmount, 1985), p. 84.

156 Learmount, *History of the Auction*, p. 84.

157 Samuel Pepys, *Diary*, 6 November 1660, https://www.pepysdiary.com/diary/1660/11/06/,

3 September 1662, https://www.pepysdiary.com/diary/1662/09/03/.

158 John McMillan, *Reinventing the Bazaar: A Natural History of Markets* (New York: WW Norton, 2002); 'Aalsmeer Flower Auction Fights the Clock', *New York Times* video, 23 December 2014, https://www.youtube.com/ watch?v=zx7buFdpis4.

159 William Vickrey, 'Counterspeculation, Auctions, and Competitive Sealed Tenders', *Journal of Finance* 16.1: 8-39.

160 Paul Klemperer, 'What Really Matters in Auction Design', *Journal of Economic Perspectives* 16.1: 169-89, DOI: 10.1257/0895330027166.

161 Ken Binmore and Paul Klemperer, 'The Biggest Auction Ever: The Sale of the British 3G Telecom Licenses', *Economic Journal* 112.478 (March 2002): C74-C96, https://doi.org/10.1111/1468-0297.00020.

162 谷歌有一支教學影片解釋了廣告競標的運作方式：https://www.youtube.com/watch?v=L5r0Ng8XbDs. 較為學術性的討論可見谷歌首席經濟學家哈爾・凡里安（Hal Varian）所發表，二〇〇九年一篇以拍賣為題的本質分析。Hal Varian, 'Position Auctions', International *Journal of Industrial Organization* 25.6 (2007): 1163-78.

163 Rachel Lerman, 'Google reports $7.1 billion profit, but still falls short on third-quarter expectations', Associated Press, 28 October 2019.

164 Jasmine Enberg, 'Global Digital Ad Spending 2019', *eMarketer*, 28 March 2019, https://www.emarketer.com/content/global-digital-ad-spending-2019.

165 Jack Nicas, 'Google Uses Its Search Engine to Hawk Its Products', *Wall Street Journal*, 19 January 2017.

## 9 鬱金香

166 Charles Mackay, *Extraordinary Popular Delusions and the Madness of Crowds* (1841).

167 Mike Dash, *Tulipomania* (London: Phoenix, 2003).

168 Anne Goldgar, *Tulipmania: Money, Honor, and Knowledge in the Dutch Golden Age* (Chicago: University of Chicago Press, 2007).

169 Goldgar, *Tulipmania*.

170 Goldgar, *Tulipmania*.

171 Dash, *Tulipomania*.

172 Dash, *Tulipomania*.

173 Stephen Moss, 'The Super-studs: Inside the Secretive World of Racehorse Breeding', Guardian, 28 October 2009, https://www.theguardian.com/sport/2009/oct/28/sea-the-stars-stud.

174 Peter Garber, 'Famous First Bubbles', Journal of Economic Perspectives, Spring 1990; 'Tulipmania', *Journal of Political Economy* 97.3 ( June 1989): 535-60.

175 James McClure and David Chandler Thomas, 'Explaining the timing of tulipmania's boom and bust: historical context, sequester capital and market signals', *Financial History Review*, 2017.

176 Andrew Odlyzko, 'Collective hallucinations and inefficient markets: The British Railway

Mania of the 1840s', Working Paper, School of Mathematics and Digital Technology Center, University of Minnesota, 2010.

## 10 皇后御用瓷器

177 Brian Dolan, *Josiah Wedgwood: Entrepreneur to the Enlightenment* (London: Harper Perennial, 2004), p. 169.

178 Dolan, *Josiah Wedgwood*, p. 169.

179 Dolan, *Josiah Wedgwood*, p. 153.

180 Dolan, *Josiah Wedgwood*, pp. 213-14.

181 Katie Hafner and Brad Stone, 'IPhone Owners Crying Foul Over Price Cut', *New York Times*, 7 September 2007, https://www.nytimes.com/2007/09/07/technology/07apple.html

182 R. H. Coase, 'Durability and Monopoly', *Journal of Law and Economics* 15.1 (April 1972): 143-9.

183 Nancy F. Koehn, *Brand New: How Entrepreneurs Earned Consumers' Trust from Wedgwood to Dell* (Boston, MA: Harvard Business School Press, 2001), p. 40.

184 Dolan, *Josiah Wedgwood*, p. 277.

185 See e.g. Emile Durkheim, *La science positive de la morale en Allemagne* (1887), available at https://gallica.bnf.fr/ark:/12148/bpt6k171631/f61.image; Thorstein Veblen, *The Theory of the Leisure Class* (1899); https://en.wikipedia.org/wiki/Trickle-down_effect.

186 Deniz Atik & A. Fuat Fırat, 'Fashion creation and diffusion: The institution of marketing', *Journal of Marketing Management* 29.7-8 (2013): 836-60, DOI: 10.1080/0267257X.2012.729073.

187 Malcolm Gladwell, 'The Coolhunt', *New Yorker*, 10 March 1997, https://www.newyorker.com/magazine/1997/03/17/the-coolhunt.

188 Vanessa Grigoriadis, 'Slaves of the Red Carpet', *Vanity Fair*, 10 February 2014, https://www.vanityfair.com/hollywood/2014/03/hollywood-fashion-stylists-rachel-zoe-leslie-fremar.

189 Nancy F. Koehn, *Brand New: How Entrepreneurs Earned Consumers' Trust from Wedgwood to Dell* (Boston, MA: Harvard Business School Press, 2001), p. 35.

190 Koehn, *Brand New*, p. 12.

191 Dolan, *Josiah Wedgwood*, pp. 174-5.

192 Dolan, *Josiah Wedgwood*, p. 263.

193 Dolan, *Josiah Wedgwood*, p. 217.

194 Dolan, *Josiah Wedgwood*, p. 287.

195 Jenny Uglow, *The Lunar Men: The Friends Who Made the Future* (London: Faber and Faber, 2002), p. 205.

196 See e.g. Wolfgang Pesendorfer, 'Design Innovation and Fashion Cycles', *American Economic Review* 85.4 (1995): 771-92; Barak Y. Orbach, 'The Durapolist Puzzle: Monopoly Power in Durable-Goods Markets', *Yale Journal on Regulation* 21.1 (2004):

67-119.
197 Dolan, *Josiah Wedgwood*, p. 277.

## 11 邦薩克捲菸機

198 Allan M. Brandt, The Cigarette Century: *The Rise, Fall, and Deadly Persistence of the Product That Defined America* (New York: Basic Books, 2007).
199 Robert Proctor, *Golden Holocaust: Origins of the Cigarette Catastrophe and the Case for Abolition* (Berkeley: University of California Press, 2011).
200 Brandt, *Cigarette Century.*
201 Proctor, *Golden Holocaust*.
202 Proctor, *Golden Holocaust*.
203 Brandt, *Cigarette Century*.
204 Brandt, *Cigarette Century*.
205 Brandt, *Cigarette Century*.
206 Proctor, *Golden Holocaust*.
207 Terrence H. Witkowski, 'Promise Them Everything: A Cultural History of Cigarette Advertising Health Claims', *Current Issues and Research in Advertising* 13.2 (1991): 393-409.
208 Witkowski, 'Promise Them Everything'.
209 Brandt, *Cigarette Century*.
210 Witkowski, 'Promise Them Everything'.
211 'Smoke Gets In Your Eyes' *Mad Men* pilot episode, first broadcast 19 July 2007. Writer: Matthew Weiner. Director: Alan Taylor. Production company: Lionsgate. A video clip and transcript of this particular moment is at http://www.sarahvogelsong.com/blog/2018/1/29/its-toasted.
212 Proctor, *Golden Holocaust*.
213 Brandt, *Cigarette Century*.
214 https://en.wikipedia.org/wiki/Regulation_of_nicotine_marketing.
215 'Plain packaging of tobacco products: Evidence, design and implementation' (World Health Organization, 2016), https://www.who.int/tobacco/publications/industry/plain-packaging-tobacco-products/en/.
216 See e.g. William Savedoff, 'Plain packaging', British American Tobacco, http://www.bat.com/plainpackaging; 'Tobacco Companies Fail the Corporate Social Responsibility Test of a Free-Market Advocate', Center for Global Development, 17 August 2017, https://www.cgdev.org/blog/tobacco-companies-fail-corporate-social-responsibility-test-free-market-advocate.
217 See e.g. Brandt, *The Cigarette Century*.
218 Global Health Observatory, World Health Organization, https://www.who.int/gho/tobacco/use/en/.
219 Proctor, *Golden Holocaust*. 可用太陽點菸的計算是根據年產所有香菸排起來達三億英里。（地球到太陽距離不足一億英里，大約是香菸總長度的三分之一。）

220 此期間人口大約成長一倍多一點，根據是 http://www.chinatoday. com/data/china. population.htm. 香菸消費量則大約成長二十倍，根據是 Proctor, *Golden Holocaust*.

221 人口數據來自 http://www.chinatoday.com/data/china. population.htm. Cigarette consumption figures from Proctor, *Golden Holocaust*. 譯註：應即為台灣的長壽菸經授權在中國販賣。

222 S. S. Xu, S. Gravely, G. Meng, et al., 'Impact of China National Tobacco Company's "Premiumization" Strategy: longitudinal findings from the ITC China Surveys (2006-2015)', *Tobacco Control* 28.suppl 1 (29 August 2018), https://tobaccocontrol.bmj.com/content/early/2018/08/27/tobaccocontrol-2017-054193.

223 Xu et al., '"Premiumization" Strategy'.

## 12 縫紉機

224 https://www.youtube.com/watch?v=koPmuEyP3a0.

225 https://budpride.co.uk/.

226 See e.g. Rachel Alexander, 'Woke Capitalism: Big Business Pushing Social Justice Issues', The Stream, 12 June 2019, https://stream.org/woke-capitalism-big-business-pushing-social-justice-issues/.

227 https://en.wikipedia.org/wiki/Declaration_of_Sentiments (accessed 8 July 2019).

228 Ruth Brandon, *Singer and the Sewing Machine: A Capitalist Romance* (London: Barrie & Jenkins, 1977), p. 42.

229 Adam Mossoff, 'The Rise and Fall of the First American Patent Thicket: The Sewing Machine War of the 1850s', *Arizona Law Review* 53 (2011): 165-211.

230 'The Story of the Sewing-Machine; Its Invention Improvements Social, Industrial and Commercial Importance', *New York Times*, 7 January 1860, https://www.nytimes.com/1860/01/07/archives/the-story-of-the-sewingmachine-its-invention-improvements-social.html.

231 *Godey's Lady's Book and Magazine* 61 (1860), p. 77.

232 Brandon, *Singer*, p. 44.

233 Brandon, *Singer*, p. 21.

234 Brandon, *Singer*, p. 45.

235 'Story of the Sewing-Machine'.

236 Grace Rogers Cooper, *The Sewing Machine: Its Invention and Development* (Washington, DC: Smithsonian Institution, 1968), pp. 41-2.

237 Mossoff, 'American Patent Thicket'.

238 Mossoff, 'American Patent Thicket'.

239 'Patent pools and antitrust - a comparative analysis', Secretariat, World Intellectual Property Organization, March 2014, https://www.wipo.int/export/sites/www/ip-competition/en/studies/patent_pools_report.pdf.

240 David A. Hounshell, *From the American System to Mass Production, 1800-1932* (Baltimore, MD: Johns Hopkins University Press, 1984), ch. 2.

241 Mossoff, 'American Patent Thicket'.

242 Mossoff, 'American Patent Thicket'.
243 Brandon, *Singer*, p. 117.
244 Andrew Godley, 'Selling the Sewing Machine Around the World: Singer's International Marketing Strategies, 1850-1920', *Enterprise and Society* 7.2 (March 2006).
245 Brandon, *Singer*, p. 140.
246 Brandon, *Singer*, pp. 120-1.
247 Mossoff, 'American Patent Thicket'.
248 Brandon, *Singer*, p. 125.
249 Brandon, *Singer*, pp. 68, 73.
250 Brandon, *Singer*, p. 124.
251 Brandon, *Singer*, p. 127.
252 'Story of the Sewing-Machine'.
253 *Godey's Lady's Book and Magazine* 61, p. 77.
254 Mossoff, 'American Patent Thicket'.

## 13 郵購型錄

255 https://www.wards.com/.
256 David Blanke, *Sowing the American Dream: How Consumer Culture Took Root in the Rural Midwest* (Athens: Ohio University Press, 2000).
257 Blanke, *American Dream.*
258 Blanke, *American Dream.*
259 Doug Gelbert, *Branded! Names So Famous the People Have Been Forgotten*(Cruden Bay Books, 2016).
260 Gelbert, *Branded!*.
261 Blanke, *American Dream*.
262 Gelbert, *Branded!*.
263 Gelbert, *Branded!*.
264 Blanke, *American Dream*.
265 Leslie Kaufman with Claudia H. Deutsch, 'Montgomery Ward to Close Its Doors', New York Times, 29 December 2000, https://www.nytimes.com/2000/12/29/business/montgomery-ward-to-close-its-doors.html.
266 'Ward (Montgomery) & Co.', Encyclopaedia of Chicago, http://www. encyclopedia. chicagohistory.org/pages/2895.html.
267 Catalogue No. 13, Montgomery Ward & Co., available at https://archive. org/details/catalogueno13spr00mont.
268 Earle F. Walbridge, '*One Hundred Influential American Books Printed before 1900. Catalogue and Addresses. Exhibition at The Grolier Club April Eighteenth- June Sixteenth MCMXLVI' (review), The Papers of the Bibliographical Society of America 41.4* (Fourth Quarter, 1947): 365-7.
269 Blanke, *American Dream*.
270 99 *Percent Invisible*, 'The House that Came in the Mail', 11 September 2018,

https://99percentinvisible.org/episode/the-house-that-came-in- the-mail/.

271 根據 Measuring Worth 網站，一九九〇年的三千萬美元等於二〇一八年的九億美元，或者如果把這錢當成非技術性的工資去換算，則一九九〇年的三千萬等於二〇一八年的四十二億美元。

272 Judith M. Littlejohn, 'The Political, Socioeconomic, and Cultural Impact of the Implementation of Rural Free Delivery in Late 1890s US' (2013), https://digitalcommons.brockport.edu/cgi/viewcontent.cgi?article=1009&context=hst_theses.

273 Littlejohn, 'Political, Socioeconomic, and Cultural Impact'.

274 Littlejohn, 'Political, Socioeconomic, and Cultural Impact'.

275 Montgomery Ward Catalogue extract, 1916, Carnival Glass Worldwide, https://www.carnivalglassworldwide.com/montgomery-ward-ad-1916.html.

276 1911 Modern Homes Catalog, available at http://www.arts-crafts.com/ archive/sears/page11.html.

277 Nancy Keates, 'The Million-Dollar Vintage Kit Homes That Come From Sears', *Wall Street Journal*, 21 September 2017, https://www.wsj.com/articles/ some-vintage-kit-homes-now-sell-for-over-1-million-1506001728.

278 'Montgomery Ward to End Catalogue Sales', *Los Angeles Times*, 2 August 1985, https://www.latimes.com/archives/la-xpm-1985-08-02-mn-5529-story.html.

279 Stephanie Strom, 'Sears Eliminating Its Catalogues and 50,000 Jobs', *New York Times*, 26 January 1993, https://www.nytimes.com/1993/01/26/ business/sears-eliminating-its-catalogues-and-50000-jobs.html.

280 Larry Riggs, 'Direct Mail Gets Most Response, But Email Has Highest ROI: DMA', *Chief Marketer*, 22 June 2012, https://www.chiefmarketer.com/direct-mail-gets-most-response-but-email-has-highest-roi-dma/.

281 Jiayang Fan, 'How e-commerce is transforming rural China', *New Yorker*, 16 July 2018, https://www.newyorker.com/magazine/2018/07/23/how-e-commerce-is-transforming-rural-china.

282 Jamil Anderlini, 'Liu Qiangdong, the "Jeff Bezos of China", on making billions with JD.com', *Financial Times*, 15 September 2017, https://www. ft.com/content/a257956e-97c2-11e7-a652-cde3f882dd7b.

283 Feng Hao, 'Will "Taobao villages" spur a rural revolution?', China Dialogue, 24 May 2016, https://www.chinadialogue.net/article/show/single/en/8943-Will-Taobao-villages-spur-a-rural-revolution.

284 Jamil Anderlini, 'Liu Qiangdong'.

285 James J. Feigenbaum and Martin Rotemberg, 'Communication and Manufacturing: Evidence from the Expansion of Postal Services', working paper, https://scholar.harvard.edu/files/feigenbaum_and_rotemberg_-_rural_free_delivery.pdf.

286 See e.g. Feng Hao, 'Will "Taobao villages" spur a rural revolution?'; Josh Freedman, 'Once poverty-stricken, China's "Taobao villages" have found a lifeline making trinkets for the internet', Quartz, 12 February 2017, https://qz.com/899922/once-poverty-stricken-chinas-taobao-villages-have-found-a-lifeline-making-trinkets-for-the-internet/.

## 14 速食加盟體系


287 Ray Kroc with Robert Anderson, *Grinding It Out: The Making of McDonald's*(Chicago, IL: Contemporary Books, 1987), ch 1.

288 John F. Love, *McDonald's: Behind the Arches* (London: Transworld, 1987), p. 23.

289 Kroc, *Grinding It Out*, 'Afterword'.

290 Love, *McDonald's*, pp. 16-19.

291 Love, *McDonald's*, pp. 25-6.

292 Love, *McDonald's*, p. 16.

293 Love, *McDonald's*, p. 24.

294 Love, *McDonald's*, p. 22.

295 Kroc, *Grinding It Out*, ch. 2.

296 Kroc, *Grinding It Out*, p. 176.

297 Roger D. Blair, Francine Lafontaine, *The Economics of Franchising* (Cambridge: Cambridge University Press, 2005).

298 這些例子出自 https://www.franchisedirect.com/top100globalfranchises/rankings.

299 Blair, Lafontaine, *Economics of Franchising*; Jaimie Seaton, 'Martha Matilda Harper, The Greatest Businesswoman You've Never Heard Of'', Atlas Obscura, 11 January 2017, https://www.atlasobscura.com/articles/martha-matilda-harper-the-greatest-businesswoman-youve-never-heard-of.

300 Love, *McDonald's*, p. 53.

301 Love, *McDonald's*, ch. 3.

302 Love, *McDonald's*, pp. 148-9.

303 Love, *McDonald's*, pp. 144-6.

304 Hayley Peterson, 'Here's what it costs to open a McDonald's restaurant', Business Insider, 6 May 2019, https://www.businessinsider.com/what-it-costs-to-open-a-mcdonalds-2014-11.

305 https://en.wikipedia.org/wiki/McDonald's.

306 Peterson, 'Here's what it costs'.

307 Alan B. Kreuger, 'Ownership, Agency, and Wages: An Examination of Franchising in the Fast Food Industry', *Quarterly Journal of Economics* 106.1 (February 1991): 75-101.

308 Sugato Bhattacharyya and Francine Lafontaine, 'Double-Sided Moral Hazard and the Nature of Share Contracts', *RAND Journal of Economics 26.4* (Winter 1995): 761-81.

309 Love, *McDonald's*, p. 24.


## 15 募款訴求


310 Adam Smith, *An Inquiry into the Nature and Causes of the Wealth of Nations* (1776), available at https://www.ibiblio.org/ml/libri/s/SmithA_WealthNations_p.pdf.

311 'Gross Domestic Philanthropy: An international analysis of GDP, tax and giving', Charities Aid Foundation, January 2016, https://www.cafonline.org/docs/default-source/about-us-policy-and-campaigns/gross-domestic-philanthropy-feb-2016.pdf.

312 作者的計算結果。英國啤酒市場在二〇一九年的市值估在一百五十五億美元，資料來源是 https://www.statista.com/outlook/10010000/156/beer/united-kingdom; 同年肉品市場規模估在一百八十六億美元，資料來源是 https://www.statista.com/outlook/40020000/156/meat-products-sausages/united-kingdom; 麵包市場被在四十七億美元，資料來源是 https://www.statista.com/outlook/40050100/156/bread/united-kingdom. 英國的 GDP 在二〇一八年估在兩兆八千億美元，資料來源是 https://en.wikipedia.org/wiki/Economy_of_the_United_Kingdom.

313 https://en.wikipedia.org/wiki/Tithe.

314 Adrian Sargeant and Elaine Jay, *Fundraising Management: Analysis, Planning and Practice* (Abingdon: Routledge, 2014).

315 Scott M. Cutlip, *Fund Raising in the United States: Its Role in America's Philanthropy* (Piscataway, N.J.: Transaction Publishers, 1965).

316 Cutlip, *Fund Raising*.

317 Sargeant and Jay, *Fundraising Management*.

318 Sargeant and Jay, *Fundraising Management*.

319 The Rotarian, October 1924, available at https://books.google.co.uk/books?id–TUQEAAAAMBAJ&pg=PA59.

320 Anna Isaac, 'Have charity shock ads lost their power to disturb?', Guardian, 20 April 2016, https://www.theguardian.com/voluntary-sector-network/2016/apr/20/charity-ads-shock-barnados.

321 See e.g. Amihai Glazer and Kai A. Konrad, 'A Signaling Explanation for Charity', *American Economic Review* 86.4 (September 1996): 1019-28, https:// www.jstor.org/stable/2118317.

322 Geoffrey Miller, *The Mating Mind: How Sexual Choice Shaped the Evolution of Human Nature* (London: Vintage, 2000).

323 Craig Landry, Andreas Lange, John A. List, Michael K. Price and Nicholas G. Rupp, 'Toward an Understanding of the Economics of Charity: Evidence from a Field Experiment', East Carolina University, University of Chicago, University of Maryland, University of Nevada-Reno, NBER and RFF, 2005, http://www.chicagocdr.org/papers/listpaper.pdf#search=%2522towards%20an%20understanding%20of%20the%20economics%20of%20charity%2522.

324 James Andreoni, 'Impure Altruism and Donations to Public Goods: A Theory of Warm Glow Giving', *Economic Journal* 100.401 ( June 1990): 464-77, available at https://econweb.ucsd.edu/~jandreon/Publications/ej90.pdf.

325 'Introduction to Effective Altruism', Centre for Effective Altruism, 22 June 2016, https://www.effectivealtruism.org/articles/introduction-to-effective-altruism/.

326 https://givewell.org.

327 Dean Karlan and Daniel Wood, 'The Effect of Effectiveness: Donor Response to Aid Effectiveness in a Direct Mail Fundraising Experiment', Economic Growth Center Discussion Paper No. 1038, 2015.

328 'Mega-charities', The GiveWell Blog, 28 December 2011, https://blog. givewell.

org/2011/12/28/mega-charities/.

## 16 聖誕老人

329 Lindsay Whipp, 'All Japan Wants for Christmas Is Kentucky Fried Chicken', *Financial Times*, 19 December 2010, https://www.ft.com/content/bb2dafc6-0ba4-11e0-a313-00144feabdc0#axzz2F2h70NMo.

330 https://www.theguardian.com/lifeandstyle/2016/dec/21/coca-cola-didnt-invent-santa-the-10-biggest-christmas-myths-debunked; https://www.coca-colacompany.com/stories/coke-lore-santa-claus.

331 http://www.whiterocking.org/santa.html.

332 https://www.snopes.com/fact-check/rudolph-red-nosed-reindeer/.

333 Stephen Nissenbaum, *The Battle for Christmas* (New York: Alfred Knopf, 1997); Bruce David Forbes, *America's Favorite Holidays: Candid Histories* (Oakland: University of California Press, 2015).

334 Nissenbaum, *Battle for Christmas*.

335 Forbes, *America's Favorite Holidays*.

336 John Tierney, 'The Big City, Christmas, and the Spirit of Commerce', *New York Times*, 21 December 2001, https://www.nytimes.com/2001/12/21/nyregion/the-big-city-christmas-and-the-spirit-of-commerce.html.

337 Joel Waldfogel, *Scroogenomics: Why You Shouldn't Buy Presents for the Holidays* (Woodstock: Princeton University Press, 2009).

338 Waldfogel, *Scroogenomics*.

339 Harriet Beecher Stowe, 'Christmas; or, The Good Fairy', *National Era 4* (26 December 1850).

340 Maria Frazee, *Santa Claus: The World's Number One Toy Expert* (Boston, MA.: Houghton Mifflin Harcourt, 2005).

341 Joel Waldfogel, 'The Deadweight Loss of Christmas', *American Economic Review* 83.5 (1993): 1328-36, www.jstor.org/stable/2117564.

342 Parag Waknis and Ajit Gaikwad, 'The Deadweight Loss of Diwali', MPRA Paper, University Library of Munich, 2011, https://EconPapers.repec.org/RePEc:pra:mprapa:52883.

343 世界銀行體系可分為國際復興開發銀行（IBRD）與國際開發協會（IDA），前者的業務是非優惠利率貸款，後者是優惠利率貸款，兩者在二〇一七年各放款兩百億美元。http://pubdocs.worldbank.org/en/982201506096253267/AR17-World-Bank-Lending.pdf.

344 Jennifer Pate Offenberg, '*Markets: Gift Cards', Journal of Economic Perspectives 21.2* (Spring 2007).

345 Francesca Gino and Francis J. Flynn, 'Give them what they want: The benefits of explicitness in gift exchange', *Journal of Experimental Social Psychology* 47 (2011): 915-22, https://static1.squarespace.com/static/55dcde36e4b0df55a96ab220/t/55e746dee4b07156fbd7f6bd/1441220318875/Gino+Flynn+JESP+2011.pdf.

## 17 環球銀行金融電信協會（SWIFT）

346 Susan Scott and Markos Zachariadis, *The Society for Worldwide Interbank Financial Telecommunication* (SWIFT) (Abingdon: Routledge, 2014), p. 12.

347 Tom Standage, *The Victorian Internet* (London: Weidenfeld and Nicholson, 1998), pp. 110-11.

348 Patrice A. Carré, 'From the telegraph to the telex: a history of technology, early networks and issues in France in the 19th and 20th centuries', *FLUX Cahiers scientifiques internationaux Réseaux et Territoires* 11 (1993): 17-31.

349 Eric Sepkes, quoted in Scott and Zachariadis, *The Society*, pp. 11-12.

350 出自義大利銀行家 Renato Polo 之口，引用於 Scott and Zachariadis, *The Society*, p. 18.

351 Scott and Zachariadis, *The Society*, p. 19.

352 'New SWIFT network gives banks an instant linkup - worldwide', Banking 69.7 (1977): 48.

353 Scott and Zachariadis, The Society, ch. 2-3.

354 Lily Hay Newman, 'A New Breed of ATM Hackers Gets in Through a Bank's Network', Wired, 9 April 2019; Iain Thomson, 'Banking system SWIFT was anything but on security, ex-boss claims', The Register, 18 August 2016, https://www.theregister.co.uk/2016/08/18/swift_was_anything_but_on_security_claim/.

355 Michael Peel and Jim Brunsden, 'Swift shows impact of Iran dispute on international business', *Financial Times*, 6 June 2018, https://www.ft.com/content/9f082a96-63f4-11e8-90c2-9563a0613e56.

356 Eric Lichtblau and James Risen, 'Bank Data Is Sifted by U.S. in Secret to Block Terror', *New York Times*, 23 June 2006.

357 Michael Peel, 'Swift to comply with US sanctions on Iran in blow to EU', *Financial Times*, 5 November 2018, https://www.ft.com/content/8f16f8aa-e104-11e8-8e70-5e22a430c1ad.

358 Justin Scheck and Bradley Hope, 'The Dollar Underpins American Power', *Wall Street Journal*, 29 May 2019.

359 Henry Farrell and Abraham L. Newman, 'Weaponized Interdependence: How Global Economic Networks Shape State Coercion', *International Security* 2019 44:1, 42-79.

360 Nicholas Lambert, *Planning Armageddon* (London: Harvard University Press, 2012).

## 18 信用卡

361 Lewis Mandell, *The Credit Card Industry: A History* (Boston, MA: Twayne Publishers, 1990), p. xii; The Department Store Museum website, http://www.thedepartmentstoremuseum.org/2010/11/charge-cards.html; Hilary Greenbaum and Dana Rubinstein, 'The Cardboard Beginnings of the Credit Card', New York Times, 2 December 2011, http://www.nytimes.com/2011/12/04/magazine/the-cardboard-beginnings-of-the-credit-card.html.

362 Mandell, *Credit Card Industry*, p. 26; Greenbaum and Rubinstein, 'Cardboard Beginnings'.

363 David S. Evans and Richard Schmalensee, *Paying with Plastic: The Digital Revolution in Buying and Borrowing* (Cambridge, MA: MIT Press, 1999), p. 79.

364 Bank of America, 'Our History', https://about.bankofamerica.com/en-us/our-story/birth-of-modern-credit-card.html; 99 Percent Invisible, 'The Fresno Drop', Episode 196, https://99percentinvisible.org/episode/the-fresno-drop/.

365 History of IBM, http://www-03.ibm.com/ibm/history/ibm100/us/en/icons/magnetic/.

366 David S. Evans and Richard Schmalensee, *Paying with Plastic: The Digital Revolution in Buying and Borrowing* (Cambridge MA: MIT Press, 1999), pp. 7-9.

367 Maddy Savage, 'Why Sweden is close to becoming a cashless economy', BBC News, 12 September 2017, http://www.bbc.co.uk/news/business-41095004.

368 Mandell, Credit Card Industry, p. 39.

369 Drazen Prelec and Duncan Simester, 'Always Leave Home Without It: A Further Investigation of the Credit-Card Effect on Willingness to Pay', *Marketing Letters* 12.1 (2001): 5-12, http://web.mit.edu/simester/Public/Papers/Alwaysleavehome.pdf.

370 Thomas A. Durkin, *Consumer Credit and the American Economy* (Oxford: Oxford University Press, 2014), p. 267.

371 https://blogs.imf.org/2017/10/03/rising-household-debt-what-it-means-for-growth-and-stability/.

372 Durkin, *Consumer Credit*, Table 7.7, pp. 312-23.

## 19 股票選擇權

373 https://www.c-span.org/video/?23518-1/clinton-campaign-speech (starts at 27:14).

374 Planet Money, 'Episode 682: When CEO Pay Exploded', 5 February 2016, https://www.npr.org/templates/transcript/transcript. php?storyId=465747726.

375 Lawrence Mishel and Jessica Schieder, 'CEO compensation surged in 2017', Economic Policy Institute, Washington, DC, 16 August 2018, epi. org/152123.

376 Aristotle, *Politics* 1.11.

377 另外一種可能性是泰利斯以具有法律約束力的合約租下榨油機。若果真如此，那他發明的就不是選擇權，而是期貨。See George Crawford and Bidyut Sen, *Derivatives for Decision Makers: Strategic Management Issues* (Hoboken NJ: John Wiley & Sons, 1996), p. 7.

378 Aristotle, *Politics* 1.11.

379 Crawford and Sen, *Derivatives*, p. 7.

380 Crawford and Sen, *Derivatives*, p. 20.

381 Michael C. Jensen and Kevin J. Murphy, 'CEO Incentives - It's Not How Much You Pay, But How', *Harvard Business Review* 3 (May-June 1990): 138-53.

382 Robert Reich, 'There's One Big Unfinished Promise By Bill Clinton that Hillary Should Put to Bed', 7 September 2016, https://robertreich.org/post/150082237740.

383 Brian J. Hall and Kevin J. Murphy, 'The Trouble with Stock Options', NBER Working

Paper No. 9784, June 2003.

384 Jerry W. Markham and Rigers Gjyshi (eds), *Research Handbook on Securities Regulation in the United States* (Cheltenham and Northampton, MA: Edward Elgar Publishing, 2014), p. 254.

385 Hall and Murphy, 'The Trouble'.

386 Lucian A. Bebchuk and Jesse M. Fried, 'Pay without Performance: The Unfulfilled Promise of Executive Compensation', Harvard Law School John M. Olin Center for Law, Economics and Business Discussion Paper Series, Paper 528, 2003, p. 10.

387 Bebchuk and Fried, 'Pay without Performance', p. 67.

388 Bebchuk and Fried, 'Pay without Performance'. See also, more recently, Indira Tulepova, 'The Impact of Ownership Structure on CEO Compensation: Evidence from the UK', MA thesis, Radboud University Nijmegen Faculty of Management, 2016-17.

389 Bebchuk and Fried, 'Pay without Performance'. See also Tulepova, 'Impact of Ownership Structure'.

390 Marianne Bertrand and Sendhil Mullainathan, 'Are CEOs Rewarded for Luck? The Ones Without Principals Are', *Quarterly Journal of Economics* 116.3 (August 2001): 901-32, https://doi.org/10.1162/00335530152466269.

391 Rosanna Landis Weaver, 'The Most Overpaid CEOs: Are Fund Managers Asleep at The Wheel?', Harvard Law School Forum on Corporate Governance and Financial Regulation, 30 March 2019, https://corpgov.law.harvard.edu/2019/03/30/the-most-overpaid-ceos-are-fund-managers-asleep-at-the-wheel/.

392 Fernando Duarte, 'It takes a CEO just days to earn your annual wage', BBC, 9 January 2019, http://www.bbc.com/capital/story/20190108-how-long-it-takes-a-ceo-to-earn-more-than-you-do-in-a-year.

393 See e.g. Lawrence Mishel and Jessica Schieder, 'CEO compensation surged in 2017', Economic Policy Institute, Washington, DC, 16 August 2018, epi. org/152123.

394 See e.g. Robert C. Pozen and S. P. Kothari, 'Decoding CEO Pay', *Harvard Business Review*, July-August 2017, https://hbr.org/2017/07/decoding-ceo-pay; Nicholas E. Donatiello, David F. Larcker and Brian Tayan, 'CEO Talent: A Dime a Dozen, or Worth its Weight in Gold?', Stanford Closer Look Series, September 2017, https://www.gsb.stanford.edu/faculty-research/publications/ceo-talent-dime-dozen-or-worth-its-weight-gold.

395 Mishel and Schieder, 'CEO compensation surged in 2017'.

396 See e.g. David F. Larcker, Nicholas E. Donatiello and Brian Tayan, 'Americans and CEO Pay: 2016 Public Perception Survey on CEO Compensation', Corporate Governance Research Initiative, Stanford Rock Center for Corporate Governance, February 2016, https://www.gsb.stanford.edu/faculty-research/publications/americans-ceo-pay-2016-public-perception-survey-ceo-compensation; Dina Gerdeman, 'If the CEO's High Salary Isn't Justified to Employees, Firm Performance May Suffer', Working Knowledge, Harvard Business School, 17 January 2018, https://hbswk.hbs.edu/item/if-the-ceo-s-high-salary-isn-t-justified-to-employees-firm- performance-may-suffer.

## 20 維克里的旋轉閘門


397 Jacques H. Drèze, *William S. Vickrey 1914-1996: A Biographical Memoir* (Washington, DC: National Academies Press, 1998), http://www.nasonline.org/publications/biographical-memoirs/memoir-pdfs/vickrey-william.pdf; Ronald Harstad, 'William S. Vickrey', https://economics.missouri.edu/working-papers/2005/wp0519_harstad.pdf.

398 Yohana Desta, '1904 to today: See how New York City subway fare has climbed over 111 years', Mashable, 22 March 2015, https://mashable.com/2015/03/22/new-york-city-subway-fare/.

399 William S. Vickrey, 'The revision of the rapid transit fare structure of the City of New York: Finance project', New York, 1952.

400 Vickrey, 'The revision'.

401 Daniel Levy and Andrew T. Young, '"The Real Thing": Nominal Price Rigidity of the Nickel Coke, 1886-1959', *Journal of Money, Credit and Banking* 36.4 (August 2004): 765-99, available at SSRN: https://ssrn.com/ abstract=533363.

402 William S. Vickrey, 'My Innovative Failures in Economics', *Atlantic Economic Journal* 21 (1993): 1-9.

403 Jaya Saxena, 'The Extinction of the Early Bird', Eater, 29 January 2018, https://www.eater.com/2018/1/29/16929816/early-bird-extinction-florida.

404 John Koten, 'Fare Game: In Airlines' Rate War, Small Daily Skirmishes Often Decide Winners', *Wall Street Journal*, 24 August 1984.

405 Koten, 'Fare Game'.

406 Dug Begley, 'Almost $250 for 13 miles: Uber's "surge pricing"', *Houston Chronicle*, 30 December 2014.

407 Nicholas Diakopoulos, 'How Uber surge pricing really works', *Washington Post*, 17 April 2015.

408 Daniel Kahneman, Jack L. Knetsch and Richard Thaler, 'Fairness as a Constraint on Profit Seeking: Entitlements in the Market', *American Economic Review* 76.4 (1986): 728-41, http://www.jstor.org/stable/1806070.

409 Constance L. Hays, 'Variable-Price Coke Machine Being Tested', *New York Times*, 28 October 1999; David Leonhardt, 'Airline Tickets Can Be More in June Than in January. But Soda? Forget It', New York Times, 27 June 2005.

410 Robin Harding, 'Rail privatisation: the UK looks for secrets of Japan's success', *Financial Times*, 28 January 2019, https://www.ft.com/content/9f7f044e-1f16-11e9-b2f7-97e4dbd3580d.

411 David Schaper, 'Are $40 road tolls the future?', NPR *All Things Considered*, 12 December 2017, https://www.npr.org/2017/12/12/570248568/are-40-toll-roads-the-future.

412 Harstad, 'William S. Vickrey'.


## 21 區塊鏈


413 Arie Shapira and Kailey Leinz, 'Long Island Iced Tea Soars After Changing Its Name to

Long Blockchain', *Bloomberg*, 21 December 2017, https://www.bloomberg.com/news/articles/2017-12-21/crypto-craze-sees-long-island-iced-tea-rename-as-long-blockchain.

414 Jason Rowley, 'With at least $1.3 billion invested globally in 2018, VC funding for blockchain blows past 2017 totals', TechCrunch, 20 May 2018, https://techcrunch.com/2018/05/20/with-at-least-1-3-billion-invested-globally-in-2018-vc-funding-for-blockchain-blows-past-2017-totals.

415 Jonathan Chester, 'What You Need To Know About Initial Coin Offering Regulations', *Forbes*, 9 April 2018, https://www.forbes.com/sites/jonathanchester/2018/04/09/what-you-need-to-know-about-initial-coin- offering-regulations.

416 https://bitcoin.org/bitcoin.pdf.

417 See e.g. 'How blockchains could change the world', interview with Don Tapscott, *McKinsey*, May 2016, https://www.mckinsey.com/industries/high-tech/our-insights/how-blockchains-could-change-the-world; Laura Shin, 'How The Blockchain Will Transform Everything From Banking To Government To Our Identities', Forbes, 26 May 2016, https://www.forbes.com/sites/laurashin/2016/05/26/how-the-blockchain-will-transform-every thing-from-banking-to-government-to-our-identities/.

418 Christian Catalini and Joshua Gans, 'Some Simple Economics of the Blockchain', Rotman School of Management Working Paper No. 2874598, MIT Sloan Research Paper No. 5191-16, https://papers.ssrn.com/sol3/papers.cfm?abstract_id=2874598.

419 Steven Johnson, 'Beyond the Bitcoin Bubble', *New York Times*, 16 January 2018, https://www.nytimes.com/2018/01/16/magazine/beyond-the-bitcoin-bubble.html.

420 John Biggs, 'Exit scammers run off with $660 million in ICO earnings', TechCrunch, 13 April 2018, https://techcrunch.com/2018/04/13/exit-scammers-run-off-with-660-million-in-ico-earnings/.

421 Tyler Cowen, 'Don't Let Doubts About Blockchains Close Your Mind', *Bloomberg*, 27 April 2018, https://www.bloomberg.com/view/articles/2018-04-27/blockchains-warrant-skepticism-but-keep-an- open-mind.

422 Jan Vermeulen, 'Bitcoin and Ethereum vs Visa and PayPal-Transactions per second', My Broadband, 22 April 2017, https://mybroadband.co.za/news/banking/206742-bitcoin-and-ethereum-vs-visa-and-paypal-transactions-per-second.html.

423 Alex de Vries, 'Bitcoin's Growing Energy Problem', Joule 2.5 (16 May 2018): 801-5, https://www.cell.com/joule/fulltext/S2542-4351(18)30177-6.

424 Preethi Kasireddy, 'Blockchains don't scale. Not today, at least. But there's hope.', Hacker Noon, 22 August 2017, https://hackernoon.com/blockchains-dont-scale-not-today-at-least-but-there-s-hope-2cb43946551a.

425 Catherine Tucker and Christian Catalini, 'What Blockchain Can't Do', *Harvard Business Review*, 28 June 2018, https://hbr.org/2018/06/what-blockchain-cant-do.

426 Kai Stinchcombe, 'Ten years in, nobody has come up with a use for blockchain', Hacker Noon, 22 December 2017, https://hackernoon.com/ten-years-in-nobody-has-come-up-with-a-use-case-for-blockchain-ee98c180100.

427 Mark Frauenfelder, '"I Forgot My PIN": An Epic Tale of Losing $30,000 in Bitcoin',

*Wired*, 10 October 2017, https://www.wired.com/story/i-forgot-my-pin-an-epic-tale-of-losing-dollar30000-in-bitcoin/.

428 Chris Wray, 'Law and global trade in the era of blockchain', 9 April 2018, https://medium.com/humanizing-the-singularity/law-and-global-trade-in-the-era-of-blockchain-2695c6276579.

429 Klint Finley, 'A $50 Million Hack Just Showed That the DAO Was All Too Human', *Wired*, 18 June 2016, https://www.wired.com/2016/06/50-million-hack-just-showed-dao-human/.

430 Eric Budish, 'The Economic Limits of Bitcoin and the Blockchain', 5 June 2018, http://faculty.chicagobooth.edu/eric.budish/research/Economic-Limits-Blockchain.pdf.

431 Jim Edwards, 'One of the kings of the '90s dot-com bubble now faces 20 years in prison', Business Insider, 6 December 2016, http://uk.businessinsider.com/where-are-the-kings-of-the-1990s-dot-com-bubble-bust-2016-12/.

432 Josiah Wilmoth, 'Ex-Iced Tea Maker "Long Blockchain" Faces Reckoning as Nasdaq Prepares to Delist Its Shares', CCN, 6 June 2018, https://www.ccn.com/ex-iced-tea-maker-long-blockchain-faces-reckoning-as-nasdaq-prepares-to-delist-its-shares/.

## 22 可替換零件

433 Simon Winchester, *Exactly* (London: William Collins, 2018), pp. 90-4.

434 Marshall Brain, 'How Flintlock Guns Work', https://science.howstuffworks. com/flintlock2.htm.

435 Winchester, *Exactly*, pp. 90-4.

436 William Howard Adams, *The Paris Years of Thomas Jefferson* (New Haven CT: Yale University Press, 1997).

437 Thomas Jefferson, 30 August 1785, in *The Papers of Thomas Jefferson*, ed. Julian Boyd (Princeton NJ:Princeton University Press, 1950).

438 Fr David A. Hounshell, *From the American System to Mass Production, 1800-1932* (Baltimore, MD: Johns Hopkins Press, 1984), p. 26.

439 Frank Dawson, *John Wilkinson: King of the Ironmasters* (Cheltenham: The History Press, 2012).

440 Winchester, *Exactly*.

441 H. W. Dickinson, *A Short History of the Steam Engine* (Cambridge: Cambridge University Press, 1939), ch. V.

442 Robert C. Allen, *Global Economic History: A Very Short Introduction* (Oxford: Oxford University Press, 2011), ch. 3.

443 L. T. C. Rolt, *Tools for the Job* (London: HM Stationery Office, 1986), pp. 55-63; Ben Russell, James Watt (London: Reaktion Books, 2014), pp. 129-30.

444 Winchester, *Exactly*.

445 Adam Smith, *An Inquiry into the Nature and Causes of the Wealth of Nations* (1776), book 1, p. 1, available at https://www.econlib.org/library/Smith/smWN.html?chapter_num=4#book-reader.

446 Hounshell, *American System to Mass Production,* p. 3.
447 Priya Satia, *Empire of Guns* (London: Duckworth Overlook, 2018), pp. 353-5.
448 Hounshell, *American System to Mass Production*; Winchester, *Exactly*.
449 Hounshell, *American System to Mass Production*; Winchester, *Exactly*.

## 23 無線射頻辨識

450 Adam Fabio, 'Theremin's Bug: How the Soviet Union Spied on the US Embassy for Seven Years', Hackaday.com, 8 December 2015, https://hackaday.com/2015/12/08/theremins-bug/.
451 Martin Vennard, 'Leon Theremin: The man and the music machine', BBC World Service, 13 March 2012, https://www.bbc.co.uk/news/magazine-17340257.
452 A.W., 'RFIDs are set almost to eliminate lost luggage', *Economist*, 1 November 2016, https://www.economist.com/gulliver/2016/11/01/rfids-are-set-almost-to-eliminate-lost-luggage.
453 Bill Glover and Himanshu Bhatt, *RFID Essentials* (Sebastopol, CA: O'Reilly, 2006).
454 Jordan Frith, *A Billion Little Pieces: RFID and Infrastructures of Identification* (Cambridge, MA: MIT Press, 2019).
455 'Radio silence', *Economist Technology Quarterly*, 7 June 2007, https://www.economist.com/technology-quarterly/2007/06/07/radio-silence.
456 Glover and Bhatt, *RFID Essentials*; Frith, A Billion Little Pieces.
457 Jonathan Margolis, 'I am microchipped and have no regrets', *Financial Times*, 31 May 2018, https://www.ft.com/content/6c0591b4-632d-11e8-bdd1-cc0534df682c.
458 Kevin Ashton, 'That "Internet of Things" Thing', *RFID Journal*, 22 June 2009, https://www.rfidjournal.com/articles/view?4986.
459 N.V., 'The Difference Engine: Chattering Objects', *Economist*, 13 August 2010, https://www.economist.com/babbage/2010/08/13/the-difference-engine-chattering-objects.
460 Cory Doctorow, 'Discarded smart lightbulbs reveal your wifi passwords, stored in the clear', *BoingBoing*, 29 January 2019, https://boingboing. net/2019/01/29/fiat-lux.html.
461 https://www.pentestpartners.com/security-blog/gps-watch-issues-again/.
462 'Privacy Not Included: Vibratissimo Panty Buster', Mozilla Foundation, 1 November 2018, https://foundation.mozilla.org/en/privacynotincluded/ products/vibratissimo-panty-buster/.
463 Shoshana Zuboff, *The Age of Surveillance Capitalism* (London: Profile, 2019); Bruce Sterling, *The Epic Struggle of the Internet of Things* (Moscow: Strelka Press, 2014).

## 24 介面訊息處理器

464 Katie Hafner and Matthew Lyon, *Where Wizards Stay Up Late* (New York: Touchstone, 1996), p. 22.
465 Hafner and Lyon, *Wizards*, pp. 10-15.
466 Hafner and Lyon, *Wizards*, pp. 10-15.
467 Hafner and Lyon, *Wizards*, p. 42.

468 Gene I. Rochlin, *Trapped in the Net* (Princeton NJ: Princeton University Press, 1997), pp. 38-40. 另外作者也私下請益了艾德里安・哈爾福特（Adrian Harford），艾德里安是一名資深的電腦工程師。
469 Janet Abbate, *Inventing the Internet* (Cambridge MA: MIT Press, 1999), p. 48.
470 Peter H. Salus, *Casting the Net: From ARPANET to Internet and Beyond* (Reading, MA: Addison-Wesley, 1995), p. 21. 克拉克本人謙虛地表示：「其他人過幾天或幾個禮拜也一定會想到。」
471 Graham Linehan, *The IT Crowd*: 'The Speech' (aired December 2008; https://www.imdb.com/title/tt1320786/).
472 Abbate, *Inventing*, pp. 52-3; 關於較現代的路由器如何運作，見 Andrew Blum, Tubes (London: Viking, 2012), pp. 29-30.
473 Old Computers, http://www.old-computers.com/museum/computer. asp?c=551.
474 Blum, Tubes, p. 39. (David Bunnell, Making the Cisco Connection (New York: John Wiley, 2000), p. 4, puts the cost at $100,000.)
475 Abbate, *Inventing*, pp. 62-3.
476 http://www.historyofinformation.com/expanded.php?id=1108; Hafner and Lyon, Wizards, pp. 150-3.
477 Abbate, *Inventing*, pp. 194-5.

## 25 全球定位系統

478 'Swedes miss Capri after GPS gaffe', BBC, 28 July 2009, http://news.bbc.co.uk/1/hi/world/europe/8173308.stm.
479 'Economic impact to the UK of a disruption to GNSS', Showcase Report, April 2017, https://assets.publishing.service.gov.uk/government/uploads/system/uploads/attachment_data/file/619545/17.3254_Economic_impact_to_UK_of_a_disruption_to_GNSS_-_Showcase_Report.pdf.
480 Greg Milner, *Pinpoint: How GPS Is Changing Our World* (London: Granta, 2016).
481 Dan Glass, 'What Happens If GPS Fails?', *Atlantic*, 13 June 2016, https://www.theatlantic.com/technology/archive/2016/06/what-happens-if-gps- fails/486824/.
482 William Jackson, 'Critical infrastructure not prepared for GPS disruption', GCN, 8 November 2013, https://gcn.com/articles/2013/11/08/gps-disruption.aspx.
483 Milner, *Pinpoint*.
484 Milner, *Pinpoint*.
485 Milner, *Pinpoint*.
486 Milner, *Pinpoint*.
487 Milner, *Pinpoint*.
488 Victoria Woollaston, 'Solar storms 2018: What is a solar storm and when will the next one hit Earth?', Alphr, 12 April 2018, http://www.alphr.com/science/1008518/solar-storm-earth-charged-particles.
489 Milner, *Pinpoint*.
490 Milner, *Pinpoint*.

491 'National Risk Estimate', Department of Homeland Security, available at https://rntfnd.org/wp-content/uploads/DHS-National-Risk-Estimate-GPS-Disruptions.pdf.

492 Milner, *Pinpoint*.

493 Greg Milner, 'What Would Happen If G.P.S. Failed?', *New Yorker*, 6 May 2016, https://www.newyorker.com/tech/elements/what-would-happen-if-gps-failed.

## 26 活字印刷

494 Frédéric Barbier, *Gutenberg's Europe: The Book and the Invention of Western Modernity* (London: Polity Press, 2016).

495 John Man, *The Gutenberg Revolution* (London: Bantam, 2009), ch. 2.

496 Julie Mellby, 'One Million Buddhist Incantations', 3 January 2009, https://www.princeton.edu/~graphicarts/2009/01/one_million_buddhist_ incantati.html.

497 Tom Scocca, 'The first printed books came with a question: What do you do with these things?', Boston Globe, 29 August 2010, http://www.boston.com/bostonglobe/ideas/articles/2010/08/29/cover_story/?page=full.

498 Mary Wellesley, 'Gutenberg's printed Bible is a landmark in European culture', *Apollo Magazine* 8 (September 2018), https://www.apollo-magazine.com/gutenbergs-printed-bible-landmark-european-culture/; 'Fifty Treasures: The Gutenberg Bible', https://www.50treasures.divinity.cam.ac.uk/treasure/gutenberg-bible/.

499 Jeremiah Dittmar, 'Europe's Transformation After Gutenberg', Centrepiece 544 (Spring 2019).

500 John Naughton, *From Gutenberg to Zuckerberg: What You Really Need to Know About the Internet* (London: Quercus, 2012), ch. 1.

501 Dittmar, 'Europe's Transformation'.

502 Simon Winchester, *Exactly: How Precision Engineers Created the Modern World* (London: William Collins, 2018).

503 Dittmar, 'Europe's Transformation'.

504 Barbier, *Gutenberg's* Europe.

505 Paul Ormerod, *Why Most Things Fail* (London: Faber & Faber, 2005), p. 15.

506 Elizabeth Eisenstein, *The Printing Revolution in Early Modern Europe* (New York: Cambridge University Press, 1983).

507 Eisenstein, *Printing Revolution*.

508 Andrew Marantz, *Antisocial: Online Extremists, Techno-Utopians, and the Hijacking of the American Conversation* (New York: Viking, 2019).

509 https://www.bl.uk/treasures/gutenberg/basics.html.

510 Tom Scocca, Cover Story, *Boston Globe*, 29 August 2010.

## 27 衛生棉

511 Sharra Vostral, *Under Wraps* (Plymouth: Lexington Books, 2011), ch. 4.

512 Vostral, *Under Wraps*, ch. 1.

513 Thomas Heinrich and Bob Batchelor, *Kotex, Kleenex, Huggies: Kimberly-Clark and the*

*Consumer Revolution in American Business* (Columbus: Ohio State University Press, 2004), p. 96.

514 Janice Delaney, Mary Jane Lupton, Emily Toth, The Curse: *A Cultural History of Menstruation* (New York: New American Library, 1976).

515 Vostral, Under Wraps, ch. 3.

516 Delaney et al., The Curse; Ashley Fetters, 'The Tampon: A History', *Atlantic*, June 2015, https://www.theatlantic.com/health/archive/2015/06/history-of-the-tampon/394334/.

517 A. Juneja, A. Sehgal, A. B. Mitra, A. Pandey, 'A Survey on Risk Factors Associated with Cervical Cancer', Indian Journal of Cancer 40.1 (January- March 2003): 15-22, https://www.ncbi.nlm.nih.gov/pubmed/14716127; Colin Schultz, 'How Taboos Around Menstruation Are Hurting Women's Health', Smithsonian Magazine, 6 March 2014, https://www.smithsonianmag.com/smart-news/how-taboos-around-menstruation-are-hurting-womens-health-180949992/.

518 Delaney et al., The Curse; Museum of Menstruation website, http://www.mum.org/collection.htm.

519 Kat Eschner, 'The Surprising Origins of Kotex Pads', Smithsonian Magazine, 11 August 2017, https://www.smithsonianmag.com/innovation/surprising-origins-kotex-pads-180964466/.

520 Eschner, 'Surprising Origins'.

521 Eschner, 'Surprising Origins'.

522 Vostral, *Under Wraps*, ch. 4.

523 Fetters, 'The Tampon'.

524 Kelly O'Donnell, 'The whole idea might seem a little strange to you: Selling the menstrual cup', *Technology Stories*, 4 December 2017, https://www.technologystories.org/menstrual-cups/.

525 Delaney et al., *The Curse*.

526 Susan Dudley, Salwa Nassar, Emily Hartman and Sandy Wang, 'Tampon Safety', National Center for Health Research, http://www.center4research.org/tampon-safety/. They cite a 2015 Euromonitor report.

527 Andrew Adam Newman, 'Rebelling Against the Commonly Evasive Feminine Care Ad', *New York Times*, 16 March 2010.

528 Vibeke Venema, 'The Indian sanitary pad revolutionary', *BBC Magazine*, 4 March 2014.

529 Oni Lusk-Stover, Rosemary Rop, Elaine Tinsely and Tamer Samah Rabie, 'Globally, periods are causing girls to be absent from school', World Bank Blog: Education for Global Development, 27 June 2016, https://blogs.worldbank.org/education/globally-periods-are-causing-girls-be-absent-school.

530 Thomas Friedman, 'Cellphones, Maxi-Pads and Other Life-Changing Tools', *New York Times*, 6 April 2007.

## 28 閉路電視

531 Albert Abramson, *The History of Television, 1942 to 2000* ( Jefferson: McFarland, 2002).

532 Michael Marek, 'The V-2: the first space rocket', Deutsche Welle, 2 October 2012, https://www.dw.com/en/the-v-2-the-first-space-rocket/a-16276064.

533 Bob Ward, *Dr. Space: The Life of Wernher Von Braun* (Annapolis: Naval Institute Press, 2005).

534 Abramson, *History of Television*.

535 Niall Jenkins, '245 million video surveillance cameras installed globally in 2014', IHS Markit, 11 June 2015, https://technology.ihs.com/532501/245-million-video-surveillance-cameras-installed-globally-in-2014.

536 Frank Hersey, 'China to have 626 million surveillance cameras within 3 years', Technode, 22 November 2017, https://technode.com/2017/11/22/china-to-have-626-million-surveillance-cameras-within-3-years/.

537 Dan Strumpf, Natasha Khan and Charles Rollet, 'Surveillance Cameras Made by China Are Hanging All Over the U.S.', Wall Street Journal, 12 November 2017, https://www.wsj.com/articles/surveillance-cameras-made-by-china-are-hanging-all-over-the-u-s-1510513949.

538 Paul Mozur, 'Inside China's Dystopian Dreams: A.I., Shame and Lots of Cameras', New York Times, 8 July 2018, https://www.nytimes.com/2018/07/08/business/china-surveillance-technology.html.

539 Matthew Carney, 'Leave no dark corner', ABC, 17 September 2018, http://www.abc.net.au/news/2018-09-18/china-social-credit-a-model-citizen-in-a-digital-dictatorship/10200278.

540 Simina Mistreanu, 'Life Inside China's Social Credit Laboratory', *Foreign Policy*, 3 April 2018, https://foreignpolicy.com/2018/04/03/life-inside-chinas-social-credit-laboratory/.

541 Mistreanu, 'China's Social Credit Laboratory'.

542 Mistreanu, 'China's Social Credit Laboratory'.

543 Mistreanu, 'China's Social Credit Laboratory'.

544 Henry Cowles, 'Orwell knew: we willingly buy the screens that are used against us', Aeon, 24 July 2018, https://aeon.co/ideas/orwell-knew-we-willingly-buy-the-screens-that-are-used-against-us.

545 https://www.smbc-comics.com/comic/listening.

546 Scott Carey, 'Does Amazon Alexa or Google Home listen to my conversations?', TechWorld, 25 May 2018, https://www.techworld.com/security/does-amazon-alexa-listen-to-my-conversations-3661967/.

547 Carney, 'Leave no dark corner'.

548 https://en.wikipedia.org/wiki/Panopticon.

## 29 A片

549 Lyrics by Robert Lopez and Jeff Marx; book by Jeff Whitty.

550 Mark Ward, 'Web porn: Just how much is there?', BBC News, 1 July 2013, https://www.bbc.co.uk/news/technology-23030090.

551 https://www.alexa.com/topsites (accessed 24 September 2018). Netflix ranked 26th,

Pornhub 28th, LinkedIn 29th.
552 R. Dale Guthrie, *The Nature of Paleolithic Art* (Chicago: University of Chicago Press, 2005).
553 http://www.britishmuseum.org/explore/a_history_of_the_world/objects.aspx#7.
554 Ilan Ben Zion, '4,000-year-old erotica depicts a strikingly racy ancient sexuality', *Times of Israel*, 17 January 2014, https://www.timesofisrael.com/4000-year-old-erotica-depicts-a-strikingly-racy-ancient-sexuality/.
555 April Holloway, 'Sex Pottery of Peru: Moche Ceramics Shed Light on Ancient Sexuality', 6 May 2015, https://www.ancient-origins.net/artifacts-other-artifacts/sex-pottery-peru-moche-ceramics-shed-light-ancient-sexuality-003017.
556 https://en.wikipedia.org/wiki/Kama_Sutra.
557 Patchen Barss, *The Erotic Engine: How Pornography Has Powered Mass Communication, from Gutenberg to Google* (Toronto: Doubleday Canada, 2010).
558 Barss, *Erotic Engine*.
559 https://www.etymonline.com/word/pornography.
560 Barss, *Erotic Engine*.
561 Eric Schlosser, *Reefer Madness: Sex, Drugs, and Cheap Labor in the American Black Market* (New York: HMH, 2004).
562 Barss, *Erotic Engine*.
563 Jonathan Coopersmith, 'Pornography, Videotape and the Internet', *IEEE Technology and Society Magazine*, Spring 2000.
564 Peter H. Lewis, 'Critics Troubled By Computer Study On Pornography', *New York Times*, 3 July 1995, https://www.nytimes.com/1995/07/03/business/critics-troubled-by-computer-study-on-pornography.html.
565 Barss, *Erotic Engine*.
566 Lewis Perdue, *EroticaBiz: How Sex Shaped the Internet* (Lincoln: Writers Club Press, 2002).
567 Joe Pinsker, 'The Hidden Economics of Porn', *Atlantic*, 4 April 2016, https://www.theatlantic.com/business/archive/2016/04/pornography-industry-economics-tarrant/476580/.
568 Jon Ronson, The Butterfly Effect, http://www.jonronson.com/butterfly.html.
569 Jon Ronson, 'Jon Ronson on bespoke porn: "Nothing is too weird. We consider all requests"', *Guardian*, 29 July 2017, https://www.theguardian.com/culture/2017/jul/29/jon-ronson-bespoke-porn-nothing-is-too-weird-all-requests.
570 David Auerbach, 'Vampire Porn', Slate, 23 October 2014, http://www.slate.com/articles/technology/technology/2014/10/mindgeek_porn_monopoly_its_dominance_is_a_cautionary_tale_for_other_industries.html.
571 https://www.youtube.com/watch?v=gTY1o0w_uEA.
572 Bruce Y. Lee, 'In Case You Are Wondering, Sex With Robots May Not Be Healthy', *Forbes*, 5 June 2018, https://www.forbes.com/sites/brucelee/2018/06/05/in-case-you-are-wondering-sex-with-robots-may-not-be-healthy.

## 30 禁酒令

573 Daniel Okrent, *Last Call: The Rise and Fall of Prohibition* (New York: Simon and Schuster, 2010).

574 Walter A. Friedman, *Fortune Tellers: The Story of America's First Economic Forecasters* (Princeton: Princeton University Press, 2013).

575 Mark Thornton, *The Economics of Prohibition* (Salt Lake City: University of Utah Press, 1991).

576 Okrent, *Last Call*.

577 Thornton, *Economics of Prohibition*.

578 Lisa McGirr, *The War on Alcohol: Prohibition and the Rise of the American State* (New York: W. W. Norton, 2015).

579 Mark Thornton, 'Cato Institute Policy Analysis No. 157: Alcohol Prohibition Was a Failure', Cato Institute, 1991, https://object.cato.org/sites/cato.org/files/pubs/pdf/pa157.pdf.

580 McGirr, *War on Alcohol*.

581 McGirr, *War on Alcohol*.

582 Thornton, *Economics of Prohibition*.

583 Thornton, *Economics of Prohibition*.

584 Gary S. Becker, 'Crime and Punishment: An Economic Approach', *Journal of Political Economy* 76.2 (1968), 169-217.

585 Tim Harford, 'It's the humanity, stupid: Gary Becker has lunch with the FT', 17 June 2006, http://timharford.com/2006/06/its-the-humanity-stupid-gary-becker-has-lunch-with-the-ft/.

586 Okrent, *Last Call*.

587 Okrent, *Last Call*.

588 Thornton, *Economics of Prohibition*.

589 Thornton, *Economics of Prohibition*.

590 Thornton, *Economics of Prohibition*.

591 Observation based on https://en.wikipedia.org/wiki/Prohibition (accessed 5 January 2019).

592 Eimor P. Santos, 'No alcohol, cockfights: What you can't do on May 14 election day', CNN Philippines, 12 May 2018, http://cnnphilippines.com/news/2018/05/12/Gun-ban-liquor-ban-what-you-cant-do-on-May-14-election-day.html.

593 'Alcohol sales ban tightened for Asanha Bucha, Lent', *The Nation*, 26 July 2018, http://www.nationmultimedia.com/detail/breakingnews/30350856.

594 Brian Wheeler, 'The slow death of prohibition', BBC News, 21 March 2012, https://www.bbc.co.uk/news/magazine-17291978.

595 https://en.wikipedia.org/wiki/Blue_laws_in_the_United_States.

596 'Revisiting Bootleggers and Baptists', Policy Report, Cato Institute, 17 September 2014, https://www.cato.org/policy-report/septemberoctober-2014/revisiting-bootleggers-baptists.

597 Philip Wallach and Jonathan Rauch, 'Bootleggers, Baptists, bureaucrats, and bongs: How special interests will shape marijuana legalization', Center for Effective Public Management at Brookings, June 2016, https://www. brookings.edu/wp-content/uploads/2016/07/bootleggers.pdf.
598 https://en.wikipedia.org/wiki/Legality_of_cannabis.
599 Christopher Snowdon, IEA Discussion Paper No. 90, 'Joint Venture: Estimating the Size and Potential of the UK Cannabis Market', Institute for Economic Affairs, 2018, https://iea.org.uk/wp-content/uploads/2018/06/DP90_Legalising-cannabis_web-1.pdf.
600 'Ending the Drug Wars', Report of the LSE Expert Group on the Economics of Drug Policy, London School of Economics and Political Science, 2014, http://eprints.lse.ac.uk/56706/1/Ending_the%20_drug_wars.pdf.
601 Sarah Sullivan, 'Support for Grass Grows: 4 Steps to Keeping Workplaces Safe With New Marijuana Laws', Lockton Companies, 2017, https://www.lockton.com/whitepapers/Sullivan_Legalizing_Marijuana_April_2017_lo_res.pdf.

## 31 讚

602 https://dharmacomics.com/about/.
603 Julian Morgans, 'The Inventor of the "Like" Button Wants You to Stop Worrying About Likes', *Vice*, 6 July 2017, https://www.vice.com/en_uk/article/mbag3a/the-inventor-of-the-like-button-wants-you-to-stop-worrying-about-likes.
604 Trevor Haynes blog, 'Dopamine, Smartphones & You: A battle for your time', 1 May 2018, http://sitn.hms.harvard.edu/flash/2018/dopamine-smartphones-battle-time/; Bethany Brookshire, 'Dopamine Is Is it love? Gambling? Reward? Addiction?', 3 July 2013, http://www.slate.com/articles/health_and_science/science/2013/07/what_is_dopamine_love_lust_sex_addiction_gambling_motivation_reward.html; Adam Alter, *Irresistible* (New York: Penguin Books, 2017).
605 Morgans, 'The Inventor'.
606 Victor Luckerson, 'The Rise of the Like Economy', The Ringer, 15 February 2017, https://www.theringer.com/2017/2/15/16038024/how-the-like-button-took-over-the-internet-ebe778be2459.
607 https://www.quora.com/Whats-the-history-of-the-Awesome-Button-that-eventually-became-the-Like-button-on-Facebook.
608 Gayle Cotton, 'Gestures to Avoid in Cross-Cultural Business: In Other Words, "Keep Your Fingers to Yourself!"', *Huffington Post*, 13 June 2013 https://www.huffingtonpost.com/gayle-cotton/cross-cultural-gestures_b_3437653.html.
609 Morgans, 'The Inventor'.
610 Hannes Grassegger and Mikael Krogerus, 'The Data That Turned the World Upside Down', Motherboard, 28 January 2017, https://motherboard.vice.com/en_us/article/mg9vvn/how-our-likes-helped-trump-win.
611 Grassegger and Krogerus, 'The Data'.
612 Jacob Kastrenakes, 'Facebook will limit developers' access to account data', The Verge,

21 March 2018, https://www.theverge.com/2018/3/21/17148726/facebook-developer-data-crackdown-cambridge-analytica.
613 David Nield, 'You Probably Don't Know All the Ways Facebook Tracks You', 8 June 2017, https://fieldguide.gizmodo.com/all-the-ways-facebook-tracks-you-that-you-might-not-kno-1795604150.
614 Rob Goldman, 'Hard Questions: What Information Do Facebook Advertisers Know About Me?', Facebook, 23 April 2018, https://newsroom.fb.com/news/2018/04/data-and-advertising/.
615 Julia Angwin, Ariana Tobin and Madeleine Varner, 'Facebook (Still) Letting Housing Advertisers Exclude Users by Race', ProPublica, 21 November 2017, https://www.propublica.org/article/facebook-advertising-discrimination-housing-race-sex-national-origin.
616 Julia Angwin, Madeleine Varner and Ariana Tobin, 'Facebook Enabled Advertisers to Reach "Jew Haters"', ProPublica, 14 September 2017. https://www.propublica.org/article/facebook-enabled-advertisers-to-reach-jew-haters.
617 BBC, 'Facebook data: How it was used by Cambridge Analytica', BBC, https://www.bbc.co.uk/news/av/technology-43674480/facebook-data-how-it-was-used-by-cambridge-analytica.
618 Grassegger and Krogerus, 'The Data'.
619 Sam Machkovech, 'Report: Facebook helped advertisers target teens who feel "worthless"', Ars Technica. 1 May 2017, https://arstechnica.com/information-technology/2017/05/facebook-helped-advertisers-target-teens-who-feel-worthless/.
620 'Comments on Research and Ad Targeting', Facebook, 30 April 2017, https://newsroom.fb.com/news/h/comments-on-research-and-ad- targeting/.
621 'Facebook admits failings over emotion manipulation study', BBC, 3 October 2014, https://www.bbc.co.uk/news/technology-29475019.
622 Olivia Goldhill, 'The psychology behind Cambridge Analytica is massively overhyped', Quartz, 29 March 2018, https://qz.com/1240331/cambridge-analytica-psychology-the-science-isnt-that-good-at-manipulation/.
623 Mark Irvine, 'Facebook Ad Benchmarks for YOUR Industry [Data]', The Wordstream Blog, 28 February 2017, https://www.wordstream.com/blog/ws/2017/02/28/facebook-advertising-benchmarks.

## 32 處理木薯

624 https://www.damninteresting.com/the-curse-of-konzo/; Geoff Watts, 'Hans Rosling: Obituary', Lancet, 389.18 (February 2017), https://www.thelancet.com/pdfs/journals/lancet/PIIS0140-6736(17)30392-6.pdf.
625 J. Henrich and R. McElreath, 'The evolution of cultural evolution', *Evolutionary Anthropology: Issues, News, and Reviews* 12.3 (2003): 123-35. https://henrich.fas.harvard.edu/files/henrich/files/henrich_ mcelreath_2003.pdf .
626 http://www.burkeandwills.net.au/Brief_History/Chapter_15.htm.

627 Jared Diamond, *Guns, Germs and Steel* (New York, WW Norton, 2005), p. 296.
628 Joseph Henrich, *The Secret of Our Success* (Woodstock, Princeton University Press, 2016), ch. 3. See also Robert Boyd and Peter J. Richerson, The Origin and Evolution of Cultures (Oxford University Press, 2005).
629 Cornell College of Agriculture and Life Sciences, https://poisonousplants.ansci.cornell.edu/toxicagents/thiaminase.html.
630 http://www.abc.net.au/science/articles/2007/03/08/2041341.htm; Henrich, *The Secret*, ch. 3.
631 http://www.fao.org/docrep/009/x4007e/X4007E04.htm#ch3.2.1.
632 Peter Longerich, Holocaust: *The Nazi Persecution and Murder of the Jews* (New York: Oxford University Press, 2010), pp. 281-2.
633 Henrich, *The Secret*, ch. 7.
634 Hipólito Nzwalo and Julie Cliff, 'Konzo: From Poverty, Cassava, and Cyanogen Intake to Toxico-Nutritional Neurological Disease', *PL0S Neglected Tropical Diseases*, June 2011. https://www.ncbi.nlm.nih.gov/pmc/articles/PMC3125150/.
635 Amy Maxmen, 'Poverty plus a poisonous plant blamed for paralysis in rural Africa', https://www.npr.org/sections/thesalt/2017/02/23/515819034/poverty-plus-a-poisonous-plant-blamed-for-paralysis-in-rural-africa.
636 A. P. Cardoso, E. Mirione, M. Ernesto, F. Massaza, J. Cliff, M. R. Haque, J. H. Bradbury, 'Processing of cassava roots to remove cyanogens', *Journal of Food Composition Analysis* 18 (2005): 451-60.
637 Henrich, *The Secret*, ch. 7.
638 Henrich, *The Secret*. The quote is from p. 99.
639 Maxime Derex, Jean-François Bonnefon, Robert Boyd, Alex Mesoudi, 'Causal understanding is not necessary for the improvement of culturally evolving technology', https://psyarxiv.com/nm5sh/.
640 Henrich, *The Secret*, ch. 2.
641 For example, A. Whiten et al., 'Social Learning in the Real-World', *PLOS ONE* 11.7 (2016), https://doi.org/10.1371/journal.pone.0159920.
642 Tyler Cowen and Joseph Henrich in conversation, https://medium.com/conversations-with-tyler/joe-henrich-culture-evolution-weird-psychology-social-norms-9756a97850ce.

## 33 退休金

643 Kim Hill and A.Magdalena Hurtado, *Aché Life History: The Ecology and Demography of a Foraging People* (London: Taylor & Francis, 1996), pp. 235-6.
644 Jared Diamond, *The World Until Yesterday: What Can We Learn from Traditional Societies?* (Harmondsworth: Penguin Books, 2012), pp. 215-16.
645 Diamond, *World Until Yesterday*, pp. 210, 227-8.
646 Diamond, *World Until Yesterday*, p. 234.
647 Robert L. Clark, Lee A. Craig and Jack W. Wilson, *A History of Public Sector Pensions in the United States* (Philadelphia: University of Pennsylvania Press, 2003).

648 Sarah Laskow, 'How Retirement Was Invented', *Atlantic*, 24 October 2014, https://www.theatlantic.com/business/archive/2014/10/how-retirement-was-invented/381802/.

649 *Social protection for older persons: Policy trends and statistics 2017-19*, International Labour Office, Social Protection Department, Geneva, 2018, available at https://www.ilo.org/wcmsp5/groups/public/---ed_protect/---soc_sec/documents/publication/wcms_645692.pdf.

650 World Bank, *Averting the Old Age Crisis: Policies to Protect the Old and Promote Growth*, 1994, describes itself as 'the first comprehensive, global examination of this complex and pressing set of issues'.

651 OECD, *Pensions at a Glance, 2011* (2011), Figure 1.3, available at https://www.oecd-ilibrary.org/docserver/pension_glance-2011-5-en.pdf.

652 https://www.oecd-ilibrary.org/economics/oecd-factbook-2015-2016/total-fertility-rates_factbook-2015-table3-en.

653 World Economic Forum, 'We'll Live to 100 - How Can We Afford It?', May 2017, available at: http://www3.weforum.org/docs/WEF_White_Paper_We_Will_Live_to_100.pdf.

654 *Economist, Falling Short, Pensions Special Report*, 9 April 2011, p. 7.

655 *Economist, Falling Short*, p. 1.

656 OECD, *Financial Incentives and Retirement Savings*, 2018, available at: https://doi.org/10.1787/9789264306929-en.

657 'We'll Live to 100'.

658 https://www.youtube.com/watch?v=mS9LCR5P5wI.

659 Henrik Cronqvist, Richard H. Thaler and Frank Yu, *When Nudges Are Forever: Inertia in the Swedish Premium Pension Plan*, AEA Papers and Proceedings 108 (May 2018).

660 See e.g. World Economic *Forum, Investing in (and for) Our Future* (2019), p. 21, available at: http://www3.weforum.org/docs/WEF_Investing_in_our_Future_report_2019.pdf.

661 Diamond, *World Until Yesterday*, p. 214.

## 34 QWERTY 鍵盤

662 Koichi Yasuoka and Motoko Yasuoka, 'On the Prehistory of QWERTY', ZINBUN 42, pp. 161-74, 2011, https://doi.org/10.14989/139379.

663 Paul David, 'Clio and the Economics of QWERTY', *American Economic Review* 75 (May 1985): 332-7.

664 Jimmy Stamp, 'Fact of fiction? The Legend of the QWERTY keyboard', *Smithsonian Magazine 3* (May 2013), https://www.smithsonianmag.com/arts-culture/fact-of-fiction-the-legend-of-the-qwerty-keyboard-49863249/.

665 Stan Liebowitz and Stephen Margolis, 'The Fable of the Keys', *Journal of Law & Economics XXXIII* (April 1990), https://www.utdallas.edu/~liebowit/keys1.html.

666 Victor Keegan, 'Will MySpace Ever Lose Its Monopoly?', *Guardian*, 8 February 2007, https://www.theguardian.com/technology/2007/feb/08/business.comment.

## 35 朗氏蜂箱

667 Bernard Mandeville, *The Fable of the Bees or Private Vices*, Publick Benefits, vol. 1 (1732).

668 James Meade, 'External Economics and Diseconomies in a Competitive Situation', *Economic Journal* 62.245 (1952), https://www.jstor.org/stable/2227173.

669 Bee Wilson, *The Hive: The Story of the Honeybee and Us* (London: John Murray, 2004).

670 Randal Rucker and Walter Thurman, 'Colony Collapse Disorder: The Market Response to Bee Disease', *PERC Policy Series* 50 (2012).

671 https://patents.google.com/patent/US9300A/en.

672 Wilson, *Hive*, pp. 222-5.

673 Steven N. S. Cheung, 'The Fable of the Bees: An Economic Investigation', *Journal of Law and Economics* 16.1 (1973): 11-33.

674 *Economic Impacts of the California Almond Industry* (University of California Agricultural Issues Center), Appendix 2, http://aic.ucdavis.edu/almonds/Economic%20Impacts%20of%20California%20Almond%20Industry_Full%20Report_FinalPDF_v2.pdf .

675 Byard Duncan, 'California's almond harvest has created a golden opportunity for bee thieves', *Reveal News*, 8 October 2018, https://www.revealnews.org/article/californias-almond-harvest-has-created-a-golden-opportunity-for-bee-thieves/.

676 不同資料來源的數據落差很大。《科學美國人》（*Science American*）雜誌上的一篇文章表示蜜蜂的數量根據不同的假設，應該在兩百億到八百億之間。https://www.scientificamerican.com/article/migratory-beekeeping-mind-boggling-math/；戴夫・古爾森（Dave Goulson）在《尋蜂（暫譯）》（Bee Quest）一書中的推估是八百億隻。古爾森教授是熊蜂專家但沒有提供這項推估的資料來源。

677 Wilson, *Hive*, p. 54.

678 Dave Goulson, Bee Quest (London: Jonathan Cape, 2017), pp. 115-20.

679 Shawn Regan, 'How Capitalism Saved The Bees', https://www.perc.org/2017/07/20/how-capitalism-saved-the-bees/; Econtalk podcast: Wally Thurman on bees, beekeeping and Coase, http://www.econtalk.org/wally-thurman-on-bees-beekeeping-and-coase/ 16 Dec 2013. 另外英國下議院圖書館針對英國蜜蜂種群於二〇一七年十一月十日所提出的報告中做成結論：英國的野蜂種群數量在下降，養殖的蜜蜂與熊蜂種群數量則在擴張中，https://researchbriefings.parliament.uk/ResearchBriefing/ Summary/CDP-2017-0226.

680 https://www.gov.uk/government/news/a-boost-for-bees-900-million-countryside-stewardship-scheme.

## 36 水壩

681 Norman Smith, *A History of Dams* (London: Peter Davies, 1971) http://www.hydriaproject.info/en/egypt-sadd-al-kafara-dam/waterworks22/.

682 'The Ups and Downs of Dams', Economist, 22 May 2010, https://www.economist.com/special-report/2010/05/22/the-ups-and-downs-of-dams.

683 *BP Statistical Review of World Energy* (2019), p. 9, https://www.bp.com/content/dam/bp/business-sites/en/global/corporate/pdfs/energy-economics/statistical-review/bp-stats-review-2019-full-report.pdf.

684 http://en.people.cn/200510/01/eng20051001_211892.html.

685 Philip Ball, *The Water Kingdom* (London: Vintage, 2016), pp. 226-9.

686 Smith, *Dams*.

687 Charles Perrow, *Normal Accidents* (Chichester: Princeton University Press, 1999); Matthys Levy and Mario Salvadori, Why Buildings Fall Down (New York: WW Norton, 2002).

688 Protocol Additional to the Geneva Conventions of 12 August 1949, and relating to the Protection of Victims of International Armed Conflicts (Protocol I), 8 June 1977. Article 56, https://ihl-databases.icrc.org/ihl/WebART/470-750071.

689 Benedict Mander, 'Brazil's Itaipú dam treaty with Paraguay up for renewal', Financial Times, 20 September 2017, https://www.ft.com/content/bf02af96-7eb8-11e7-ab01-a13271d1ee9c.

690 'Ups and Downs', *Economist*.

691 人類學家賽耶・斯卡德（Thayer Scudder）https://link.springer.com/book/10.1007%2F978-981-10-1935-7，與諾曼・史密斯（Norman Smith）的《水壩史》（A History of Dams）都把這個人數估在十二萬。國家地理學會（National Geographic Society）估計只有五萬，https://www.nationalgeographic.org/thisday/jul21/aswan-dam-completed/。

692 Elinor Ostrom, 'Incentives, Rules of the Game, and Development', Annual Bank Conference of Development Economics, World Bank, May 1995.

693 Esther Duflo and Rohini Pande, 'Dams', *Quarterly Journal of Economics*, MIT Press 122.2 (2007): 601-46.

694 Sheila M. Olmstead and Hilary Sigman, 'Damming the Commons: An Empirical Analysis of International Cooperation and Conflict in Dam Location', *Journal of the Association of Environmental and Resource Economists*, University of Chicago Press 2.4 (2015): 497-526.

695 Heba Saleh and Tom Wilson, 'Tensions rise between Ethiopia and Egypt over use of river Nile', *Financial Times*, 20 October 2019, https://www.ft.com/content/b0ae7a52-f18d-11e9-ad1e-4367d8281195.

696 Asit K. Biswas, 'Aswan Dam Revisited: The Benefits of a Much-Maligned Dam', *Development and Cooperation* 6 (November/December 2002): 25-7, https://www.icid.org/aswan_paper.pdf; and 'The Aswan High Dam', https://www.water-technology.net/projects/aswan-high-dam-nile-sudan-egypt/.

697 Duflo and Pande, 'Dams'.

## 37 火

698 E. C. Pulaski, 'Surrounded by Forest Fires: My Most Exciting Experience as a Forest Ranger', American Forestry, available at https://foresthistory.org/wp-content/uploads/2017/02/Surrounded-by-Forest-Firest-By-E.C.-Pulaski.pdf.

699 Pulaski, 'Surrounded'.

700 The Great Fire of 1910. Available at: https://www.fs.usda.gov/Internet/FSE_DOCUMENTS/stelprdb5444731.pdf.

701 Pulaski, 'Surrounded'.

702 Andrew C. Scott, David M. J. S. Bowman, William J. Bond, Stephen J. Pyne, Martin E. Alexander, *Fire on Earth - an Introduction* (Chichester: Wiley-Blackwell, 2014).

703 Andrew C. Scott, Burning Planet: *The Story of Fire Through Time* (Oxford: Oxford University Press, 2018).

704 Charles Q. Choi, 'Savanna, Not Forest, Was Human Ancestors' Proving Ground' (3 August 2011), https://www.livescience.com/15377-savannas-human-ancestors-evolution.html.

705 'I Wan'na Be Like You (The Monkey Song)', lyrics available at: http://disney.wikia.com/wiki/I_Wan%27na_Be_Like_You.

706 Dennis Sandgathe and Harold L. Dibble, 'Who Started the First Fire?', 26 January 2017, https://www.sapiens.org/archaeology/neanderthal-fire/.

707 J. A. J. Gowlett, 'The discovery of fire by humans: a long and convoluted process', available at: http://rstb.royalsocietypublishing.org/content/371/1696/20150164.

708 Martha Carney, 'Local knowledge says these raptors hunt with fire', 25 February 2018, https://www.futurity.org/firehawks-fire-birds-1687992-2/.

709 Sandgathe and Dibble, 'Who Started'.

710 Gowlett, 'The discovery'.

711 Scott, *Burning Planet*.

712 Richard Wrangham, *Catching Fire: How Cooking Made Us Human* (London: Profile Books, 2009).

713 J. A. J. Gowlett, 'Firing Up the Social Brain', University of Liverpool, *Proceedings of the British Academy* 158 ( January 2012). https://www.researchgate.net/publication/281717936_Firing_Up_the_Social_Brain.

714 Stephen J. Pyne, 'The Fire Age', 5 May 2015, https://aeon.co/essays/how-humans-made-fire-and-fire-made-us-human.

715 World Health Organization, 'Household air pollution and health', 8 May 2018, http://www.who.int/news-room/fact-sheets/detail/household-air-pollution-and-health.

716 Scott, *Burning Planet*.

717 Scott, *Burning Planet*.

718 Greg Ip, Foolproof: *Why Safety Can Be Dangerous and How Danger Makes Us Safe* (London: Hachette UK, 2015).


## 38 石油


719 Lisa Margonelli, *Oil on the Brain* (New York: Penguin Random House, 2007), p. 285.

720 'Pithole's Rise And Fall', New York Times, 26 December 1879, https://timesmachine.nytimes.com/timesmachine/1879/12/26/80704720.pdf.

721 Matthew Yeomans, *Oil* (New York: New Press, 2004), pp. xvi-xvii.

722 *BP Statistical Review of World Energy* 2018, p. 9, https://www.bp.com/content/dam/bp/business-sites/en/global/corporate/pdfs/energy-economics/statistical-review/bp-stats-review-2018-full-report.pdf.

723 Eliot Jones, *The Trust Problem in the United States* (New York: Macmillan, 1921), p. 47, https://archive.org/details/trustprobleminu00jonegoog/page/n72.

724 Maria Gallucci, 'Container Ships Use Super-Dirty Fuel. That Needs To Change', *Wired*, 9 November 2017, https://www.wired.com/story/container-ships-use-super-dirty-fuel-that-needs-to-change/.

725 James Hamilton, 'Oil Shocks and Recession', *Econbrowser*, April 2009, http://econbrowser.com/archives/2009/04/oil_shocks_and_1; and Justin Lahart, 'Did The Oil Price Boom Of 2008 Cause Crisis?', Wall Street Journal, 3 April 2009, https://blogs.wsj.com/economics/2009/04/03/did-the-oil-price-boom-of-2008-cause-crisis/.

726 Daniel Yergin, *The Prize* (London: Simon and Schuster, 1991), pp. 11-12.

727 'Britain Fights Oil Nationalism', New York Times Archive, https://archive.nytimes.com/www.nytimes.com/library/world/mideast/041600iran-cia-chapter1.html.

728 Javier Blas and Will Kennedy, 'Saudi Aramco's $2 Trillion Zombie IPO', *Bloomberg*, 7 July 2018, https://www.bloomberg.com/news/articles/2018-07-07/saudi-aramco-s-2-trillion-zombie-ipo.

729 Anthony J. Venables, 'Using Natural Resources for Development: Why Has It Proven So Difficult?', *Journal of Economic Perspectives* 30,1: 161-84., doi:10.1257/jep.30.1.161; and Michael Ross, 'What Have We Learned about the Resource Curse?', *Annual Review* of Political Science 18 (2015): 239-59. doi:10.1146/annurev-polisci-052213-040359.

730 Alexandra Starr, 'Caracas: Living Large On Oil', *American Scholar*, 1 March 2007, https://theamericanscholar.org/letter-from-caracas/#.XFg50lz7SUk.

731 Bill Gates, 'Beating Nature at Its Own Game', *Gates Notes*, 14 March 2018, https://www.gatesnotes.com/Energy/Beating-Nature.

732 Spencer Dale, 'New Economics of Oil', Speech to the Society of Business Economists Annual Conference, 13 October 2015.

## 39 硫化

733 Sharon Sliwinski, *The Kodak on the Congo* (London: Autograph ABP, 2010), available at: https://www.academia.edu/2464487/In_the_early_1900s_the_missionaries_Alice_Seeley_Harris.

734 Adam Hochschild, *King Leopold's Ghost* (New York/Boston: Mariner Books, 1999), p. 120.

735 Sliwinski, *Kodak on the Congo*.

736 Hochschild, *Leopold's Ghost*, p. 120.

737 Bradford Kinney Peirce, *Trials of an Inventor: Life and Discoveries of Charles* Goodyear

(New York: Carlton & Porter, 1868).
738 Charles Sack, *Noble Obsession: Charles Goodyear, Thomas Hancock, and the Race to Unlock the Greatest Industrial Secret of the Nineteenth Century* (New York: Hyperion, 2002).
739 Sack, *Noble Obsession*.
740 Sack, *Noble Obsession*.
741 Sack, *Noble Obsession*.
742 Hochschild, *Leopold's Ghost*, p. 158.
743 Sack, *Noble Obsession*.
744 Hochschild, *Leopold's Ghost*, p. 158.
745 Hochschild, *Leopold's Ghost*, pp. 160-2.
746 World Rubber Industry, 23 June 2016, https://www.prnewswire.com/news-releases/world-rubber-industry-300289614.html.
747 U.S. Synthetic Rubber Program, American Chemical Society, https://www.acs.org/content/acs/en/education/whatischemistry/landmarks/syntheticrubber.html.
748 Sheldon Brown and John Allen, 'Bicycle Tires and Tubes', https://www.sheldonbrown.com/tires.html.
749 Michelle Labbe, 'Properties of Natural & Synthetic Rubber', Sciencing, https://sciencing.com/properties-natural-synthetic-rubber-7686133.html.
750 Charles C. Mann, 'Why We (Still) Can't Live Without Rubber', *National Geographic*, December 2015, https://www.nationalgeographic.com/ magazine/2016/01/southeast-asia-rubber-boom/.
751 Mbom Sixtus, 'Indigenous communities at risk as Chinese rubber firm uses land', 10 December 2018, https://www.aljazeera.com/indepth/features/indigenous-communities-risk-chinese-rubber-firm-land- 181209211730629.html.

## 40 華德箱

752 Robert Fortune, *Three Years Wanderings in the Northern Provinces of China* (London: Spottiswoode and Shaw, 1847), available at: http://www.gutenberg.org/files/54720/54720-h/54720-h.htm.
753 Nathaniel Bagshaw Ward, *On the Growth of Plants in Closely Glazed Cases* (London: John van Voorst, 1842).
754 Maggie Campbell-Culver, *The Origin of Plants: The people and plants that have shaped Britain's garden history since the year 1000* (London: Transworld, 2001).
755 Ward, *Growth of Plants*.
756 Ward, *Growth of Plants*.
757 Toby Musgrave, Chris Gardner, Will Musgrave, *The Plant Hunters. Two Hundred Years of Adventure and Discovery Around the World* (London: Seven Dials, 1999).
758 Musgrave et al,*The Plant Hunters*.
759 Christopher Thacker, *The History of Gardens* (Berkeley CA: University of California Press, 1979).

760 https://en.wikipedia.org/wiki/William_Cavendish,_6th_Duke_of_Devonshire.
761 R. R. Resor, 'Rubber in Brazil: Dominance and Collapse, 1876-1945', *Business History Review* 51.03 (1977): 341-66, doi:10.2307/3113637.
762 Sarah Rose, *For All the Tea in China: Espionage, Empire and the Secret Formula for the World's Favourite Drink* (London: Random House, 2013).
763 Rose, *For All the Tea*.
764 Fortune, *Three Years Wanderings*.
765 Luke Keogh, 'The Wardian Case: How a Simple Box Moved the Plant Kingdom', *Arnoldia* 74.4 (May 2017), Arnold Arboretum of Harvard University, available at: http://arnoldia.arboretum.harvard.edu/pdf/issues/2017-74-4-Arnoldia.pdf.
766 Keogh, 'Wardian Case'.
767 Daniel R. Headrick, *The Tools of Empire: Technology and European Imperialism in the Nineteenth Century* (Oxford: Oxford University Press, 1981).

## 41 賽璐玢

768 'You're The Top', Cole Porter, lyrics at: https://www.lyricsmode.com/lyrics/c/cole_porter/youre_the_top.html.
769 'Plastic-wrapped bananas and the "kiwi spoon": your packaging peeves', Guardian, 29 August 2017, https://www.theguardian.com/sustainable-business/2017/aug/29/plastic-packaging-peeves-straws-avocados-single-use-waste-supermarkets-your-photos.
770 'Are seafood lovers really eating 11,000 bits of plastic per year?', Reality Check team, BBC News, 17 December 2017, https://www.bbc.co.uk/news/science-environment-42270729.
771 Stephen Fenichell, *Plastic: The Making of a Synthetic Century*, (London: HarperBusiness, 1996).
772 Heather S. Morrison, *Inventors of Food and Agriculture Technology* (New York: Cavendish Square Publishing, 2015).
773 Ai Hisano, Cellophane, *the New Visuality, and the Creation of Self-Service Food Retailing*, Harvard Business School Working Paper (2017): 17-106.
774 David A. Hounshell, John Kenly Smith, Jr, Victor Smith, *Science and Corporate Strategy: Du Pont R and D, 1902-1980* (Cambridge: Cambridge University Press, 1988).
775 *Inventors and Inventions*, vol. 1, Marshall Cavendish, 2008.
776 Hounshell et al., *Science and Corporate Strategy*.
777 Hisano, *Cellophane*.
778 Craig Davidson and Fred Orval Briton, *How to Make Money Selling Meat* (The Progressive Grocer, 1937). cited in Hisano, Cellophane.
779 Hisano, *Cellophane*.
780 Mary Bellis, 'The Inventor of Saran Wrap', Thoughtco (19 Nov 2019), https://www.thoughtco.com/history-of-pvdc-4070927.
781 Alan Greene, *Raising Baby Green: The Earth-Friendly Guide to Pregnancy, Childbirth, and Baby Care* (San Francisco: John Wiley & Sons, 23 Dec 2010), p. 151, https://books.

google.co.uk/books?id=GstzPDifvsIC&pg=PA151.
782 https://en.wikipedia.org/wiki/Phase-out_of_lightweight_plastic_bags.
783 'Types of Plastic Packaging', The Waste and Resources Action Programme (WRAP), http://www.wrap.org.uk/collections-and-reprocessing/dry-materials/plastics/guidance/types-plastic-packaging.
784 Alexander H. Tullo, 'The cost of plastic packaging', *Chemical & Engineering News* 94.41 (17 October 2016): 32-7, https://cen.acs.org/articles/94/i41/cost-plastic-packaging.html.
785 See e.g. Lars G. Wallentin, 'Multi-layer materials', 6 January 2018, http://www.packagingsense.com/2018/01/06/multi-layer-materials/ and Tom Szaky, 'Is less packaging really good for the environment?', 12 March 2015, https://www.weforum.org/agenda/2015/03/is-less-packaging-really-good-for-the-environment/.
786 *Packaging in Perspective*, Advisory Committee on Packaging, October 2008, http://webarchive.nationalarchives.gov.uk/20130403095620/http://archive.defra.gov.uk/environment/waste/producer/packaging/documents/packaginginperspective.pdf.
787 *Packaging in Perspective*.
788 Sam Knight, 'Plastic-The Elephant In The Room', *Financial Times*, 26 April 2008.
789 Knight, 'Plastic'.
790 *Packaging in Perspective*.
791 *Life Cycle Assessment of grocery carrier bags*, Environmental Project no. 1985, The Danish Environmental Protection Agency (February 2018), https://www2.mst.dk/Udgiv/publications/2018/02/978-87-93614-73-4.pdf.
792 *Life Cycle Assessment*.
793 See e.g. *The New Plastics Economy: Rethinking the future of plastics*, Ellen MacArthur Foundation (19 January 2016), https://www.ellenmacarthurfoundation.org/publications/the-new-plastics-economy-rethinking-the-future-of-plastics.

## 42 回收

794 Dongguan Base, Nine Dragons Paper, http://www.ndpaper.com/en/business/dongguanbase.php.
795 Monica Sanders, 'Zhang Yin: The World's Richest Woman', https://www.legalzoom.com/articles/zhang-yin-the-worlds-richest-woman.
796 Evan Osnos, 'Wastepaper Queen', New Yorker, 23 March 2009, https://www.newyorker.com/magazine/2009/03/30/wastepaper-queen.
797 Adam Minter, 'Nine Dragons and a Whole Lotta Labor', 12 March 2008, http://shanghaiscrap.com/2008/03/nine-dragons-and-a-whole-lotta-labor/.
798 'A Chinese ban on rubbish imports is shaking up the global junk trade', Economist, 17 September 2018, https://www.economist.com/special-report/2018/09/29/a-chinese-ban-on-rubbish-imports-is-shaking-up-the-global-junk-trade.
799 A Chinese ban'.
800 Bob Tita, 'Recycling, Once Embraced by Businesses and Environmentalists, Now Under

Siege', *Wall Street Journal* (13 May 2018), https://www.wsj.com/articles/recycling-once-embraced-by-businesses-and-environmentalists-now-under-siege-1526209200.

801 Leslie Hook and John Reed, 'Why the world's recycling system stopped working', *Financial Times*, 25 October 2018, https://www.ft.com/content/360e2524-d71a-11e8-a854-33d6f82e62f8.

802 https://en.wikipedia.org/wiki/Palimpsest.

803 Martin Medina, *The World's Scavengers: Salvaging for Sustainable Consumption and Production* (Lanham: AltaMira Press, 2007), pp. 20-21.

804 Dard Hunter, *Papermaking: The History and Technique of an Ancient Craft*, 2nd ed. (New York: Knopf, 1957), p. 54, quoted on 'Some of the Earliest Paper Recycling Occurred in Japan', Jeremy Norman's online History of Information, http://www.historyofinformation.com/expanded.php?id=3977.

805 Martin Medina, *The World's Scavengers: Salvaging for Sustainable Consumption and Production* (Lanham: AltaMira Press, 2007), p. 70.

806 *Life*, 1 August 1955, available at: https://books.google.co.uk/books?id=xlYEAAAAMBAJ&pg=PA43.

807 Olivia B. Waxman, 'The History of Recycling in America Is More Complicated Than You May Think', *Time*, 15 November 2016, http://time.com/4568234/history-origins-recycling/.

808 https://www.youtube.com/watch?v=j7OHG7tHrNM.

809 Ginger Strand, 'The Crying Indian', Orion Magazine, 20 November 2008, https://orionmagazine.org/article/the-crying-indian/.

810 Finis Dunaway, 'The "Crying Indian" ad that fooled the environmental movement', *Chicago Tribune*, 21 November 2017, https://www.chicagotribune.com/news/opinion/commentary/ct-perspec-indian-crying-environment-ads-pollution-1123-20171113-story.html.

811 Michele Nestor, 'Facing the Reality of Recycling Economics', Waste360, 4 August 2016, https://www.waste360.com/business/facing-reality-recycling- economics.

812 Dunaway, '"Crying Indian" ad'.

813 Monic Sun and Remi Trudel, 'The Effect of Recycling versus Trashing on Consumption: Theory and Experimental Evidence', Boston University, 16 May 2016. Available at: https://www.researchgate.net/profile/Monic_Sun/publication/303263301_The_Effect_of_Recycling_versus_Trashing_on_Consumption_Theory_and_Experimental_Evidence/links/573a555d08ae9f741b2ca8e1/The-Effect-of-Recycling-versus-Trashing-on-Consumption-Theory-and-Experimental-Evidence.pdf.

814 John Tierney, 'The Reign of Recycling', New York Times, 3 October 2015, https://www.nytimes.com/2015/10/04/opinion/sunday/the-reign-of-recycling.html.

815 Tierney, 'Reign of Recycling'.

816 Tita, 'Recycling'.

817 'Emerging economies are rapidly adding to the global pile of garbage', *Economist*, 27 September 2018, https://www.economist.com/special-report/2018/09/29/emerging-

economies-are-rapidly-adding-to-the-global-pile-of-garbage.
818 *Towards the Circular Economy*, World Economic Forum, January 2014, http://www3.weforum.org/docs/WEF_ENV_TowardsCircularEconomy_Report_2014.pdf.
819 https://www.bbc.co.uk/programmes/m0000t55.
820 Monica Nickelsburg, 'Meet the TrashBot: CleanRobotics is using machine learning to keep recycling from going to waste', 5 February 2018, https://www.geekwire.com/2018/meet-trashbot-cleanrobotics-using-machine-learning-keep-recycling-going-waste/.
821 Hook and Reed, 'World's recycling system'.

## 43 侏儒小麥

822 Noel Vietmeyer, *Our Daily Bread: The Essential Norman Borlaug* (Lorton: Bracing Books, 2011).
823 Dr Paul R. Ehrlich, *The Population Bomb* (New York: Ballantine Books, 1968).
824 Vietmeyer, Daily Bread.
825 Charles C. Mann, *The Wizard and the Prophet: Two Groundbreaking Scientists and Their Conflicting Visions of the Future of Our Planet* (New York: Picador, 2018)
826 http://www.worldometers.info/world-population/world-population-by-year/.
827 'Thomas Malthus (1766-1834)', BBC History, http://www.bbc.co.uk/history/historic_figures/malthus_thomas.shtml.
828 Thomas Malthus, *An Essay on the Principle of Population, as it Affects the Future Improvement of Society with Remarks on the Speculations of Mr. Godwin, M. Condorcet, and Other Writers* (London, 1798).
829 *World Population Prospects: The 2017 Revision*, 21 June 2017, UN Department of Economic and Social Affairs, https://www.un.org/development/desa/publications/world-population-prospects-the-2017-revision.html.
830 Mann, *The Wizard.*
831 Paul Ehrlich, 'Collapse of civilisation is a near certainty within decades', interview with Damian Carrington, *Guardian*, 22 March 2018, https://www.theguardian.com/cities/2018/mar/22/collapse-civilisation-near-certain-decades-population-bomb-paul-ehrlich.
832 Mann, *The Wizard.*
833 Daniel Norero, 'GMO crops have been increasing yield for 20 years, with more progress ahead', Cornell Alliance for Science, 23 February 2018, https://allianceforscience.cornell.edu/blog/2018/02/gmo-crops-increasing-yield-20-years-progress-ahead/.
834 Eric Niiler, 'Why Gene Editing Is the Next Food Revolution', *National Geographic*, 10 August 2018, https://www.nationalgeographic.com/environment/future-of-food/food-technology-gene-editing/.
835 Mann, *The Wizard.*

## 44 太陽能光電

836 Ken Butti and John Perlin, *A Golden Thread: 2500 Years of Solar Architecture and Technology* (London: Marion Boyars, 1981).

837 Varun Sivaram, *Taming the Sun* (Cambridge MA: MIT Press, 2018), p. 29.

838 Werner Weiss and Franz Mauthner, *Solar Heat Worldwide: Markets and Contribution to the Energy Supply 2010* (Gleisdorf: Institute for Sustainable Technologies, 2012), cited by Sivaram, Taming, p. 30.

839 Jon Gertner, *The Idea Factory* (London: Penguin, 2012), pp. 170-2.

840 Chris Goodall, *The Switch* (London: Profile, 2016).

841 Goodall, *The Switch*; also the International Renewable Energy Agency, http://www.irena.org/-/media/Images/IRENA/Costs/Chart/Solar-photovoltaic/fig-62.png.

842 T. P. Wright, 'Factors Affecting the Cost of Airplanes', *Journal of the Aeronautical Sciences 3* (February 1936).

843 BCG Research summarised by Goodall in *The Switch*; also Martin Reeves, George Stalk and Filippo S. Pasini, 'BCG Classics Revisited: The Experience Curve', https://www.bcg.com/publications/2013/growth-business-unit-strategy-experience-curve-bcg-classics-revisited.aspx.

844 François Lafond, Aimee G. Bailey, Jan D. Bakker, Dylan Rebois, Rubina Zadourian, Patrick McSharry, J. Doyne Farmer, 'How well do experience curves predict technological progress?', *Technological Forecasting and Social Change*, 128 (2017), https://arxiv.org/abs/1703.05979.

845 Goodall, *Switch*.

846 Sivaram, *Taming*, pp. 13-14.

847 Goodall, *Switch*; Ed Crooks, 'US China solar duties fail to halt imports as EU prepares its move', *Financial Times*, 2 June 2013, https://www.ft.com/content/a97482e8-c941-11e2-bb56-00144feab7de.

848 Pilita Clark, 'The Big Green Bang', *Financial Times*, 18 May 2017, https://www.ft.com/content/44ed7e90-3960-11e7-ac89-b01cc67cfeec.


## 45 何樂禮打孔機


849 https://en.wikipedia.org/wiki/List_of_public_corporations_by_market_capitalization (accessed 26 June 2019).

850 See e.g. 'The world's most valuable resource is no longer oil, but data', Economist, 6 May 2017, https://www.economist.com/leaders/2017/05/06/the-worlds-most-valuable-resource-is-no-longer-oil-but-data.

851 https://en.wikipedia.org/wiki/List_of_public_corporations_by_market_capitalization (accessed 26 June 2019) - see figures for first quarter 2011.

852 Bernard Marr, 'Here's Why Data Is Not The New Oil', Forbes, 5 March 2018, https://www.forbes.com/sites/bernardmarr/2018/03/05/heres-why- data-is-not-the-new-oil/.

853 二〇一九年典型的 YouTube 影片廣告費落在十美分到三十美分之間，資料來源是 Betsy McLeod, 'How much does it cost to advertise on YouTube in 2019?', Blue Corona, 27 February 2018, https://www.bluecorona.com/blog/how-much-does-it-cost-to-advertise-youtube.

854 Geoffrey D. Austrian, *Herman Hollerith: Forgotten Giant of Information Processing*

(New York: Columbia University Press, 1982).
855 United States Census Bureau, 'Census in the Constitution', https://www.census.gov/programs-surveys/decennial-census/about/census-constitution.html.
856 James R Beniger, *The Control Revolution: Technical and Economic Origins of the Information Society* (Cambridge MA: Harvard University Press, 1986), p. 409.
857 Beniger, *Control Revolution*, p. 412.
858 Beniger, *Control Revolution*, p. 412.
859 Austrian, *Herman Hollerith*.
860 Robert L. Dorman, 'The Creation and Destruction of the 1890 Federal Census', *American Archivist* 71 (Fall/Winter 2008): 350-83.
861 Beniger, *Control Revolution*, p. 416.
862 Beniger, *Control Revolution*, p. 416.
863 Austrian, *Herman Hollerith*.
864 Adam Tooze, *Statistics and the German State 1900-1945: The Making of Modern Economic Knowledge* (Cambridge, Cambridge University Press, 2008).
865 Beniger, *Control Revolution*, p. 408.
866 Edwin Black, *IBM and the Holocaust: The Strategic Alliance between Nazi Germany and America's Most Powerful Corporation* (Washington DC, Dialog Press, 2001).
867 Beniger, *Control Revolution*, pp. 420-1.
868 https://en.wikipedia.org/wiki/List_of_public_corporations_by_market_ capitalization (accessed 26 June 2019) - see figures for first quarter 2013.

## 46 陀螺儀

869 Sean A. Kingsley, *The Sinking of the First Rate Victory (1744): A Disaster Waiting to Happen?* (London: Wreck Watch Int., 2015), http://victory1744. org/documents/OMEPapers45_000.pdf.
870 https://www.telegraph.co.uk/history/11411508/Tory-Lord-defends-the-treasure-hunt-for-HMS-Victory.html.
871 Sylvanus Urban, *The Gentleman's Magazine and Historical Chronicle*, London, vol. XXIV, for the year MDCCLIV, https://books.google.co.uk/books?id=0js3AAAAYAAJ&pg=PA447.
872 Urban, *Gentleman's Magazine*.
873 Urban, *Gentleman's Magazine*.
874 https://blog.sciencemuseum.org.uk/john-smeaton-whirling-speculum/.
875 Urban, *Gentleman's Magazine*.
876 Silvio A. Bedini, *History Corner: The Artificial Horizon, in Professional Surveyor Magazine* Archives online, http://atlantic-cable.com/Article/Combe/ArtificialHorizon/article.idc.html.
877 Ljiljana Veljović, 'History and Present of Gyroscope Models and Vector Rotators', *Scientific Technical Review* 60.3-4 (2010): 101-111, http://www.vti. mod.gov.rs/ntp/rad2010/34-10/12/12.pdf.

878 Mario N. Armenise, Caterina Ciminelli, Francesco Dell'Olio, Vittorio M. N. Passaro, *Advances in Gyroscope Technologies* (Berlin: Springer, 2010).

879 'mCube Redefines MEMS Sensor Innovation by Unveiling the World's Smallest 1x1mm Accelerometer', mCube, 27 October 2015, http://www.mcubemems.com/news-events/press-releases/mcube-mc3571-pr/.

880 'Light-powered gyroscope is world's smallest: Promises a powerful spin on navigation', Nanowerk, 2 April 2015, https://www.nanowerk.com/nanotechnology-news/newsid=39634.php.

881 'Remote Piloted Aerial Vehicles: An Anthology', http://www.ctie.monash.edu.au/hargrave/rpav_home.html#Beginnings.

882 'The history of drones and quadcopters', Quadcopter Arena, https://quadcopterarena.com/the-history-of-drones-and-quadcopters/.

883 Andrew J. Hawkins, 'Ehang's passenger-carrying drones look insanely impressive in first test flights', The Verge, 5 February 2018, https://www.theverge.com/2018/2/5/16974310/ehang-passenger-carrying-drone-first-test-flight.

884 Jiayang Fang, 'How e-commerce is transforming rural China', *New Yorker*, 16 July 2018, https://www.newyorker.com/magazine/2018/07/23/how-e-commerce-is-transforming-rural-china.

885 Nicole Kobie, 'Droning on: the challenges facing drone delivery', http://www.alphr.com/the-future/1004520/droning-on-the-challenges-facing-drone-delivery.

886 Neil Hughes, 'Startup plots drone-delivered packages that could securely fly in your window', 18 October 2016, https://oneworldidentity.com/startup-plots-drone-delivered-packages-that-could-securely-fly-in-your-window/.

887 'Can Amazon's Drones Brave Winter Storms?', PYMNTS, 1 January 2016, https://www.pymnts.com/in-depth/2016/can-amazons-drones-brave-winter-storms/.

## 47 試算表

888 Steven Levy, 'A Spreadsheet Way of Knowledge', Medium, 24 October 2014, https://medium.com/backchannel/a-spreadsheet-way-of- knowledge-8de60af7146e; *Harper's*, November 1984; Planet Money, 'Spreadsheets!', Episode 606, February 2015, http://www.npr.org/sections/money/2015/02/25/389027988/episode-606-spreadsheets.

889 Dan Bricklin's personal website: http://www.bricklin.com/jobs96.htm.

890 Levy, 'A Spreadsheet Way of Knowledge'.

891 Peter Davis, 'The Executive Computer: Lotus 1-2-3 faces up to the upstarts', *New York Times*, 13 March 1988, https://www.nytimes.com/1988/03/13/business/the-executive-computer-lotus-1-2-3-faces-up-to-the- upstarts.html.

892 Daniel and Richard Susskind, *The Future of the Professions* (Oxford: Oxford University Press, 2015), esp. ch. 2.

893 Stephen G. Powell, Kenneth R. Baker and Barry Lawson, 'A critical review of the literature on spreadsheet errors', *Decision Support Systems* 46.1 (December 2008): 128-38, http://dx.doi.org/10.1016/j.dss.2008.06.001.

894 Ruth Alexander, 'Reinhart, Rogoff and Herndon: The student who caught out the profs', BBC, 20 April 2013, https://www.bbc.co.uk/news/magazine-22223190.

895 Lisa Pollack, 'A Tempest in a Spreadsheet', *Financial Times* Alphaville, https://ftalphaville.ft.com/2013/01/17/1342082/a-tempest-in-a-spreadsheet/; Duncan Robinson, 'Finance Groups Lack Spreadsheet Controls', Financial Times, 18 March 2013, https://www.ft.com/content/60cea058-778b-11e2-9e6e-00144feabdc0#axzz2YaLVTi2m.

## 48 聊天機器人

896 Robert Epstein, 'From Russia, with Love: How I Got Fooled (and Somewhat Humiliated) by a Computer', *Scientific American Mind* 18.5 (October/November 2007): 16-17.

897 A. M. Turing, 'Computing Machinery and Intelligence', *Mind* 59 (1950): 433-60.

898 Brian Christian, *The Most Human Human* (New York: Doubleday, 2011).

899 Elizabeth Lopatto, 'The AI That Wasn't', Daily Beast, 10 June 2014, https://www.thedailybeast.com/the-ai-that-wasnt-why-eugene-goostman-didnt-pass-the-turing-test.

900 Brian Christian, 'The Samantha Test', *New Yorker*, 30 December 2013.

901 Kenneth M. Colby, James B. Watt and John P. Gilbert, 'A Computer Method for Psychotherapy: Preliminary Communication', *Journal of Nervous and Mental Diseases* 142.2 (1966): 148.

902 Erin Brodwin, 'I spent 2 weeks texting a bot about my anxiety', *Business Insider*, 30 January 2018, https://www.businessinsider.com/therapy-chatbot-depression-app-what-its-like-woebot-2018-1; Dillon Browne, Meredith Arthur and Miriam Slozberg, 'Do Mental Health Chatbots Work?', Healthline, 6 July 2018. https://www.healthline.com/health/mental-health/chatbots-reviews.

903 Chris Baraniuk, 'How Talking Machines Are Taking Call Centre Jobs', BBC News, 24 August 2018.

904 Alastair Sharp and Allison Martell, 'Infidelity website Ashley Madison facing FTC probe, CEO apologizes', Reuters, 5 July 2016, https://www.reuters.com/article/us-ashleymadison-cyber-idUSKCN0ZL09J.

905 Christian, *Most Human Human*.

906 John Markoff, 'Automated Pro-Trump Bots Overwhelmed Pro-Clinton Messages, Researchers Say', *New York Times*, 17 November 2016, https://www.nytimes.com/2016/11/18/technology/automated-pro-trump-bots-overwhelmed-pro-clinton-messages-researchers-say.html.

907 Adam Smith, *The Wealth of Nations* (1776).

908 David Autor, 'Why Are There Still So Many Jobs? The History and Future of Workplace Automation', *Journal of Economic Perspectives* 29.3 (Summer 2015): 3-30.

909 F. G. Deters and M. R. Mehl, 'Does Posting Facebook Status Updates Increase or Decrease Loneliness? An Online Social Networking Experiment', *Social Psychological and Personality Science* 4.5 (2012), 10.1177/1948550612469233, doi:10.1177/1948550612469233.

## 49 立方衛星

910 Robert Smith, 'What Happened When "Planet Money" Went On A Mission To Adopt A Spacecraft', NPR, 30 January 2018, https://www.npr.org/2018/01/30/581930126/what-happened-when-planet-money-went-on-a-mission-to-adopt-a-spacecraft.

911 Clive Cookson, 'Nano-satellites dominate space and spread spies in the skies', *Financial Times*, 11 July 2016, https://www.ft.com/content/33ca3cba- 3c50-11e6-8716-a4a71e8140b0.

912 Quoted in Leonard David, 'Cubesats: Tiny Spacecraft, Huge Payoffs', Space.com, 8 September 2004, https://www.space.com/308-cubesats-tiny-spacecraft-huge-payoffs.html.

913 John Thornhill, 'A Space Revolution: do tiny satellites threaten our privacy?', *Financial Times Magazine*, 17-18 February 2018, https://www.ft.com/content/c7e00344-111a-11e8-940e-08320fc2a277; R. S. Jakhu and J. N. Pelton, 'Small Satellites and Their Regulation', SpringerBriefs in Space Development, DOI 10.1007/978-1-4614-9423-2_3, Springer New York, 2014.

914 Swapna Krishna, 'The Rise of Nanosatellites', *The Week*, 25 April 2018, http://theweek.com/articles/761349/rise-nanosatellites.

915 Interview with Adam Storeygard, 11 July 2018.

916 據報導，屬於民營企業的火箭實驗室（Rocket Labs）提供以十萬美元發射一單位立方衛星的方案：Jamie Smyth, 'Small satellites and big data: a commercial space race hots up', *Financial Times*, 24 January 2018, https://www.ft.com/content/32d3f95e-f6c1-11e7-8715-e94187b3017e. 二〇一八年七月，火箭仲介商 Spaceflight 對三單位立方衛星升空的報價是二十九萬五千美元：http://spaceflight.com/schedule-pricing/.

917 Samantha Mathewson, 'India Launches Record-Breaking 104 Satellites on Single Rocket', Space.com, 15 February 2017, https://www.space.com/35709-india-rocket-launches-record-104-satellites.html.

918 Jon Porter, 'Amazon will launch thousands of satellites to provide internet around the world', The Verge, 4 April 2019, https://www.theverge.com/2019/4/4/18295310/amazon-project-kuiper-satellite-internet-low-earth-orbit-facebook-spacex-starlink.

919 Nanoracks company website: http://nanoracks.com/about-us/our-history/.

920 'Space 2: Wait, Why Are We Going To Space?', *Planet Money*, 1 December 2017, https://www.npr.org/templates/transcript/transcript. php?storyId=566713606.

921 Dave Donaldson and Adam Storeygard, 'The View from Above: Applications of Satellite Data in Economics', *Journal of Economic Perspectives* 30.4 (Fall 2016): 171-98, https://www.aeaweb.org/articles?id=10.1257/jep.30.4.171.

922 Interview with Josh Bumenstock, 10 July 2018.

## 50 吃角子老虎機

923 Natasha Dow Schüll, *Addiction by Design: Machine Gambling in Las Vegas* (Woodstock: Princeton University Press, 2012).

924 Clifford Geertz, *The Interpretation of Cultures: Selected Essays* (New York: Basic Books, 1973).

925 Tim Harford, *The Logic of Life* (New York: Random House, 2008).
926 Rob Davies, 'Maximum stake for fixed-odds betting terminals cut to £2', *Guardian*, 17 May 2018, https://www.theguardian.com/uk-news/2018/may/17/maximum-stake-for-fixed-odds-betting-terminals-cut-to-2.
927 Schüll, *Addiction by Design*.
928 Alexander Smith, 'Historical Interlude: The History of Coin-Op Part 2, From Slot Machines to Sportslands', They Create Worlds blog, 25 March 2015, https://videogamehistorian.wordpress.com/2015/03/25/historical-interlude-the-history-of-coin-op-part-2-from-slot-machines-to-sportlands/.
929 'No-armed Bandit', *99 Percent Invisible*, Episode 78, 30 April 2013, https://99percentinvisible.org/episode/episode-78-no-armed-bandit/.
930 University of Waterloo Gambling Research Lab video, 'Losses Disguised as Wins', 22 January 2013, https://uwaterloo.ca/gambling-research-lab/about/video-stories.
931 C. Graydon, M. J. Dixon, M. Stange and J. A. Fugelsang, 'Gambling despite financial loss -the role of losses disguised as wins in multi-line slots', *Addiction* 114 (2019): 119-24, https://doi.org/10.1111/add.14406.
932 March Cooper, 'Sit and Spin: How slot machines give gamblers the business', *Atlantic*, December 2005, https://www.theatlantic.com/magazine/archive/2005/12/sit-and-spin/304392/.
933 Lauren Slater, Opening Skinner's Box (London: Bloomsbury, 2004).
934 R. B. Breen and M. Zimmerman, 'Rapid Onset of Pathological Gambling in Machine Gamblers'. *Journal of Gambling Studies* 18.1 (Spring 2002): 31-43, doi:10.1023/A:1014580112648.
935 Nathan Lawrence, 'The Troubling Psychology of Pay-to-Loot Systems', IGN, 24 April 2017, https://uk.ign.com/articles/2017/04/24/the-troubling-psychology-of-pay-to-loot-systems.
936 Jackson Lears, *Something for Nothing* (New York: Viking, 2003).

## 51 西洋棋演算法

937 'Kasparov vs Turing', University of Manchester press release, 26 June 2012, https://www.manchester.ac.uk/discover/news/kasparov-versus-turing/.
938 Frederic Friedel and Garry Kasparov, 'Reconstructing Turing's "Paper Machine"', ChessBase, 23 September 2017, https://en.chessbase.com/post/reconstructing-turing-s-paper-machine.
939 https://twobithistory.org/2018/08/18/ada-lovelace-note-g.html.
940 Donald E. Knuth, 'Ancient Babylonian Algorithms', *Communications of the ACM* 15.7 (July 1972): 671-7; Jeremy Norman, 'Ancient Babylonian Algorithms: The Earliest Programs', http://www.historyofinformation.com/detail.php?id=3920.
941 http://mathworld.wolfram.com/EuclideanAlgorithm.html.
942 Christopher Steiner, Automate This (New York: Portfolio Penguin, 2012); Claude E. Shannon, 'A Symbolic Analysis of Relay and Switching Circuits', *Transactions of the*

*American Institute of Electrical Engineers* 57.12 (December 1938): 713-23.
943 Claude E. Shannon, 'Programming a Computer for Playing Chess', *Philosophical Magazine* series 7, 41.314 (March 1950).
944 Douglas Hofstadter, *Gödel, Escher, Bach: An Eternal Golden Braid* (New York: Basic Books, 1979).
945 https://video.newyorker.com/watch/chess-grandmaster-garry-kasparov-replays-his-four-most-memorable-games/ - from around 5 minutes in.
946 James Somers, 'The Man Who Would Teach Machines to Think', Atlantic, November 2013, https://www.theatlantic.com/magazine/archive/2013/11/the-man-who-would-teach-machines-to-think/309529/.
947 https://vqa.cloudcv.org/.
948 AI Index Report, 2019, https://hai.stanford.edu/ai-index/2019
949 Hannah Kuchler, 'Google AI system beats doctors in detection tests for breast cancer', *Financial Times*, 1 January 2020, https://www.ft.com/content/3b64fa26-28e9-11ea-9a4f-963f0ec7e134; Daniel Susskind, A World Without Work (London: Allen Lane, 2020).
950 David H. Autor, Frank Levy and Richard J. Murnane, 'The skill content of recent technological change: An empirical exploration', *Quarterly Journal of Economics* 118.4 (2003): 1279-1333; Susskind, *World Without Work*.
951 Garry Kasparov, 'Chess, a Drosophila of reasoning', *Science*, 7 December 2018.
952 James Somers, 'How the artificial intelligence program AlphaZero mastered its games', *New Yorker*, 28 December 2018, https://www.newyorker.com/science/elements/how-the-artificial-intelligence-program-alphazero-mastered-its-games.

# 驅動未來經濟的發明

## 從工業0.0到5.0，翻轉觀念的51種創新

## The Next 50 Things That Made The Modern Economy

---

作　　者：提姆・哈福特（Tim Harford）
譯　　者：鄭煥昇
社　　長：陳蕙慧
編　　輯：翁淑靜
特約編輯：沈如瑩
封面設計：江宜蔚
內頁排版：洪素貞
行銷企劃：陳雅雯、余一霞

社　　長：郭重興
發 行 人：曾大福
出　　版：木馬文化事業股份有限公司
發　　行：遠足文化事業股份有限公司
地　　址：231新北市新店區民權路108-4號8樓
電　　話：(02) 2218-1417
傳　　真：(02) 2218-0727
電子信箱：service@bookrep.com.tw
郵撥帳號：19588272木馬文化事業股份有限公司
客服專線：0800221029
法律顧問：華洋國際專利商標事務所　蘇文生律師
印　　刷：呈靖彩藝有限公司
初　　版：2023年4月
定　　價：450元
I S B N：978-626-314-377-7（紙本書）
978-626-314-379-1（EPUB）
978-626-314-380-7（PDF）

國家圖書館出版品預行編目

驅動未來經濟的發明：從工業 0.0 到 5.0，翻轉觀念的
51 種創新 / 提姆 . 哈福特 (Tim Harford) 著 ; 鄭煥昇譯 . --
初版 . -- 新北市 : 木馬文化事業股份有限公司出版 : 遠
足文化事業股份有限公司發行 , 2023.04
面 ;　公分
譯自 : The next 50 things that made the modern economy.
ISBN 978-626-314-377-7( 平裝 )

1.CST: 發明 2.CST: 經濟史

552.09　　112001296